冬の乗鞍岳（12 月・位山から）

夕映えの乗鞍岳（1 月・高山市上野町から）

南側から見た乗鞍岳（２月・チャオスキー場から）

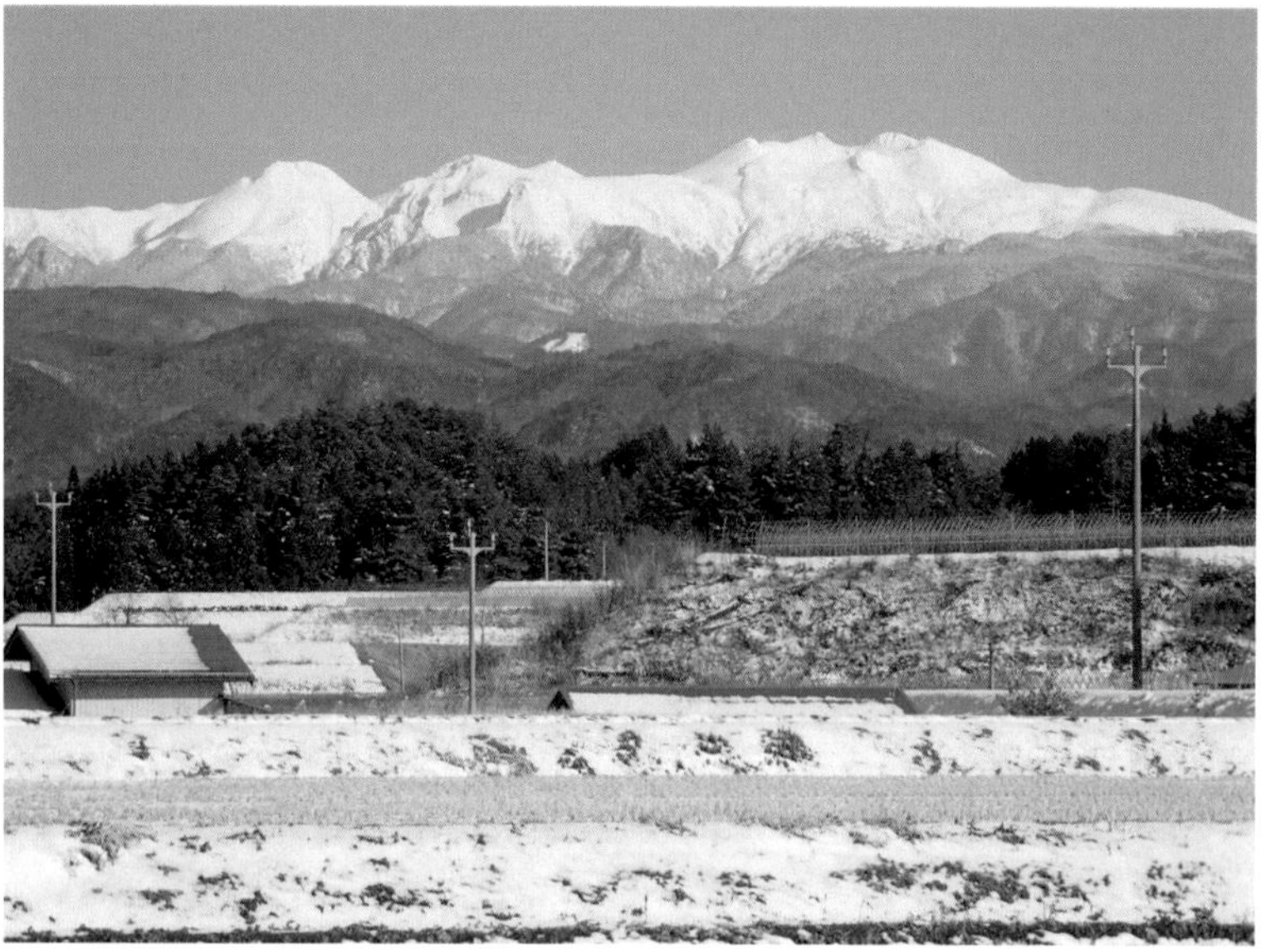
厳冬の乗鞍岳（２月・高山市上野町から）

初夏の乗鞍岳（5月・高山市上野町から）

春の乗鞍岳（4月・高山市上野町から）

初冬の乗鞍岳（11 月・高山市上野町から）

北側から見た乗鞍岳（３月・金山岩から）

夏の乗鞍岳（８月・奥千町ケ原）

冬の乗鞍岳（12 月・高山市上野町から）

東側から見た乗鞍岳（３月・乗鞍高原から）

夕映えの乗鞍岳（12 月・高山市上野町から）

長倉本谷・右俣

岳谷

九蔵川

阿多野郷川・真谷

阿多野郷川・東谷

徳河谷

九蔵小俣谷

阿多野郷川・真谷

長倉本谷・右俣

飛騨の乗鞍岳

木下喜代男

岐阜新聞社

目次

第3章　乗鞍岳の歴史　87

第4章　乗鞍岳にあった幻の山岳スキー場　131

まえがき　乗鞍岳は「飛騨の乗鞍岳」

飛騨人が朝な夕なに仰いで心の礎とし、いくつもの学校の校歌にうたいこまれ、親しまれている乗鞍岳。この雄大で気高い山は、太古の時代からあがめられ、飛騨人にとっては「母なる山」、「ふるさとの山」である。そのたおやかな山容が「威ありて猛からず」で、人々の心をやわらげてくれるからであろう。

信州側と違って、山麓には乗鞍岳の全容を仰ぎ見ることができる多くの集落が点在している。そしてこの山から日が昇り、枯れることがない水が田畑を潤してくれる小八賀川流域には、山そのものをご神体とするいくつもの神社があり、山麓からは登拝のための何本もの登山道がつけられていた。

現代の関わりと言えば、校歌の他高山市民憲章や旧丹生川村民憲章にもうたわれ、山麓の多くの住民が、この山からの水を灌漑《かんがい》や飲用にいただいている。

このことから、同じ県境にありながら「加賀の白山」や「木曽の御嶽」は昔から人口に膾炙《かいしゃ》しているので致し方ないが、乗鞍岳は「飛騨の乗鞍」と言い切っても構わないだろう。

長年登山を趣味としている筆者は、若い時期には岩登りができる穂高岳や剣岳のような峩々《がが》たる山を好んでいたが、年を取るとともにたおやかな山容の山がよく

なった。特に近くにある乗鞍岳は、自分にとって少々大きめながら「ふるさとの山にもたれて日向ぼこ」（山口いさを）という句がぴったりの、眺めているだけで心が安らぐ山だ。

　登山寿命が残り少なくなった10年ほど前から、この山のことをもっと知っておこうと、夏は絶えることがない清冽《せいれつ》な水を浴びて美しい滝があるいくつもの沢をさかのぼり、積雪期にはスキーで登り、滑っているが、そのたびにこの山の大きさ、広さ、深さを実感している。そして山へ行かないときは、上野平を散策しながら眺めるのを常としている。

　特に秋、いち早く冠雪したころは空気が澄んでいてその美しさは格別だ。夕日に映えて深紅になり、紫色に変わり、それがだんだん薄鼠《ねずみ》色になって深藍色に沈んでゆく荘厳なドラマは、何度見ても見飽きない。それを眺めながら、いったい飛騨人はいつごろからこの山と関わりを持ったのだろうかとも考えるようになり、昔のことも調べてみた。

　いささか「飛騨ナショナリズム」的な内容になったが、乗鞍岳が好きな飛騨人だけでなく、多くの人に自然豊かなこの山のすばらしさを知ってもらいたいと思い、実際自分が歩き、調べたことをまとめてみたのが本書である。

扉写真
国土地理院地図　航空写真より（乗鞍岳上空）

第1章　乗鞍岳は自然の宝石箱

1. たおやかな姿の生い立ちは火の山

山容がやさしい乗鞍岳

高山市内から一望できる乗鞍岳（3026メートル）はとても高く大きいが、その山容は槍・穂高岳などと違ってたおやかで、郷土の歌人福田夕咲《ゆうさく》は、「み仏の思惟の姿」にたとえている。

一見平らで広大な山塊をよく見ると、多くの峰が南北に連なっていることが分かる。これはいくつもの火山が集まった複合火山であり、その峰は23におよぶ。はるか昔、火山活動が南北に移動しながら山を造ってきたからだという。

北東に延びる十石尾根にある安房山、十石山、硫黄岳。スカイライン沿いの大崩山、猫岳、四ツ岳、烏帽子岳、大丹生岳。

広大な桔梗ケ原を過ぎ、畳平（2640メートル）のバスターミナルを囲むようにある大黒岳、魔王岳、恵比寿岳、富士見岳、里見岳、不動岳。

アルプス展望公園スカイパークからの乗鞍岳

旧コロナ観測所がある摩利支天岳。肩の小屋などがある室堂ケ原（２７７２メートル）を経て、火口湖の権現池を囲む主峰剣ケ峰、大日岳、屏風岳、薬師岳、雪山岳、水分岳、朝日岳、蚕玉岳だ。このうち安房山だけは２２１９メートルだが、あとは皆２５００メートル以上の標高を持ち、剣ケ峰と大日岳は３千メートルを超えている。

そして主峰剣ケ峰からは、長野県境尾根、長大な千町尾根と丸黒尾根などが延びているが、これらには皆溶岩流が乗っている。

広大な山中には、火口湖や溶岩流でせき止められてできた池が12あまり点在する。われわれが目にすることができるのは、畳平から剣ケ峰の間にある鶴ケ池、亀ケ池、不消ケ池、権現池くらいだ。

屹立《きつりつ》した穂高連峰と違って山容がやさしいのは、火山として新しいからだそうだ。といっても、最初に生まれた火山は１２８万年前から噴火を始めた千町火山体というから、気が遠くなるほど昔の話。その後、50万年間活動を休止し、山体は大きく削られていった。32万年前から活動を再開し、二つの火口を持つ烏帽子岳火山体ができた。10万年前から権現池・高天原火山体が噴火を開始し、４万年前には四ツ岳火山体が、２万年前には恵比須岳火山体が次々造られていった。約９千年前に権現池から噴火をして西側に溶岩を流出させ、現在の乗鞍岳の姿になった。最新の溶岩は、約２千年前に恵比寿岳からわずかに流出した。

乗鞍岳は活火山

このように乗鞍岳の噴火時期は、長い休止期を挟んで大きく古期と新期に分けることができ、繰り返した溶岩流が積み重なっている。

以上の生い立ちについては、飛騨地学研究会の岩田修氏からご教示いただいた。今後のことについて岩田氏は「約９千年前以降平均９００年の周期で小規模の水蒸気爆発を繰り返しており、今後噴火するとしたら権現池、剣ケ峰の辺りでの水蒸気爆発の可能性が高い」「大きな爆発は10万年から数万年の周期で起きているので、やはり権現池、剣ケ峰辺りであろう」と述べておられる。

『斐州志』には、広い原（室堂か）に来ると臭気がひどく目が痛いと書いてあるが、江戸期に噴気が出ていたのだろうか。

このように活火山であることから、平成31（2019）年、国交省、気象庁、乗鞍岳周辺自治体で組織する「乗鞍岳火山防災協議会」が、噴火した際の一連の警戒態勢をまとめた「乗鞍岳火山防災避難計画」を策定した。

これを受けて気象庁は、同年3月、「噴火警戒レベル」の運用を開始。その時点では噴火の危険性が最も低いレベル1の判定になっている。

さらに岐阜県は、既に施行されている「岐阜県北アルプス地区及び活火山地区における山岳遭難の防止に関する条例」を改正し、令和元年12月1日から「活火山地区」に乗鞍岳の火口域から4キロ以内の地域を加え、登山届の対象エリアにした。

このため剣ケ峰への登山は届け出が必要になった。

鶴ケ池

亀ケ池

不消ケ池

権現池

高山市街地からの乗鞍岳

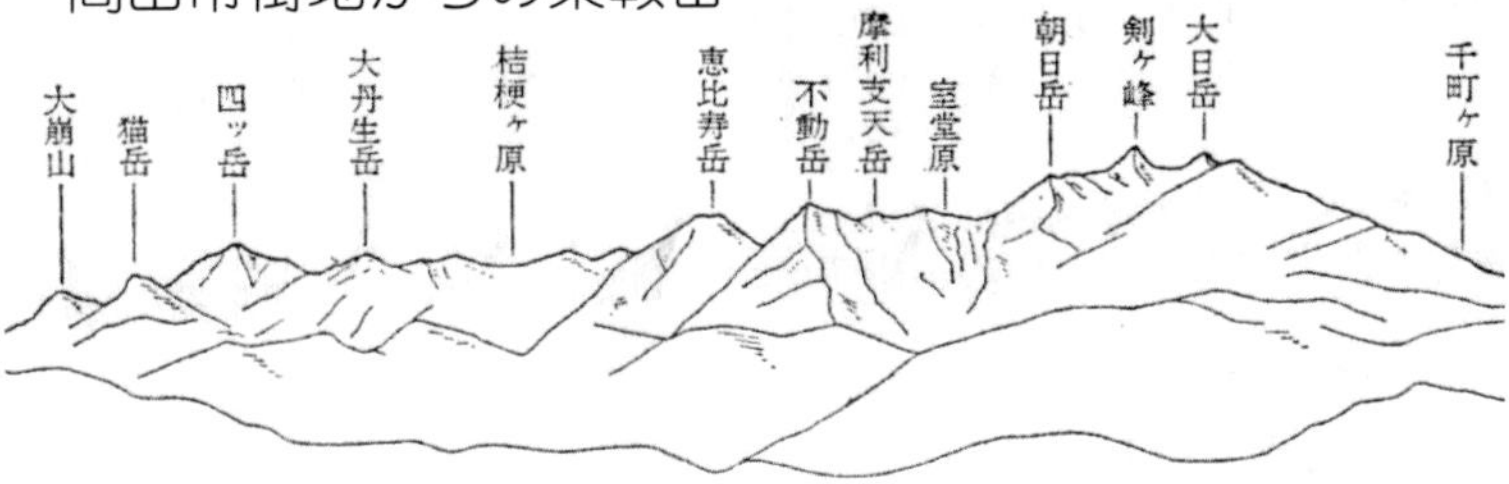

乗鞍岳の２３峰　＊印は長野県と境を接しない飛騨の山

＊**薬師岳**（やくしだけ）二九五〇m
＊**屏風岳**（びょうぶだけ）二九六八m
＊**大日岳**（だいにち）三〇一四m
＊**雪山岳**（せつざんだけ）二八九一m
剣ヶ峰（けんがみね）三〇二五．七三m
蚕玉岳（こだまだけ）二九七九m
＊**水分岳**（みくまりだけ）二八九六m
朝日岳（あさひだけ）二九七五m
摩利支天岳（まりしてんだけ）二八七二m
＊**不動岳**（ふどうだけ）二八七五m
＊**里見岳**（さとみだけ）二八二四．三m
富士見岳（ふじみだけ）二八一七m
＊**恵比寿岳**（えびすだけ）二八三一m
＊**魔王岳**（まおうだけ）二七六三m
大黒岳（だいこくだけ）二七七二m
大丹生岳（おおにゅうだけ）二六九八m
＊**烏帽子岳**（えぼしだけ）二六九二m
硫黄岳（いおうだけ）二五五四m
＊**四ッ岳**（よつだけ）二七五一m
＊**猫岳**（ねこだけ）二五八一m
＊**大崩山**（おおくえやま）二五二三m
十石山（じゅっこくやま）二五二四m
安房山（あぼうさん）二二二〇m

剣ケ峰　3026 m

大日岳　3014m

屏風岳　2968m　　薬師岳　2950m
雪山岳　2981m　　（左から）

剣ケ峰　3026m　　蚕玉岳　2979m
朝日岳　2975m　　（左から）

摩利支天岳　2872m

不動岳　2875m

富士見岳　2817m

恵比寿岳　2831m

大黒岳　2772m

大丹生岳　2698m（左）
烏帽子岳　2692m（右）

四ツ岳　2751m

猫岳　2581m

硫黄岳　2554m

十石山　2524m

高天ケ原　2829m

千町尾根

2. 美しい滝が多い山

未知への憧れ

わが母なる山乗鞍は、とても大きくそして広い。私たちはこの山を知ったつもりでいるが、それはせいぜいスカイライン沿いか畳平周辺のピーク、そして肩の小屋からの剣ケ峰辺りだけであろう。この山の全容を知ることはなかなか難しいが、それは今なお、それだけ未知の部分を残している魅力的な山、ということだ。

乗鞍岳からは、飛騨側だけでもおよそ12本の谷が落ちていて、千町尾根、丸黒尾根という大きな分水嶺を挟んで、小八賀川から宮川を経て日本海、飛騨川は木曽川に合流して太平洋へと注いでいる。

筆者は乗鞍岳の未知なる部分を知ろうと、夏季にいくつもの谷をさかのぼってみた。どの谷もあまり知られていない美しい大きい滝がいくつもあって、原始のままの自然が残っており、その山行は登山の原点である「未知への憧れ」を十分満たしてくれるものであった。

明治期に西洋から移入された近代登山は、大正期になって雪と岩を登攀《とうはん》するスポーツ的要素の強い方式を好む先鋭派と、森や渓谷を活動の舞台として山旅を行い、思索や瞑想《めいそう》を好む静観派に分かれた。このうち渓谷をさかのぼることだけに絞ったのが、今行われている日本独特の登山方式である沢登りだ。

その静観派の元祖田部重治は、著書『山と渓谷』(岩波文庫)で渓谷遡行《そこう》の喜びについて「仰ぐ流れの彼方を包む山々、樹林、谷間のなんと複雑な包容的なものだろうか。もし日本においてまだ人間の足を踏み入れない場所があるとすれば、渓谷においてこそその可能性が最も多いと言わなければならない」と述べている。これは昭和15(1940)年に書かれたものだが、現在でも渓谷には依然未知なる部分が残っていて、われわれを大いに満足させてくれる。

山スキー同様シーズンは限られるが、山旅的登山ができ、かつロープなどを使うアルパインの技術と

乗鞍岳飛騨側の谷
大滝川
乗鞍スカイライン
▲四ツ岳
畳平
▲剣ヶ峰
R158
旗鉾
久手御越谷
池ノ俣御越谷
青垂谷
池ノ俣川
沢之上谷川
乗鞍青少年の家
岩井谷
左俣谷
長倉本谷
右俣谷
▲丸黒山
蛇出谷
岩井谷
千町ヶ原
中洞権現
九蔵川
九蔵本谷
右俣谷
徳河谷
真谷
黒谷
東谷
阿多野郷川
濁川
岳谷
野麦
阿多野
益田川
秦生川
塩沢谷
上ヶ洞
中洞
高根ダム

知識も必要で、まことに面白い。夜は流木でのぜいたくなたき火を囲んでの語らい。降るような星の下でのごろ寝。心躍るルートファインディング。そして源流部のすばらしい花畑までさかのぼればフルコースだ。私のような年寄りも楽しめるので、自分で「年寄りの冷や水山行」と名付けている。

▽岳谷《だけたに》—旧登山道から見える大滝へ

・遡行年月日　平成24年8月19日
・同行メンバー　飛騨山岳会員5人

岳谷というのは、主峰剣ケ峰頂上から南の野麦集落へ落ちる、長大な飛騨川源流の中の源流だ。乗鞍岳から飛騨川への「はじめの1滴」がこの谷に注いでいるといえる。

野麦集落から剣ケ峰へ至る古い登拝路「野麦ノ森尾根登山道」は、以前無雪期に歩き、山スキーでも何回か登ったことがあるが、途中から木の間越しに大滝の上部が見え、気になっていた。この滝は「岳谷滝」といい、容易に近づけない幻の大滝である。下部の林道からその一部を遠望できるが、すぐそばまで近づき、落ち口まで登ってみた物好きは少ないであろう。

野麦集落を過ぎたところから林道が分岐するので、ここに駐車。森林管理署の林道を約2・5キロ進むと分岐した谷に出るので、ここから入渓する。枝谷を少し下ると本流に出る。意外と滝が少ないが、人工物がまったくない原始のままの深山幽谷を、しかも3千メートルの頂へ突き上げている谷をさかのぼるのはまことに気分がいい。

約2時間登ると岳谷滝の上部が見えてきた。近づくと2段になった大滝で、合計の落差は約100メートル。当然登ることは不可能で、右の草付きを中間までよじ登り、上部滝の全容が見えるところまで行く。

この後、右の急な尾根を登り、上部で大きくトラバースする。この間は一部ケモノミチがあったものの、ほとんどルートファインディングをしながらのササの藪こぎを強いられ、かなり時間を食った。

ようやく落ち口に出る。ここで昼食をとってからさらに上部へ向かうと美しい布引滝が現れ、クライミングを楽しむ。大滝の高巻きで時間がなくなったが、核心部はこの辺りで終わり、あとは平凡な谷が続くだけなので往路を引き返すことにする。

岳谷滝の基部へ戻って谷をどんどん下り、途中から左岸の林道へ上がる。この支線林道は崩れるに任せてあったが、かすかな踏み跡があった。あれほど人工物を嫌いながら、結果人工物に頼る身勝手な自分がおかしい。途中から滝が遠望できた。やがて広い本線へ出て集落まで歩く。

岳谷大滝全容

岳谷大滝２段目

岳谷大滝１段目

▽濁川《にごりがわ》－最奥の朝日滝を見に
・遡行年月日　平成27年8月23日
・同行メンバー　飛騨山岳会員5人

この谷は先回の岳谷の西にあり、岳谷同様大日岳（3014メートル）から真っすぐ南へ落ちている。野麦集落背後の「野麦ノ森尾根」と「神立ノ尾根」に挟まれた深い谷だ。

ひっそりとした野麦集落から裏山のキャンプ場へ至る道に入り、橋のそばに駐車。魚釣りか沢登りか分からないヘルメット姿の男性1人が出発するところだった。

途中で魚を釣っていた先行の男性を追い抜く。この谷は温泉などで濁っていないのになぜ「濁り」の名がついたのだろうか。去年入った旧上宝村の白水谷は確かに白く濁っていた。

1キロほど歩くと早速立派な「濁滝」が現れるが、右を巻き上部へ。ここへは左岸から美しい滑《なめ》滝《たき》が落ちていて、若い人がクライミングを楽し

濁川1　濁滝

む。本流はしばらく美しい滑滝が続き、水に浸かったりして遊びながらさかのぼる。

あと上部は平凡な河原が続く。いつかの豪雨であろう、倒木と土砂で埋まったところが多かった。そうでなければ滑滝が続いたのであろうが、これが谷の宿命でどの谷も大滝を除き絶えず変化している。

谷はやがて二股となり左へ入るが、この辺りから水が冷たくなる。途中、中規模の滝をクライミング。

標高2千メートル辺りで3段になった滝が現れ、今回の目的の滝「朝日滝」に出た。この滝も名前の由来が分からない。

左を巻くことにし、急峻なガレ場を落石に注意して登り、草付きを巻いて滝の上部に出る。ササをこいで再び本流に降り立つと水流はずいぶん細くなり、上部に迫力がない小さい滝が見えた。核心部は終わったと判断し、ここから引き返すことにした。

濁川2　中間の滝

濁川3　朝日滝

ガレ場を懸垂下降して滝の基部へ降り、往路を戻る。小さい滝を懸垂下降してさらに下る。

濁滝の手前でふと左岸を見ると林道らしきものが入っていたので登ってみると廃道の林道だった。先行組も濁滝の手前から往路に遊んだ左岸の滑滝を詰め、林道に出て駐車場所へ戻る。林道をどんどん下ると駐車場所に出た。

昔笠ケ岳の西面で笠谷などいくつかの谷をさかのぼったが、稜線近くで水流が消え、お花畑が現れたときの満足感は捨て難いものだった。それが本当の渓谷遡行だが、こうして源流まで行かずに中退であっても、やはり3千メートルの山にある谷は「深山幽谷」の表現がぴったりで、それなりに満足できる。

▽阿多野郷川・東谷－幻の無名大滝へ

・遡行年月日　平成24年8月5日
・同行メンバー　飛騨山岳会員　古守博明さん

乗鞍岳から高根町阿多野郷集落へ落ちる阿多野郷川は、上部で黒谷、真谷《しんたに》、東谷に分かれている。このうち東谷には「幻の大滝」があると古守さんから聞いていたので、一度見てみたいと思っていた。

今では限界集落といわれる阿多野郷を過ぎてキャンプ場を通り、森林管理署のゲート前に駐車。このゲートの前の橋の下を流れているのが東谷だ。

ササに覆われた右岸の小道を少し歩いてから入渓。途中二つの砂防堰堤《えんてい》が現れ高巻くが、最近はこの人工物を意に介さなくなった。この後は滝が少ない平凡な谷が続く。

1時間ほどさかのぼると突然大滝が現れる。笠谷のような一条の垂直瀑布《ばくふ》ではなく、落差100メートルほどの中に、最上部は垂直、1段おいた後二股になって、それぞれ布引き、階段状とバラエティーに富んだ滝が混在している。これがうわさの「幻の滝」だ。

阿多野郷川・東谷の大滝

美しい布引き部分のクライミングを楽しみながら上部へ。標高3千メートルからの水はかなり冷たく、ホールドをまさぐる手がかじかむ。まさに「年寄りの冷や水」を絵に描いたようなクライミング。

最上部の滝は突破不可能なので右の灌木《かんぼく》帯を巻いて落ち口に立つ。ここから上部は平凡であろうとのことなので、しばらく休んでからロープを使って懸垂下降で滝を下り、往路を戻る。

今日は久々に大きい、美しい滝に出合い、そして少々のクライミングで「ハラハラドキドキ感」も得ることができ、満足した。深山にあるためか、この滝にはまだ名が付いていないそうだ。

東谷大滝上段

東谷大滝下段

▽阿多野郷川・真谷《しんたに》－滝の多い変化に富んだ谷

・遡行年月日　平成23年７月24日
・同行メンバー　飛騨山岳会員３人

阿多野郷川の３本の谷のうち真ん中の真谷が一番長く、唯一乗鞍岳頂上からの千町尾根中洞権現へ突き上げている。滝も多く、源流部のお花畑に到達できて、笠ケ岳西面の谷同様満足のゆく遡行ができる谷だった。

阿多野郷という地名は、今でこそ20軒ほどの小さい集落を指すが、昔の阿多野郷は、旧高根、朝日村と久々野町の一部を含んだ広範な地域だった。

ひっそりとした集落を過ぎ、キャンプ場の前を通って林道を進むと森林管理署のゲートへ。この前に駐車して林道を15分ほど歩くと、真谷に架かる橋へ出る。橋を渡って右岸下流から入渓。

はじめは平凡な谷だが、後半結構な滝が連続して現れ、クライミングが楽しめた。源流部に近くなると一条の65度くらいの傾斜の長い滝が現れたが、両岸がしぶきでぬれているのでここのクライミングは緊張した。メンバーの力量がそろっていたため終始ロープを出さずに済んで、結果時間の短縮ができたが、リスク管理上この部分ではロープを使うべきであったと反省。「棒の滝」と命名する。

最上部に雪渓が残っているため水がかなり冷たく、泳ぐ気はしなかった。途中にも雪渓があり、ピッケルが必要との情報を得ていたので持参したが、雪の欠片があるだけであった。

阿多野郷川・真谷１

大きい滝が尽きた辺りで昼食をとる。いろいろな花が咲き乱れる源流部を直上。

最上部の崖の手前で進路を左にふり、少しお花畑を歩いたら、千町尾根から分岐している阿多野登山道の最上部に出た。標高２６６２メートルのガスがまく広い尾根は高山植物が満開で、ライチョウの親子が遊んでいた。

久しぶりの阿多野登山道を下る。最近通る人がないようで、上部はハイマツが覆い、下部はササに埋もれようとしていた。

久々にいい沢登りができた。山スキーと沢登りは、道のないところを自由に漂泊できるのがまことに楽しい。「沢登りは人工物が全くなく、滝が多く、かつ源流部へ到達できるルートが最上」などとうるさいことを言っていたら、若い人が注文に応じてくれ、コンパクトながらいいルートに連れていってくれた。（写真の番号は遡行順を表す）

〈参考タイム〉駐車場所（8：06）入渓（8：20）稜線《りょうせん》（13：40～55）駐車場所（17：00）

真谷３・棒の滝と命名

真谷２

真谷３の登攀

▽黍生《きびう》川ー上流部に大滝、滑谷がある谷
・遡行年月日　令和2年8月29日～30日
・同行メンバー　飛騨山岳会員　古守博明さん
　朝日町　中谷明彦さん他１人

この谷は、千町尾根の中洞権現（２６６２メートル）から石仏山森林尾根と中洞権現ノ尾根の間を流れ下り、山麓には黍生集落がある。

乗鞍の谷の精通者古守さんもまだ入ったことがなかったので、３年前に１度偵察に入り、２年前には車１台を下山側の阿多野集落林道末端に置いて入渓したが、途中で時間切れとなり、往路を戻った。

意外と長い谷で時間を食うことが分かり、今回は一昨年と同じメンバーに若い人１人を加え、途中１泊の計画で入山した。車１台を阿多野林道に置く。

8月29日（土）晴れ

集落から牧場への林道を歩き、昨年入った標高１５５０メートル地点から急斜面を１００メートル降りて入渓。一昨年引き返した標高１７５０メートル辺りを過ぎてもしばらくは平凡な谷だったが、その後小さい滝が現れ始め、直登を楽しんだり、巻いたりした。

やがて標高2千メートル辺りに落差30メートルくらいの美しい滝が現れる。この滝は左の斜面を巻く。

適当な宿泊場所がなく、さらに上へ。二段二条の美しい滝が現れる。この上の谷から一段高い草地に決める。各自ツエルト（登山用小型テント）を張るスペースはないので、１枚のツエルトを広げて平面状に張り、がん首をそろえて寝ることに。流木のたき火で衣服を乾かす。一時にわか雨のあと満天の星。

〈参考タイム〉入渓（9：30）キャンプ地（16：20）

黍生川１（１日目）　大滝

8月30日（日）晴れ

ここからは美しい滑滝が次々と現れる。千町尾根が見え出し、水流がだんだん細くなって源流に近くなったことが分かる。真谷にもあった火山活動で出来たと思われる最上流部の断崖が現れ、左を巻く。

谷が終わってすぐ阿多野道に出るかと思ったら、結構なハイマツこぎが待っていた。ようやく道に出て、古守さんと中谷さんは中洞権現まで往復。

阿多野道は、9年前に真谷を遡行したとき以来だったが、その後上部は完全にハイマツに覆われ、森林帯以外は背丈ほどのササが茂り、歩行が大変だった。林道終点から少しの間は、同行の中谷さんが奉仕で刈っておられるが、近い将来廃道の危惧がある。

〈参考タイム〉キャンプ地（6：00）稜線（9：00）駐車場所（13：40）

黍生川５（２日目）　長い滑滝

黍生川２（１日目）　２段の滝

黍生川６（２日目）　源流部

黍生川３（２日目）

黍生川７（２日目）　森林限界

黍生川４（２日目）

▽塩沢谷－コケの美しい滝
・遡行年月日　平成25年7月28日
・同行メンバー　飛騨山岳会員４人

この谷は、千町尾根から派生する子ノ原尾根と、石仏山森林尾根に挟まれた谷で、上部で千町尾根に出る。下部には小さい露天風呂だけがある冷泉の塩沢温泉がある。谷の左岸に森林管理署の林道が入っているが、下部に鍵のかかったゲートがあるので、この前に駐車して入渓。

思いの他砂防堰堤が連続していて、懸垂下降をするなど通過に時間を食う。このため源流部までは行けず、途中で左岸の林道へ上がった。

大きい滝はなかったが、明るい谷で、谷を取り巻く森林、こけむした岩が美しかった。

〈参考タイム〉入渓（9：20）林道（15：00）

塩沢谷１

塩沢谷２

▽徳河谷《とくごう》―一番長大で原始の姿をとどめている谷
・遡行年月日　平成26年9月13日～14日
・同行メンバー　飛騨山岳会員　古守博明さん
諏訪隆広さん

9月13日（土）晴れ

雨続きだった8月が終わったら途端に秋風が吹き始め、今年の沢登りシーズンはもう終わったと思っていたら、古守さんからお誘いがあった。乗鞍岳の千町尾根から南西の飛騨川へ落ちている長い谷である。地図を見ると、谷の半分くらいに毛虫模様（岩の崖がある印）がついていて、これはハラハラドキドキ感が味わえるとすぐ食指が動き、同行をお願いした。

昔笠ケ岳西面の笠谷などへ入っていたのは、真夏の岩登りシーズンが終わったこの9月中旬の連休だったが、今よりだいぶ暑かったような気がする。今年の気温の低さは特別なのだろう。メンバーはいずれも今夏雨で断念した黒部上ノ廊下行のメンバー。

まず車1台を下山ルートの九蔵谷林道のほうに置

徳河谷3（1日目）

徳河谷1（1日目）

徳河谷4（1日目）

徳河谷2（1日目）

いてから、徳河谷左岸の林道に乗り入れる。この森林管理署の林道は最近使っていないらしく、ゲートのだいぶ手前で崩壊していたため車を止め、下部のいくつかの砂防堰堤が終わる辺りまで歩く。この林道は全体に崩壊がひどい。急な斜面を下降する。

予想通り、大岩壁が続くゴルジュ帯の中にいくつもの美しい滝があり、期待していたクライミングを楽しむことができた。中には泳いで取り付かなければならない滝もあった。

この日は二股の手前で時間切れとなり、谷沿いの少し高いところに各自ツエルト、テントを設営。このところ日帰りばかりだったので、沢での宿泊は久しぶりだった。たき火が得意な諏訪さんの指図で流木を拾い集め、河原で火をたく。

たき火正統派の彼のたきつけはやはりダケカンバの樹皮で、着火剤など使わない。明治、大正期の登山紀行を読むと、猟師である案内人が、雨の中でもハイマツなどの生木ですぐに火をおこしている。猟師たちは懐にカバノキの樹皮を入れていて、どんな条件下でもたき火ができなければ一人前でないとされていたのだ。

久々に満天の星空の下でぜいたくなたき火を囲み、酒を飲んで談笑するという、「正しい沢登り」となった。

〈参考タイム〉林道駐車場所（8：20）入渓（10：10）露営場所（16：00）

徳河谷5（1日目）

徳河谷6（1日目）

徳河谷８－１（２日目）

徳河谷７（２日目）

徳河谷８－２（２日目）

徳河谷８（２日目）　柱状節理の滝

9月14日（日）晴れ

今日も晴天。この連休はどこの有名山も大変な混雑であろうが、この広い谷は今日もわれわれだけの貸し切りのようだ。河原で朝食をとる。沢はまだ水が冷たいので朝はゆっくりだ。谷は上部で二つに分かれていて、九蔵尾根側の左俣へ入る。

途中から見事な柱状節理の大きい岩壁が現れ、その上に落ちている40メートルくらいのすばらしい大滝があった。

同行の2人より多少岩登りの経験がある私は、柱状節理の段をうまくたどれば難なく登れると見たが、なにせ年寄りのチームなので無理をしないことにし、右を巻いた。

さらに上部へ進み、下山路のことを考え、途中で左の急な枝沢に入ることにする。沢は意外と尾根近くまで続き、上部で少しササをこぐと、近年、復興された青屋からの信仰の道＝「太郎之助みち」に飛び出た。位置は千町ケ原の少し下だ。

この道は、明治初期、旧朝日村の上牧太郎之助が途中88カ所に石仏2体ずつ設置しながら乗鞍岳までの登拝路を開いたがその後、廃れ、石仏も埋もれてしまっていた。

約10年前からこの道の復興、石仏探索に関わってきた市職員の古守さんから説明を受け石仏を拝みながら下ったが、下部には巨木の樹林帯があり、御嶽山も見えて、なかなか歴史を感じさせる道だった。登山口にある小さい社《やしろ》の山の神にお礼を言ってから、林道を歩いて駐車場所へ。

これで今年7回目だった文字通りの「年寄りの冷や水山行」は無事終了した。すばらしいゴルジュ帯、沢での宿泊、たき火、帰路は信仰の道と、今年の沢納めにふさわしい山行であった。この年になれば、低山歩きや小屋泊まり山行になるのがお決まりだが、こうしてまだ刺激的な、登山本来の楽しみを満喫できる山行をすることができ、まことにありがたいことである。

〈参考タイム〉　露営地出発（7：00）
登山道（11：30～12：00）駐車場所（16：00）

▽九蔵本谷と九蔵川－入りやすくて楽しめる谷

九蔵本谷は、標高２３００㍍の秘境千町ケ原を源として真西へ流れ落ち、途中で小俣谷と合流して九蔵川となり、青屋で二又川と合流する約10㌔の滝が多い変化に富んだ谷だ。

最下部に集落が少しあるだけなので、乗鞍がもたらしてくれる清冽な水の中で遊ぶことができる。この谷は朝日町の中心部から近いため、私が今までに一番多く入っている谷だ。以下九蔵川へ初めて入ったときの山行記録を紹介したい。

・遡行年月日　平成23年7月18日
・同行メンバー　飛騨山岳会員古守博明さん

笠谷、小倉谷など笠ケ岳西面の谷で遊んだ以来しばらく沢登りから遠ざかっていたが、乗鞍岳の谷も面白いと聞いて、ここに精通しておられる若い山仲間古守さんにお願いして連れていってもらった。

車1台を森林管理署のゲート前に置いてから入渓場所（二又川との合流点）まで戻る。入渓して少し

〈九蔵本谷と九蔵川の主な滝〉

進んだところで前方の水際にいる大きいクマを発見。向こうもこちらに気づいて急いで急斜面を駆ケ上がり、やぶの中に消えた。暑いので水を飲みにきたのであろう。谷は広く水量も豊かで、随所に美しい滝がある。大小の滝を、やさしいのはシャワークライミング、難しいのは高巻きをしながら進み、滑滝ではわざと滑って釜へ落ち、泳いで遊んだ。

途中砂防堰堤が1カ所あって高巻き、次には森林鉄道の橋脚の残骸が現れた。昔は林道や砂防堰堤などの人工物がある谷は避け、必ず頂上へ到達しなければ満足できなかったが、この年になってからはそんなこだわりを捨ててゆったりと遊ぶと結構楽しいことが分かった。この日は時間の関係で九蔵川から九蔵本谷に入り、少しさかのぼったところから上がり、森林に覆われた林道を歩いて下山した。その後、本谷の上流部、さらに小俣谷も遡行したが、手つかずのすばらしい樹林帯の中に滝が連続し、未知への憧れを満足させてくれた。そして山行のたび、偉大なる乗鞍岳への感謝の念が強くなるのであった。

九蔵本谷

九蔵川

＞九蔵小俣谷－短いながら滝が多い谷

・遡行年月日　平成25年8月7日

・同行メンバー　飛騨山岳会員　杉本良平さん
田堀政司さん

今までぐずついていた天気も立秋になった途端に夏空がのぞき始め、あまり暑いので谷へ涼みに行ってきた。メンバーは、平日も休みの60代３人。森林管理署ゲートから１キロほど歩いたところにある小俣谷は、乗鞍岳千町尾根から注ぐ九蔵川の支流。地図を見ると、短いながら岩場マークが続いていて面白そうな谷だと思って入ったが、期待通り滝が多く、結構クライミングが楽しめた。

遡行途中で思い出したが、筆者はその昔、山スキーで千町ケ原から西へ出ている大きい尾根を滑降したところこの小俣谷の下部右岸へ出てしまい、靴をぬいで苦労して渡渉したことがあった。

帰路は左岸に古い林道があるので地図を見て林道終点へ上がる。カモシカが現れ、見送ってくれた。

小俣谷２

小俣谷３

小俣谷１

▽長倉本谷・右俣―こけむした幽玄な谷

・遡行年月日　平成24年9月2日

・同行メンバー　飛騨山岳会員3人

丸黒山（1956メートル）、丸黒尾根を源とする二つの谷は、標高1250メートル辺りで合流して長倉本谷となる。そして下部で岩井谷と一緒になって二又川、さらに九蔵川と合流して青屋川になり、飛騨川に注ぐ。

長倉本谷・右俣1

右俣は標高約1250メートルから分岐するが、林道がなく、地形図の通り上部までゴルジュ帯で、それが美しいコケに覆われ、「深山幽谷」という形容がぴったりの幽玄な谷であった。両岸が切り立ち、増水したら逃げ場のない怖い谷でもあった。地元の精通者古守さんは以前単独で入ったが、途中で滝に阻まれ引き返したそうだ。

カクレハキャンプ場から林道を少し入ると森林管理署のゲートがあるので、ここに駐車して分岐まで約2キロを歩く。帰路のため私はじめ3人は自転車を持ってゆく。分岐に着いてから私がカメラを落としたことに気づき、またゲートまで取りに戻ったため大幅な時間ロスで皆さんに迷惑をかけた。

谷は美しい滝が連続し、クライミングを満喫できた。沢をどこまでも忠実に詰め源流部へ。ここに大きい岩屋があって中には平らな岩が敷き詰めてあり、古いたき火の跡があった。

そういえばこの谷は、明治期岩井谷にあった平金

長倉本谷・右俣５

長倉本谷・右俣６

長倉本谷・右俣２

長倉本谷・右俣３

長倉本谷・右俣４

鉱山へ朝日村側から炭などの物資を運ぶルートだったと聞いていた。その時使われたものであろう。谷の途中にもその痕跡があった。ササの藪こぎをしたら丸黒山から乗鞍岳に至る登山道に飛び出した。

尾根を歩いて「桜ケ根」と呼ばれる最低鞍部に降り、丸黒山へ急登。このコースは無雪期久々に歩いたが、荒れていた。丸黒山頂上から日影平山へ至る道を下り、平坦な基部に出ると長倉谷との分岐標識がある。長倉谷への道はササに覆われ、林道に出るまで藪こぎが大変だった。

林道に出て1・5㌔ほど歩くと左右分岐の入渓場所へ。このころから雨が激しく降り出す。そして1台の自転車がパンク。ずぶぬれになって駐車場所へ戻ったが、眼下の谷は激流と化していた。

〈参考タイム〉道の駅ひだ朝日村(7:00)長倉右俣出合(9:00)丸黒尾根(13:40)丸黒山(14:25)二又登山口(15:45)　長倉右俣出合(16:30)道の駅(17:25)

▽長倉本谷・左俣─河童《かっぱ》が棲《す》んでいる谷

・遡行月日　平成25年7月14日
・同行メンバー　飛騨山岳会員4人

梅雨が明けたというのに、このところの飛騨はすっきりしない天気が続いている。それでも短いシーズンを楽しもうと、乗鞍岳の沢に精通しておられる地元の古守さんの呼びかけで集まったのは、山岳会の老若男女5人。

昨年は林道を歩いていきなり右俣に入ったので、今年は本谷からということで、森林管理署ゲートのだいぶ手前に駐車して入渓。右俣と違い、この左俣は林道が奥までついているが、右俣同様一面緑のコケに覆われた、「深山幽谷」という形容がぴったりのいい谷だった。

滝も随所にあってクライミングが楽しめた。今回は源流まで遡行せず、谷が細くなってからやぶをこいで林道へ出、これを下った。

私は本谷の滝の釜（淵）でふざけて泳いでいて、

長倉本谷・左俣３

長倉本谷・左俣１

長倉本谷・左俣２

長倉本谷・左俣４

滝直下の渦に巻き込まれそうになり、ロープを投げてもらって事なきを得た。渦＝「巻き込み」は怖い。後から聞いたのだが、以前釣り人を救助しようとした警察官がこの場所で殉職されていた。昔から、「河童に引き込まれた」というのはこういう場所でのことをいうのであろう。

〈参考タイム〉　入渓（7：40）出渓（12：00）

▽久手御越《みこし》谷

・遡行年月日　平成28年8月16日

・同行メンバー　飛騨山岳会員　杉本良平さん
田堀政司さん

乗鞍岳をよく知ろうと思うと、南西面だけでなく北西面へも入らないわけにはいかない。しかし、この広範なエリアは、近年、旧丹生川村が「五色ケ原の森」と称して登山道などの整備をし、有料ガイドツアー参加者のみを入れていて一般登山者は入れない。

それでも未知への憧れは抑え難く、それなら登山道を使わずに谷だけの往復ならいいだろうということで、北西面の久手御越谷から往復してきた。

谷の末端である国道158号線から入ってさかのぼり、以前から気になっていた大滝へ。ロープを使って滝の右側をよじ登り、滝の上に出て少し歩いたが、河原の石がコケに覆われ、美しい谷であった。その上には大きい滝はなかった。時間がなく源流域まで遡行できなかったので、次回はと思っている。

久手御越滝

久手御越滝落口1

久手御越滝落口2

＞池之俣御輿《みこし》谷

・遡行年月日　令和元年年9月14日

・同行メンバー　単独

今年の沢登りは8月末の長倉谷で終えたつもりでいたが、その後、どうしても乗鞍岳北西面の滝の写真が必要になり、また谷水に浸かってきた。

ここも「五色ケ原の森」エリア。3年前の久手御越同様専用の登山道を歩かず、沢から目的の滝を往復することにした。

今は廃村になってしまった池之俣集落跡を通り、池之俣川沿いにさらに車を乗り入れる。森林管理署ゲートの前に駐車して入渓し、途中から池之俣御輿谷に入る。

一面緑のコケに覆われた岩や倒木の間を流れる美しい沢を楽しんで遡行。幽玄そのものの原生林を進むと、やがて前方の林間に優美な流れの池之俣御輿滝が姿を現した。滝の落ち口まで行って、マイナスイオンを浴びる。いつもの癖で滝の上部へ行きたかったが独りなので今回は諦め往路を戻る。

池之俣御輿滝

池之俣御輿谷1

池之俣御輿谷2

池之俣御輿谷3

▽青垂谷《あおだれ》

・遡行年月日　令和元年9月14日

・同行メンバー　単独

御輿谷を青垂谷合流点まで下り、今度は青垂谷へ入る。いきなり砂防堰堤だったが、これを越すと御輿谷同様のこけむした美しい谷になった。

原生の森の中を流れる谷をさかのぼるが、登山道からは見ることができない、谷ならではのすばらしい景観だ。やがて前方の木の間越しに大きい垂直の岩壁が現れ、上部から左右に瀑《ばく》が落ちていた。

右が雌滝、左が雄滝。それぞれに近づいて写真を撮る。帰路は往路を合流点まで下ったが、ここからは堰堤が多いので沢に入らず駐車場所まで林道を歩かせてもらった。

帰路ゲートに市条例で立ち入り禁止の表示があることに気づき、帰ってから条例を読んでみると、保護地域」立ち入りには許可が必要なことが分かった。どこが「保護地域」かよく分からないが、登山道を使用しなかったし、目的が乗鞍の宣伝的な写真撮影であったなどと言い訳をしても、無許可で入ったことには変わりないので、おとがめがあるかもしれない。今後諸賢が入られる場合は、必要なら立ち入り許可を取得されたい。

青垂雄滝

青垂雌滝

青垂谷

沢登りについて

登山の一方法ですが、道がないところを歩くため登山本来の楽しさを味わうことができます。しかし、そのぶん危険と同居しているため、下記のような技術、知識など登山の総合力が必要です。

・ルートファインディング能力と読図の知識
・クライミング技術とロープワークの知識
・テント泊の生活技術　・万一の場合のレスキュー技術など

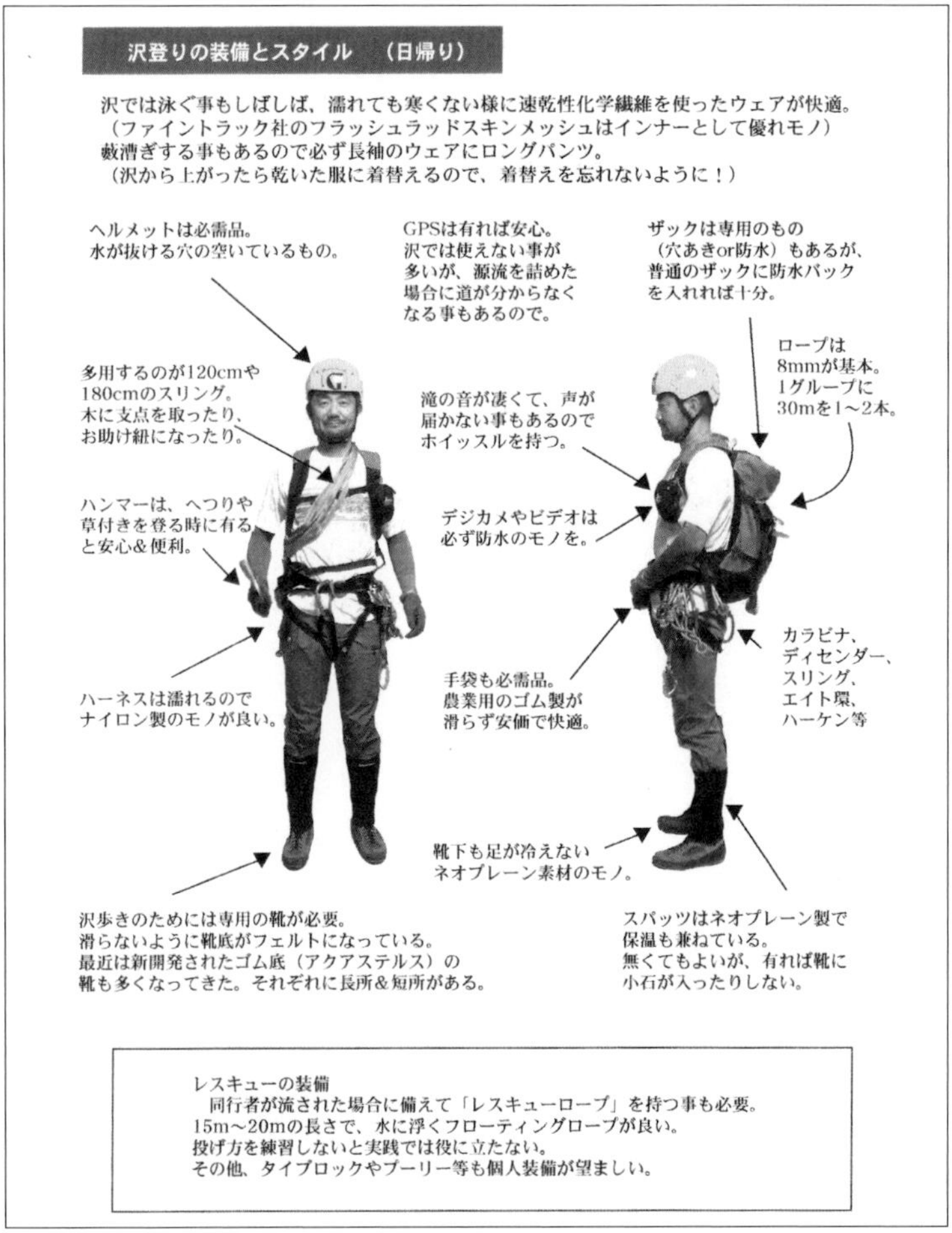

（装備図作成　飛騨山岳会　河合弘和さん）

3．低山から高山までの植物を観察できる山

乗鞍岳は緩やかな裾野を広げているため、バスの車窓から標高１５００メートルまでの低山帯、２４００メートルまでの亜高山帯、その上はハイマツが覆う高山帯と、植物の垂直分布を見ることができる。

平湯峠付近にはシラカバ林が目立ち、チシマザサの広がりの中にヤナギラン、ヨツバヒヨドリ、ヤマハハコ、ノブキ、ノアザミ、タテヤマウツボグサ、ハナウド、イワセントウソウ、トリアシショウマ、シギンカラマツ、オヤマノリンドウ、ユキザサなど高茎草木群落が見られる。

樹木はシラカバの他に夏緑広葉樹林帯のブナやミズナラ、トチの広葉樹に、イチイやヒノキが交じっている。

平湯峠（１６８４メートル）から上部の亜高山帯には、コメツガ、ウラジロモミ、シラビソ、オオシラビソ、トウヒなどの森林地帯が続き、第3尾根上部のコメツガにはサルオガセが付着している。風で運ばれるこの地衣類は、大木を枯らすといわれるが、チベットでは婦人病の薬として売られているのを見た。

針葉樹林に混生して、あるいは森林限界に近いところには、ノリウツギ、ダケカンバ、ミヤマハンノキ、ウラジロナナカマド、イタヤカエデ、ハウチワカエデ、ミネカエデ、オガラバナ、ハクサンシャクナゲ、ムラサキヤシオ、ホツツジなどが見られる。大崩山の南斜面は見事なダケカンバの林になっている。

針葉樹林には、ヤマヨモギ、オタカラコウ、シモツケソウ、シロバナヘビイチゴ、ノウゴウイチゴ、ヤグルマソウ、ヒメシャジン、ホタルブクロ、カニコウモリ、ハクサンフウロ、ナルコユリ、テガタチドリ、ゴゼンタチバナ、マイヅルソウ、クルマバツクバネソウ、ウメバチソウ、バイケイソウ、クルマユリなどが見られる。

猫岳（２５８１メートル）辺りからオオシラビソも矮《わい》

小化《しょうか》し、森林限界となってハイマツが広がる高山帯に入る。さらに上へ行くと土俵ケ原、姫ケ原となり、お花畑が広がる。

大丹生岳を信州側へ巻くと、緑のじゅうたんのような桔梗ケ原のハイマツ帯が広がり、高山植物のお花畑も点在する。

ハクサンチドリ、ヨツバシオガマ、ミヤマアキノキリンソウ、ウサギギク、シナノオトギリ、コイワカガミ、チングルマ、コバイケイソウ、ハクサンイチゲ、ミヤマキンバイなどが多い。

畳平（２７０２メートル）一帯は広い花畑になっているが、矮小の低木群落も多い。マイカー規制前は盗掘や踏み荒らしで減少していたが、近年、元に戻りつつある。

７月中旬にはハクサンイチゲが草原を埋め、次々に高山植物が開花する。ウサギギク、ミヤマアキノキリンソウ、ミヤマキンバイ、チングルマ、ミヤマダイコンソウ、コイワカガミ、イワウメ、シナノオトギリ、ヤマガラシ、ヨツバシオガマ、クロユリ、ヒメタケシマラン、コバイケイソウ、オンタデ、シラネニンジン、モミジカラマツ、ミヤマキンポウゲ、キバナコマノツメ、アオノツガザクラ、コケモモ、ミネズオウなど。

肩の小屋の東には東大宇宙線研究所があり、さらにその東には室堂ケ原という平地が広がる。ここにはかつて飛騨山岳会の小屋と高山測候所の山岳気象観測所があったが、今は礎石や防風の石積みを残すのみで、立ち入りが禁止されている。この辺りにはウラジロナナカマドが多く、その陰にはキバナシャクナゲも見られる。

周辺にはオンタデ、ハクサンイチゲ、ミヤマキンバイ、ヨツバシオガマ、チングルマ、ウサギギク、イワカガミ、コマクサ、チシマギキョウ、コバイケイソウ、トウヤクリンドウがある。

肩の小屋から頂上までは熔岩礫《れき》、岩礫が続き、オンタデ、イワツメクサなどが見られる程度である。

剣ケ峰から西の千町尾根へ下ると、大日岳の裾までコマクサの群落が見られ、あとミヤマダイコンソ

〈乗鞍岳の主な高山植物〉

コマクサ（ケシ科）

イワギキョウ（キキョウ科）

ハクサンイチゲ（キンポウゲ科）

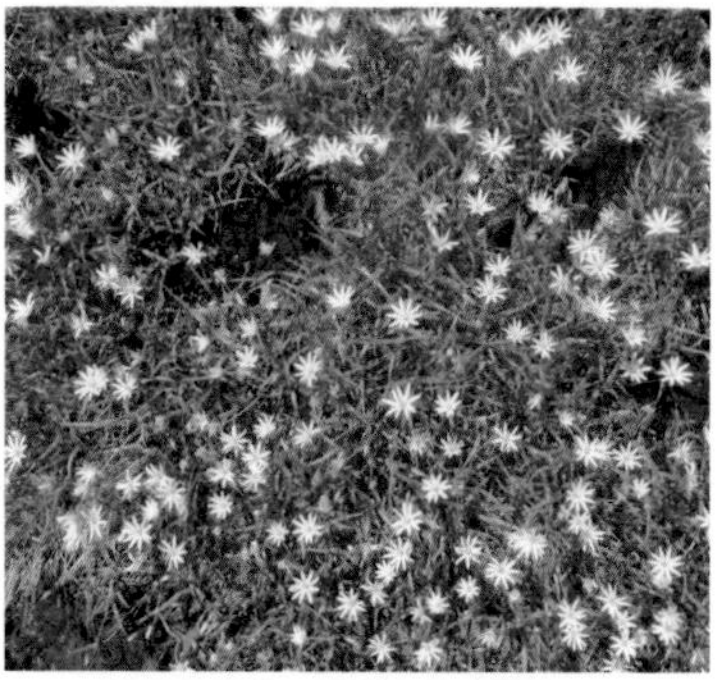

イワツメクサ（ナデシコ科）

ミヤマダイコンソウ（バラ科）

コイワカガミ（イワウメ科）

コバイケイソウ（ユリ科）

コケモモ（ツツジ科）

ヨツバシオガマ（ゴマノハグサ科）

ワタスゲ（カヤツリグサ科）

ウサギギク（キク科）

トウヤクリンドウ（リンドウ科）

セイヨウタンポポの除去作業

１日の除去量

ウ、チングルマ、ウサギギク、トウヤクリンドウ、コケモモなど豊富な植物が見られる。

近年、セイヨウタンポポなどの外来植物が侵入して生態系のバランスが崩れる心配が出てきたため、「乗鞍美化の会」が毎年ボランティアを募って除去活動を行っている。

4．生きものと人間が共存している山

乗鞍岳の動物については、元岐阜県高等学校生物教育研究会会員の伊藤茂氏が、長年にわたって飛騨地方を地域別に調査をされ、昭和47（１９７２）年に『飛騨地方の動物相』として発表された。

伊藤氏はそれをもとに時点の修正を加えたものを、平成13（２００１）年発行のＮＰＯ「乗鞍岳と飛騨の自然を考える会」会報『くらがね通信』に載せておられるので、以下の文は氏の許可を得てこの要約を主とした。

ニホンカモシカ（ウシ科）

昭和９（１９３４）年に天然記念物に指定され、さらに昭和30年には特別天然記念物に指定されて保護策が徹底したため増加の一途をたどり、近年は人里にも現れて農作物に被害が出ている。

それまでは毛皮が雪や水に強いことから各地で乱獲されており、「飛騨山脈山麓の猟師は一冬で20～30頭捕獲していたという。

カモシカ（岐阜新聞社提供）

本来は亜高山帯から高山帯の樹林帯にすむ。

乗鞍岳では夏季に剣ケ峰山頂近くに姿を現し、里見岳の残雪の上に多数の足跡が見られ、土俵ケ原付近でも目撃されている。

乗鞍岳の西北面では、旧丹生川村全域の山に生息している。特に池ノ俣や岩井谷から「国立乗鞍青少年交流の家」方面にかけて多い。旧上宝村側でも四ツ岳から十石山の辺りに数が増えている。

ニホンツキノワグマ（クマ科）

全国的には減少しているといわれるが、乗鞍岳周辺では増えているようだ。食物が得られる広葉樹林帯が多く、冬眠するための穴となる天然林の大径木や老木が多く、樹相が安定しているからであろう。

冬眠から覚めて穴から出ると、ブナ、ミズナラの芽、ウド、ササなどの新芽、夏になると木の実や昆虫類を食べて低山にいるが、夏から秋には高山植物の葉や実を求めて高山帯まで上がってくる。

乗鞍岳では四ツ岳、大丹生岳、烏帽子岳付近で目撃され、畳平ではおりで捕獲されたこともある。

旧丹生川村側では岩井谷、池ノ俣から沢上の山で冬眠穴が多く見つかっている。また久手御越辺りで冬眠するものが増えている。4月中旬ごろ丸黒山から「国立乗鞍青少年交流の家」付近にも出没することがあるが、これらは旧朝日村九蔵谷か長倉本谷辺りで冬眠したものであろう。

一方旧上宝村側では、四ツ岳から十石山、安房山にかけて多く生息し、中腹を旧高根村方面まで移動したり、十石尾根を長野県側へ越えて冬眠したりするものもいる。乗鞍スカイラインのゲート上部は、旧上宝村と旧丹生川村間を移動する通り道になっているようだ。

広葉樹の実が不作の年は、食べ物を求めて標高の低いところへ移動するが、近年、人里に現れるようになった。

〈付記〉記憶に新しいのは、平成21（2009）年9月18日に、畳平で雄グマに襲われて9人が重軽傷を負った事故だ。


クマは魔王岳西斜面から移動して富士見岳方面へ抜けようとして大勢の登山客に遭遇し、興奮して人に襲いかかり、開けた空間を嫌うので建物へ入ったといわれる。クマと人間双方がパニックになって起きた事故だ。その後も畳平周辺ではたびたび目撃されている。

筆者は山でクマに出合うことが多いが、乗鞍岳周辺では、2、3年前九蔵本谷で沢登りをしていてすぐそばで遭遇した。

平成30年に北海道の大雪山を独りで縦走していて、目の前にヒグマが現れたときは肝を冷やしたが、幸い向こうが逃げてくれた。この時比較的冷静でいられたのは、唐辛子スプレーを腰につけていたからであり、内地の山でも必携だと思われる。

ニホンザル（オナガザル科）
旧丹生川村方面では平金鉱山跡の東側およびほおのき平で目撃されている。また丸黒山の東面で雪の上に足跡が発見されている。駄吉付近でも目撃されている。

旧上宝方面では、平湯から安房山にかけて一つの集団がいるようだが、めったに姿を見せない。最近では夫婦松付近でたまに15～20匹の群れが目撃されている。

ノウサギ（ウサギ科）

全体に減少傾向にある。昔は畳平付近にもよく現れ、捕獲したこともあったが、最近では高山帯での目撃例は少ない。以前は冬の平湯峠辺りで縦横に足跡が見られたが、最近では著しく減っている。昔の3分の1くらいではないか。旧丹生川村一帯でも同じで、減少した原因はよく分かっていない。

最近ノウサギの腹を割ると、肺にイクラ状の塊が見られたり、皮膚と筋肉の間にたくさんの泡が見られ、体が痩せてしまったものが増えたと猟師が言っている。関係があるのか今後の調査を待ちたい。

ホンドキツネ（イヌ科）

増えているようだ。乗鞍山頂近くのハイマツ帯、恵比寿岳の頂上などで5月に目撃した他、土俵ケ原などにも餌を求めて姿を現すようになった。

ライチョウの怖い天敵である。里山では旧丹生川村久手から坊方周辺に時々出没し、農家のニワトリなどに被害が出ている。

ホンドテン（イタチ科）

冬毛が黄色くなるキテンであるが、標高１５００～１６００メートルまでの広い範囲の樹林帯に生息し、近年、畳平周辺にも出没する。

ヤマネ（ヤマネ科）

日本固有種で、天然記念物に指定されている希少種。夜、樹上で活動するのであまり目撃できない。冬期、倒木や落ち葉の下などで丸くなって冬眠しているのを森林作業中に見たという話を聞いた。最近は激減しているようだ。

ホンドオコジョ（イタチ科）

全体に数は少ない。乗鞍岳不消ケ池付近の岩場で目撃した他、畳平の管理事務所の周りでも目撃されている。

これもライチョウの天敵である。また乗鞍スカイライン沿いの望岳台付近で目撃した他、その下の標高千米《メートル》くらいにも姿を見せ、平湯スキー場付近でも時々目撃されている。

ニホンイノシシ（イノシシ科）

近年、乗鞍岳北西側山麓から旧丹生川村一帯でよく目撃されるようになった。「五六豪雪」後に旧朝日村方面から位山分水嶺を越えて侵入してきたものがすみ着くようになったと思われる。

高山市岩井から駄吉にかけては夜間に出没して田畑に被害を及ぼしている。また、飛騨高山スキー場付近ではクマに襲われたイノシシの頭部を発見したこともある。さらに平湯から一重ケ根方面でもよく目撃されるようになり、近年、乗鞍岳の畳平のお花畑を掘り起こしているのが見つかっている。雑食のイノシシはライチョウのひなや卵を食べる恐れもある。昔は全く考えられなかったことである。

イノシシに限らずカモシカ、ツキノワグマなど、近年、自然環境の変化や環境破壊に伴い野生動物の生息分布に大きな変化が見られるようになっている。

またニホンジカが増え、南アルプスでは高山植物に深刻な被害が出ている。乗鞍岳では今のところ、信州側の乗鞍高原、飛騨側では五色ケ原に現れており、今後上部への侵入が懸念されている。

寄稿
ライチョウとチョウ　植松晃岳（長野県安曇野市「野生生物資料情報室」）

ライチョウ

高山《こうざん》までバスで行くことができる乗鞍岳は、立山とともに大勢の人が気軽にライチョウを見ることができる日本でも数少ない場所です。

昭和60（１９８５）年当時、日本のライチョウの生息数は約3千羽でしたが、現在では約１７００羽といわれています。キツネやテン、チョウゲンボウなどによる捕食が主原因で、特に南アルプスでの減少は著しいものです。

幸いにも乗鞍岳は現在でも約１００羽生息しており、大幅な減少はしていません。しかし、かつて畳平では、観光客が連れてきたペットの犬がライチョウを襲ったという事例も報告されています。天敵の増加や人間の高山への進出が、ライチョウに直接的間接的影響を与えていることは事実です。また今後さらに進む温暖化の影響も危惧されています。そんな中で、乗鞍岳のライチョウを、かつて生息していた木曽駒ケ岳に移植して数を増やそうというプロジェクトも行われつつあります。

乗鞍岳は間近でライチョウを見ることができる環境教育の場であり、ライチョウと人間との共存の道を探る重要な役目を持った山ともいえます。

ライチョウ

チョウ
日本で高山とは、森林限界より上のことを指します。飛騨山脈では標高約2400メートル《メートル》より上、すなわちハイマツが生えている場所だと思えばいいでしょう。

ここでは卵から成虫になるまで高山で過ごしているミヤマモンキチョウやクモマベニヒカゲ、夏に低地から避暑地として過ごすために上がってくるキアゲハやコヒオドシ、秋の渡りの際に通過していくアサギマダラなどさまざまな種類のチョウがいます。

特にミヤマモンキチョウはクロマメノキ、クモマベニヒカゲはイワノガリヤスといった高山植物を食草として幼虫は育ちます。またキアゲハやタテハチョウの仲間は、雄と雌の出合いの場所として山の頂上に集まってきます。

沖縄や台湾まで飛んでいくアサギマダラは山の上昇気流を利用して、より遠くを目指します。短い夏の畳平のお花畑やその周辺では、高山チョウだけでなくさまざまな種類のチョウを見ることができます。

5. 一時期オーバーユースで自然破壊が深刻に

マイカー殺到で、高山植物などが危機に

昭和23(1948)年7月、平湯峠から畳平への軍用道路がバス道路に転用され、この年に試運転を行った後、翌年から営業運転が開始された。軍用道路敷設時から生態系の破壊が始まったといえる。

昭和30年代になるとバスに加えてマイカーの客が急増。昭和38年には長野県が県道を畳平まで延長した。

さらに昭和48年に岐阜県が日本最高所の有料道路「乗鞍スカイライン」を完成させると入山者は一挙に増え、この山は完全に「観光の山」と化した。

この年の利用はマイカーが24万台を超え、推定47万人が車で入っている。夏季の最盛期には、畳平

駐車場が4~5時間待ちとなるなど混雑を極め、「雲上銀座」とまでいわれるようになった。

このオーバーユースにより、スカイライン沿いの山肌崩壊やシラビソ、オオシラビソ、トウヒなどの針葉樹の枯死、高山植物の盗掘や踏みつけ、帰化植物の侵入、ペットの持ち込みによるライチョウなどへの被害、ごみ投棄など、自然破壊が深刻になってきた。

お花畑でキャンプをするグループもいて、盗掘などで高山営林署から始末書を取られた人は、昭和50年から5年間で17764人、口頭注意は1万9767人に上った。

「乗鞍岳の自然を考える会」が設立される

平成12（2000）年3月25日、これに危機を感じた飛騨地域の自然愛好家など約100人が高山市文化会館に集まり、「乗鞍岳の自然を考える会」の設立総会を開催。乗鞍岳の自然環境保全に取り組んでいくことになった（会長飯田洋・会員200人）。その後、「乗鞍岳と飛騨の自然を考える会」に改称した。

この会は早速、同年6月4日に乗鞍のサマースキー実態調査を実施、6月25日には保全先進地の立山を視察、7月28日に環境庁他へサマースキーに関する要望書を提出した。

そして平成15年に償還期間が到来する乗鞍スカイラインの利用制限について5項目の提言をまとめ、岐阜県、環境省などへ提出した。

①マイカー及び観光バスの運行を全面的に規制し、低公害のシャトルバス、路線バスのみ通行可能とする。

②乗鞍スカイラインの供用（通行可能）期間を7月から10月までとする（自然融雪で）。

③自治体が中心となってガイドを養成する。シャトルバス発着場（マイカー駐車場）と畳平にビジターセンターを開設し、専門職員を配置する。あとバリアフリーの木道設置や公園計画の見直しなどを提言。

マイカー乗り入れが全面規制に

平成13（2001）年2月26日、「乗鞍スカイライン検討委員会」（国や県、地元の有識者で構成、委員長・当時の丹生川村長）は、「マイカーは全面規制」「観光バスは当面規制しない」との地域観光に配慮した最終意見をまとめ、県へ提出した。

これを受けて岐阜県は、平成15年5月15日からマイカー規制に踏み切った。県は同時に駐車料に上乗せして法定外目的税「環境保全税」の徴収も行うこととした。

今後の課題など

規制後3年経過した時点で、観光関連業界から観光客が半減したとして規制緩和の要望が出されたが、自然保護団体などからの反対もあり、規制継続となった。その後、観光面からマイカー規制緩和要望は依然消えていない。

自然保護団体からは、「既に規制されている上高地、尾瀬などでは話題になっていない」「短期間、特定の場所だけでの自然復元傾向から規制緩和を考えるのは早計である」「観光客の増加策は別の視点で考えるべき」との反論が出されている。

現在は木道、登山道が整備され、岐阜県の環境パトロール員、環境省や林野庁のパトロール員などの努力で登山、観光客のマナーも向上し、植生は次第に回復してきてはいる。しかし、団体登山客の増加、観光旅行者の禁止区域立ち入り、外来植物の侵入などもあり、楽観はできない。

われわれは昔からこの山の自然生態系から計り知れない恩恵を受けており、これ以上自然を損なうことなく後世に引き継ぐ義務がある。

第2章　乗鞍岳登拝路の盛衰

1. 消えゆく信仰の道

飛騨人が朝な夕なに仰ぎ、いくつもの学校の校歌でうたわれるほど親しまれている「母なる山」乗鞍岳。その気高いたおやかな山容は、古くから信仰の対象としてあがめられ、それは縄文時代中期からともいわれる。やがて縄文人は、山の霊気と接触して自らの意志を伝え、交感するため山へ登るようになった（國學院大学・小林達雄名誉教授）というが、乗鞍岳もこの時期一部の人に登られたかもしれない。

この山を間近に望む小八賀川流域の人々は、太古から山に昇る太陽＝靈《ひ》を「日嶽尊」として畏敬し、その後は農耕の水をもたらしてくれる山としてもあがめた。そして小八賀川沿いのいくつもの集落が、「日抱尊」を社に祭るようになったのである。

日本古来の山岳信仰は、外来の道教、仏教（特に密教）、儒教などの影響を受け、平安末期に至って修験道という一つの宗教体系になる。山に入って艱《かん》難《なん》辛苦し、呪力、霊験を身に付けて、現在から未来（死後）永劫《えいごう》の幸福を願うため修行を行った。山は修行の道場になって、人と山の関係はさらに近くなってゆく。

修験道の山は、吉野山、大峰山にとどまらず、富士山、立山、白山、御嶽、石鎚山、羽黒山などが修行の場となっていったので、修験者はこの時期に乗鞍岳をも跋渉《ばっしょう》していたのであろう。

さらに男体山が勝道によって、白山が泰澄によって開山されるなど、仏教系の僧侶が各地の山に関わってくる。

諸説はあるものの、乗鞍岳に関する最古の記録は、明治初期まで剣ケ峰にあった大日如来の蓮台に「寿永二年卯天六月九日大夫房」（寿永2年は1183年）と刻まれた石文だといわれている。

信濃国小県郡生まれの大夫房は、出家して奈良興福寺の住職になり西乗房信救と称していたが、後に木曽義仲の右筆となり、大夫房覺明に改名した。大日如来は、義仲の武運を祈願して奉納したと伝えられている。

このように、「乗鞍禅定」として修験者や僧侶が入っていたこの山も、その後、御嶽山、白山などと同様に講がつくられ、多くの信者が頂上の乗鞍権現に参拝するようになった。また雨乞いのため、大丹生池や土桶池などへ集団で登るようにもなり、麓の集落からいくつもの登拝路が付けられた。

明治以降西欧近代登山の対象になってからは、信者に交じってガウランド、ウェストンなど多くの登山者がその道を歩いた。

戦後、バス道路が敷設されて「観光の山」になると、歩いて登る人が減ってきて、これらの登拝路は次第に廃れていった。

例えば高根町野麦集落には山頂へ登拝する古くからの道があり、筆者も40年ほど前に歩いたことがある。このころ既に登る人は少なかったが、その後、市役所や森林管理署の都合、また集落の過疎化で手入れする人がいなくなったこともあり、10年くらい前からササに埋もれてしまった。

世俗化が進み、山をあがめることがなくなってこのような運命をたどった歴史の道のことを後世のために書き留めてみたのがこの小稿である。

2．昭和初期にはまだ多くの登拝路があった

大正10（1921）年、アルプスのアイガー東山稜初登攀を成し遂げた槇有恒が帰国し、近代登山の技術と知識を伝えた。

槇の刺激を受けた登山者が飛騨山脈に多く入るようになったため、大正12年、飛騨山岳会は山岳観光に対応すべく、飛騨一円の町村を加えて再設立を行った。

そして昭和6（1931）年6月、『北アルプスは飛騨口から』という登山客誘致リーフレットを発

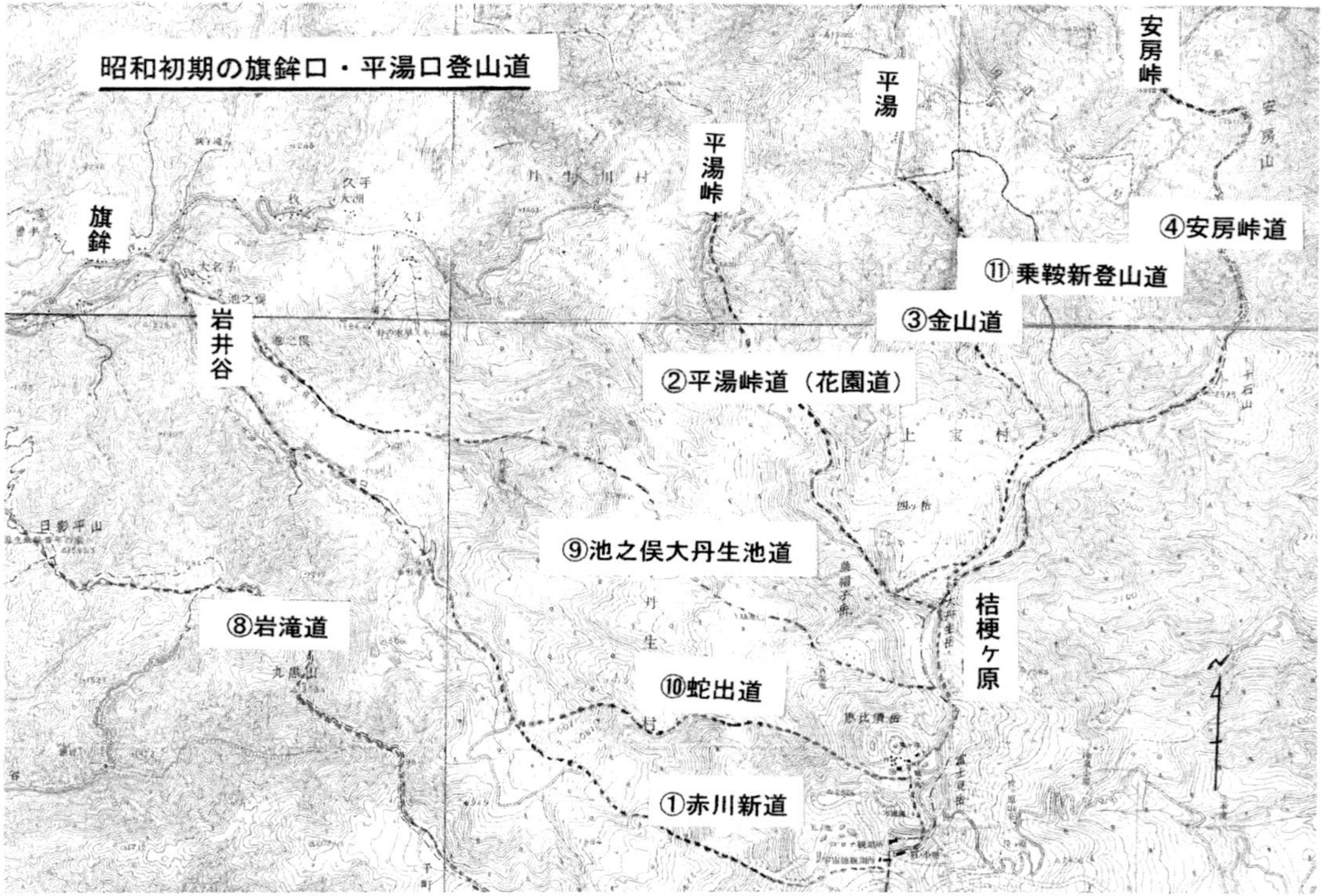

（国土地理院５万分の１地形図　船津・上高地・高山・乗鞍岳）

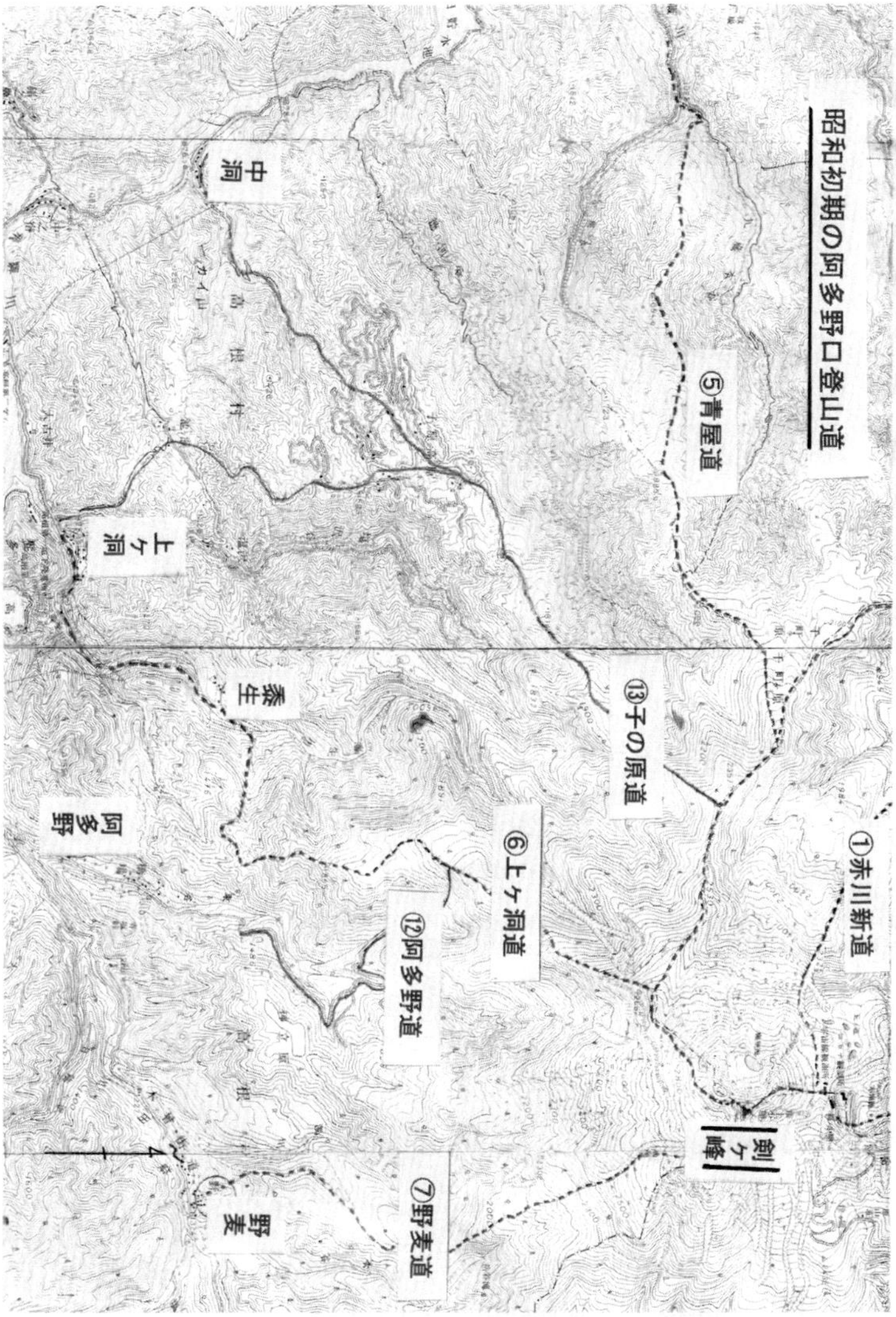

（国土地理院５万分の１地形図　高山・乗鞍岳）

刊し、全国へ配布した。これには飛騨山脈の主な山岳の飛騨側からの登山口、距離、時間などが詳しく書いてある。

それには、薬師岳へは神岡の土集落から、双六岳へは双六本谷と下佐谷から、笠ケ岳へは笠谷も登山道になっていて現在と比べると面白いが、乗鞍岳の項には８本の道が紹介されている。

この資料から、乗鞍岳には昭和初期から戦後バス道路が開通するまでの間に、一番多くの登山道が存在していたことが分かった。

それ以前、旗鉾口からは、⑨池之俣大丹生池道、⑩蛇出道があったが、急峻《きゅうしゅん》だったため①赤川新道が付けられ、このリーフレットにはもう紹介されていない。

〈昭和６年に紹介されている登山道〉

・旗鉾口　①赤川新道　②平湯峠道（花園道）

・平湯口　③金山道　④安房峠道

・阿多野口　⑤青屋道　⑥上ケ洞道　⑦野麦道

・大八賀口　⑧岩滝道

以下その『北アルプスは飛騨口から』に載っている８本の登山道、それ以前にあった２本の道を紹介したい。距離や時間はそのリーフレットによるもの。なお、丸番号は62ページ、63ページの登山道番号である。

旗鉾口

①赤川新道

それまで地元の人に利用されていた「蛇出道」や「池之俣大丹生池道」が急峻で危険だったため、大正11（１９２２）年、丹生川村青年団が赤川道を大幅に改修した。

このルートが開かれたのは、明治９（１８７６）年、乗鞍から下りてきたという伯耆国《ほうき》（現在の鳥取県中部・西部）の佛徳行者と称する仙人が、麓の沢上集落を訪れ、土地の若者を率いて登ったのが最初であるといわれている（これは蛇出道だという説もある）。

ルートは平金鉱山跡を通り、黒川、赤川、白川が合流する五色ケ原から黒川沿いに登って途中から赤川に入り、五ノ池の南側へ出る。ガイド文には、道中に「平金滝」「桜根滝」「魚止滝」「達磨岩」などの滝や大岩があると記されている。

この道は大正から昭和初期にかけて沢上の若田家に1泊した信者が列をなして登ったという。毎年8月8日には剣ケ峰にある乗鞍神社の例祭があり、里宮がある沢上集落の人がご神体（剣ケ峰にあった大夫房奉納の大日如来）を「御杖代」と称し、背負ってこの道を往復した（異説あり）。

また大正13年には、高山測候所の山岳気象観測所（夏期だけ開設）が室堂に開設され、物資荷揚げ、所員の往復もこの道を利用していた。毎日観測結果を持って、乗鞍仙人こと板殿正太郎がこの道を下った。

高山測候所に勤務していた川村孝一さん（飛騨山岳会員・昭和元年生まれ）は、終戦の年までここに駐在し、登下山に赤川道を歩いたという。

〈登山口＝旗鉾　距離＝14キロ、登り＝7時間　下り＝4時間〉

②平湯峠道（花園道）

これも大正11年、丹生川の青年団が平湯峠から大崩山への尾根（第1尾根）に開削した。尾根を忠実に登った後は、大崩山、猫岳、四ツ岳の裾を巻くもので、後の自動車道はこのルートがベースになっている。全長11キロ、完成までに2年を要した。

原生林のクマザサ、上部ではハイマツを刈り、唐鍬《とうぐわ》で道形を付ける作業は途中露営が必要で、困難を極めたという。道中に高山植物が咲き乱れていることから「花園道」と呼ばれていた。

これは従来の丹生川青年会が自治団体になったことを記念しての事業であり、前述の赤川道改修もそうであった。

〈登山口＝平湯峠　距離＝17キロ、登り＝7時間半　下り＝5時間半〉

⑨池之俣道

池之俣御越谷をさかのぼり、途中から尾根を越えて土桶池、大丹生池を経て土俵ケ原へ出る。江戸期に鉈削《なたばつ》りの円空が、大丹生池に木っ端仏千体を池底に沈めたという話が残っている。この時は金山道を経たようだ。土桶池、大丹生池へは古くから山麓の人々が雨乞いに集団登山しており、この時の道である。

大正7年8月には、丹生川村青年会と軍人会の約400人が蛇出道から登って室堂に泊まり、翌日大丹生池、土桶池を訪ね、この道を下っている。

⑩蛇出道

明治27年、美濃上麻生出身の修験者木食秀全がこの道を開いた。秀全は村人とともに、不動明王の守護童子の名を刻んだ36本の石の道標を建てようとしたが、一個50貫もの重さと道の険しさのため断念したという。今でもその道標が畳平などに残っている。

赤川新道が改修されるまでは、乗鞍神社の例祭の往復にはこの道が使われていたというし、一般の登拝路にもなっていたようだ。

大正6（1917）年には、丹生川の青年団員が平湯から登ってこの道を下った記録が見られる。

平湯口

③金山道

平湯温泉から平湯大滝の横を通り、鉱山跡、サル飛八町を通って土俵ケ原に至る道は、信仰登山にも近代登山にも一番利用された道だ。明治25（1892）年、ウェストンとハミルトンも、このルートから大滝の上にあった鉱山宿舎に泊めてもらって頂上を往復している。

途中から金山岩下の乗鞍権現へ至る道が分かれている。この乗鞍権現（騎鞍権現）は、石動山伏が開祖と伝えられ、その山伏の草庵が一重ケ根にあり、後に禅通寺になったといわれている。今でも毎年7月10日に祭礼があり、ハイマツを持って帰り各戸へ配るという。なお、禅通寺にある鎌倉期の作といわれる十一面観音立像は、「騎鞍権現」の本地仏。

〈登山口＝平湯　距離17キロ、登り＝6時間　下り＝4時間〉

④安房峠道
安房峠から安房山、十石山、金山岩、硫黄岳を経て桔梗ケ原に出る稜線通しの道は、昭和初期に付けられたようだ。
〈登山口＝安房峠　距離16㌔、登り＝６時間　下り＝５時間〉

阿多野口

⑤青屋道
明治28（１８９５）年、旧朝日村青屋の修験者（修験両部道教）上牧太郎之助が、九蔵本谷と小俣谷の間の尾根に登山道開設を決意。ルートを決めるに当たり、歩きやすい残雪期に登って目印を付け、夏期地元民の協力を得て作業を行ったという。そして４年がかりで20㌔の道が完成した。

太郎之助は大正３（１９１４）年、この登山道の登山者の安全と道案内のため登山口（朝日町寺澤）から乗鞍岳山頂までの88カ所に各２体ずつ１７６体の石仏安置を計画。多くの人々の浄財と、村青年団や有志の人力運搬協力により進められ、昭和８年（１９３３）年に設置を終えた。登山道開設から実に39年をかけた大事業であった。

〈登山口＝青屋　距離19・９㌔、登り＝６時間　下り＝４時間〉

青屋道登山口

⑥上ケ洞道

今は上ケ洞から塩沢を経て子ノ原高原へ自動車道が付いているが、それまでは上ケ洞から黍生集落、石仏山の肩を経て上ケ洞牧場（今はない）を通り千町尾根に出た。

富田礼彦の『公私日永《ひなめ》記』には、江戸末期の嘉永2（1849）年、地役人山崎弘泰他14人が乗鞍に登ったことが書いてある。この時は全員が雪目にかかったようだ。登山ルートはこの上ケ洞道だといわれている。

〈登山口＝上ケ洞　距離13・7キロ、登り5時間　下り3時間〉

この時のガイドにはないが、旧高根村中洞集落から子ノ原尾根を登り千町尾根に合流するルートもあった。

天明元（1781）年、中洞の中林作右衛門が、大日如来他2体の仏像を頂上に安置すべく単身で背負い上げたが、千町尾根の合流点で力が尽き、やむなくここに安置した。

その後、この場所は麓の人から中洞権現と呼ばれてあがめられるようになり、今もその地名が残っている。なお、中洞権現にあった金仏は、大正年間に行方不明になったという。前述の上牧太郎之助は、中洞権現にあった仏像を見て青屋道の登拝路開発を思いついたともいわれる。

⑦野麦道

野麦集落の人が乗鞍へ登拝した古くからの道。集落背後の尾根を忠実にたどり、原生林の中を右に岳谷の大滝を右に見ながら登る。上部でコマクサの群落がある高天ケ原の左に出て、大日岳のコルから剣ケ峰へ。

〈登山口＝野麦　距離11・8キロ、登り5時間　下り3時間〉

大八賀口

⑧岩滝道

このガイド（昭和6年）では難路の表示になって

いる。昭和８（１９３３）年から、岩井集落を起点として日影平、丸黒山、千町ケ原を経て乗鞍岳までの山岳スキー場が開発され、随所に山小屋も建てられた。この時登山道も大八賀村の村民や斐太中学の生徒などの協力で千町ケ原まで全線改修された。

〈登山口＝高山　距離30キロ、登り＝１日　下り＝１日〉

３．登拝路のその後の変遷と現在の様子

これらの多くあった登拝路も、戦後、バスが畳平まで入るようになると廃道への運命をたどるが、その原因になった自動車道路について触れておかなければならない。

第３章「乗鞍岳の歴史」にも書くが、第２次大戦中、陸軍第二航空技術研究所が航空機エンジンの性能試験を畳平で行うことになり、昭和17（１９４２）年、道路工事を開始した。朝鮮人労務者、徴用人夫らが過酷な気象条件の中で工事に従事し、翌昭和18年に完成させた。そのルートは、大正12（１９２３）年に丹生川村青年団が開いた平湯峠からの「花園道」がベースになっていた。

将来バス道路にすることを考えていた濃飛乗合の社長上嶋清一氏は、軍に交渉をして当初予定の道幅３メートルを３・６メートルに変更させた。総工事費40万円のうち８万円を上嶋氏が負担したという。

このため、昭和23年7月、濃飛乗合の登山バスが畳平まで乗り入れを開始した。当初は１日１往復で、平湯峠から３時間かかった。

乗鞍岳の開発で岐阜県側に先を越された長野県は、東面の大規模な開発に着手し、昭和37年、乗鞍高原スキー場を造り、昭和38年には県道乗鞍線を畳平まで開通させた。

今でこそリゾート地として殷賑《いんしん》を極めている長野県側の「乗鞍高原」は、そのころ「番所原《ばんどころはら》」と呼ばれ、大野川地区の放牧の場所で、スキー登山客の山小屋

が数軒あるだけの寂しいところだった。

　岐阜県はこれに対抗するためか、昭和40年、「アルプススカイライン」というスケールの大きい観光道路計画を策定した。

　それは高山市から乗鞍岳の西面を通って乗鞍岳に登り、長野県境から御嶽山を経て中津川へ下るという、全長約２００キロの大山岳観光道路であり、実地測量と基本設計まで済ませていた。総工費は当時の県予算の約半分に近い２００億円だったという。

　高山市は、この岐阜県の計画に呼応して、乗鞍岳西面一帯にスキー場（リフト27本）、ゴルフ場、別荘地など大規模な開発構想を作った。

　しかし、これらの計画については、自然破壊が大きいなどとして国からクレームがつき、さらに建設費と経済効果の見通しが立たず、「夢の構想」に終わった。

　昭和40年代後半、生井、根方集落上の大尾根、日影平辺りを歩いていると、大きなくいが方々に残っていたのを覚えている。

　この計画が挫折したため、県は昭和42年からバス道路を大幅に改修し、昭和48年に2車線の「乗鞍スカイライン」を開通させた。このためさらに車で簡単に登れる「観光の山」になり、本格的な登山者は俗化したこの山を敬遠し、今までの登山道はますます廃れていったのである。

　それでも昭和63年、飛騨山岳会が創立80周年を迎え、記念事業として乗鞍岳への集中登山を行ったときには、まだ主な登山道は健在であった。

　当時、旗鉾口からの赤川新道は既に廃道になっていたが、平湯口（金山道）、大八賀口（岩滝道）、阿多野口（野麦道、阿多野道、子ノ原道）からはしっかりした道が残っていた。

　同年9月17日、会員が南面、西面の各ルートから道を整備しながら新しい道標を建てて登り、頂上に集結して付近を清掃した。

　その日は肩の小屋に宿泊して祝賀会を行い、翌日全員で金山道（平湯大滝道）５カ所に道標を建てながら下った。この時各ルートに建てた道標はまだ一部残っている。

これらの道はその後、さらに通る人が少なくなり、町村合併や山麓の過疎化で登山道の手入れができなくなったこともあって、廃道化が進む。

旗鉾口

赤川新道

昭和40年ごろまでは登山者があり地元で手入れをしていたが、その後、間もなく廃道になり、今ではやぶに埋もれてしまっている。

平湯峠道（花園道）

戦後バス道路の開通とともに廃れたが、その一部が上部でスカイラインとして残っている。

平湯口

金山道（平湯大滝道）

歴史があるこの道は、前述のように昭和60年代まで通れたが、その後、大雨で上部が流されて通行不能となり、廃道になった。

その代わりに、近年、平湯スキー場から平湯尾根をたどる⑪「平湯・乗鞍新登山道」が付けられた。

金山権現を経て十石山からの稜線に出、硫黄岳から桔梗ケ原でスカイラインと合流するもので、スカ

金山岩の乗鞍権現

イラインの桔梗ケ原にはバス停が新設された。

この道は毎年平湯の人々により手入れがされているので、今では北西面から乗鞍へ至る唯一の登山道になっている。

畳平まで11・6キロ、7時間、往復12時間を要する。筆者は平成28（2016）年10月15日、桔梗ケ原から平湯まで下ってみたが、よく整備されていた。

安房峠道

筆者も昭和50年代に乗鞍岳から十石山、安房峠を経て平湯まで歩いたことがある。その後、安房山辺りがササに埋まり、十石山から金山岩の間が崩壊したりして今では廃道になっている。

阿多野口

野麦道

冒頭に記したように、近年、手入れができず廃道になってしまった。

上ケ洞道（阿多野道）

上ケ洞から黍生経由だった道は、その後、阿多野集落から林道経由の道＝⑫「阿多野道」にルート変更されている。

この阿多野ルートは何回か歩いたが、鬱蒼《うっそう》とした森林帯を通り、上部で眺めのいい中洞権現へ出る変化に富んだコースだ。

平成23（2011）年7月、筆者が真谷を遡行してから久しぶりにこの道を阿多野集落へ下ったときは、部分的にササが覆い歩きにくかった。その後、朝日町のボランティアの方が刈り払いを行っておられるようだが、ササの繁茂のスピードに追い付かないという。

令和2（2020）年8月30日に黍生谷を遡行した後、この道を下ったが、上部はハイマツが覆い、下部は背丈ほどのササが茂って歩行が困難であった。

昭和30年代には中洞集落から子ノ原牧場を通り、奥千町へ出る道⑬「子ノ原道」も紹介されている。

前述したように、天明元（１７８１）年、中洞の中林作右衛門が仏像を背負い上げたルートだ。千町尾根との合流点は今も中洞権現と呼ばれているが、今は上牧太郎之助の石仏が鎮座しておられるだけだ。

中洞権現

その後、子ノ原に別荘地が開発され、自動車道が開通すると、今の無印キャンプ場辺りに車を置いて短時間で千町尾根に到達できるルートだったが、近年、地主都合で車道乗り入れが制限されたため、登山者が減ってだいぶササが覆っている。中洞集落からの登山道は、別荘地開発時の林道敷設などで消滅してしまったという。

岩滝道

この長いコースは、戦後通る人も少なくなり廃れていたが、昭和49（１９７４）年、日影平に「国立乗鞍青年交流の家」（現「国立乗鞍青少年交流の家」）ができると、岐阜県が日影平から剣ケ峰を結ぶ15・2キロの整備を行った。

当初「青年の家」の乗鞍への集団登山で利用されていたが、その後、施設の管理主体が変わると、登山道の利用は丸黒山までとなり、丸黒山から上部は手入れがされていない。

筆者は平成24年9月、長倉本谷をさかのぼってか

秘境千町ケ原

ら桜ケ根に出て丸黒山南斜面の登山道を登ったが、木のステップが腐食し、鉄くぎだけ残っていて大変危ない状態だった。

また平成30年8月に剣ケ峰から「国立乗鞍青少年交流の家」まで歩いたが、千町ケ原から丸黒山の間がだいぶササに覆われていた。

青屋道

戦後平湯峠からの自動車道の開通で登山者が減少し、廃道になっていった。石仏の埋没を心配された上牧家は、石仏42体を里へ下ろし、新設した地蔵堂に安置。

その後、旧朝日村が、平成13年から村おこし事業で登拝路を修復し、ボランティアを募って石仏探索活動「八八作戦」を開始した。平成27（２０１５）年までに37体が発見され、70カ所１３７体の存在が確認された。あと残る18カ所36体の探索が現在も続けられている。

筆者も沢登りの下降路にこの道を使ったり、探索の会にも参加したが、下部には巨木の樹林帯があり、途中御嶽山も見えて、歴史を感じさせる道だった。発見された石仏は祠《ほこら》に安置されていた。

道は毎年手入れされているが、なにせ距離が長くて通る人がほとんどいないため、部分的にはササが覆っていた。

令和２（２０２０）年現在も高山市朝日支所でササの伐開をして通行可能になっている。

4．まとめ

このように昭和初期に10本ほどあった登拝路は、現在難なく歩けるのは3本だけになってしまった。

廃道になった金山道に代わる平湯スキー場からの⑪「平湯・乗鞍新登山道」、「国立乗鞍青少年交流の家」からの⑧「岩滝道」、行政の手でかろうじてササが刈られている⑤「青屋道」である。

道というものはその時代時代で盛衰があることは世の常であり、やむを得ないとはいえ、神がおわす清浄な高みへ至る歴史の道が、このように次々と消えてゆくことは寂しいことだ。遠からず自動車道のスカイラインだけになってしまうかもしれない。

近代文明はわれわれを物質的には豊かにしてくれたが、いつのまにか自分たちが自然を支配する立場にあると錯覚してしまったようだ。かつて自然と一体になって生活していたことを忘れ、山への信仰も失ってしまった。古くから愛宝山《あわやま》、鞍ケ根《くらがね》などと呼ばれ、山麓の人にあがめられてきた乗鞍岳に対しても同様である。

近代になってからも飛騨人は、冬の晴れた夕方に山全体が真っ赤に染まる荘厳な夕映えを「岳《だけ》の御神《おみ》渡《わた》り＝神様が山々を歩かれる」といって拝んだというが、現在ではそのことを知る人もほとんどいなくなった。

なお、旗鉾口の登山道については、故小笠原昌一さん（高山市上川原町）からいろいろとご教示をいただいた。

乗鞍岳の登山道

（令和２年現在）

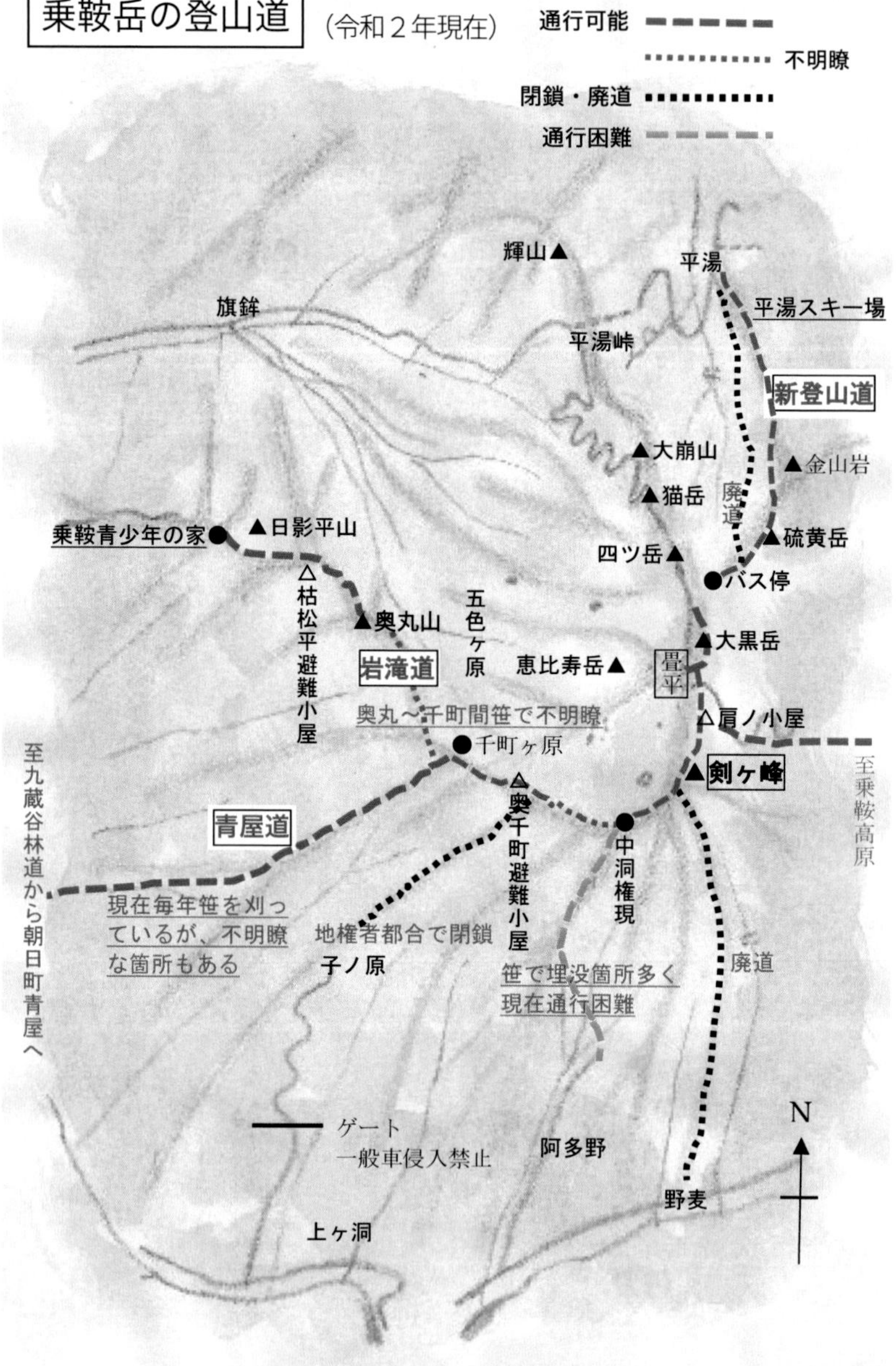

通行可能
不明瞭
閉鎖・廃道
通行困難
輝山
平湯
旗鉾
平湯スキー場
平湯峠
新登山道
大崩山
金山岩
猫岳
廃道
乗鞍青少年の家
日影平山
硫黄岳
四ツ岳
バス停
枯松平避難小屋
奥丸山
五色ヶ原
大黒岳
岩滝道
恵比寿岳
畳平
奥丸～千町間笹で不明瞭
肩ノ小屋
千町ヶ原
剣ヶ峰
至乗鞍高原
奥千町避難小屋
至九蔵谷林道から朝日町青屋へ
青屋道
中洞権現
現在毎年笹を刈っているが、不明瞭な箇所もある
地権者都合で閉鎖
子ノ原
廃道
笹で埋没箇所多く現在通行困難
N
ゲート
一般車侵入禁止
阿多野
野麦
上ヶ洞

畳平～剣ヶ峰登山道

登山案内

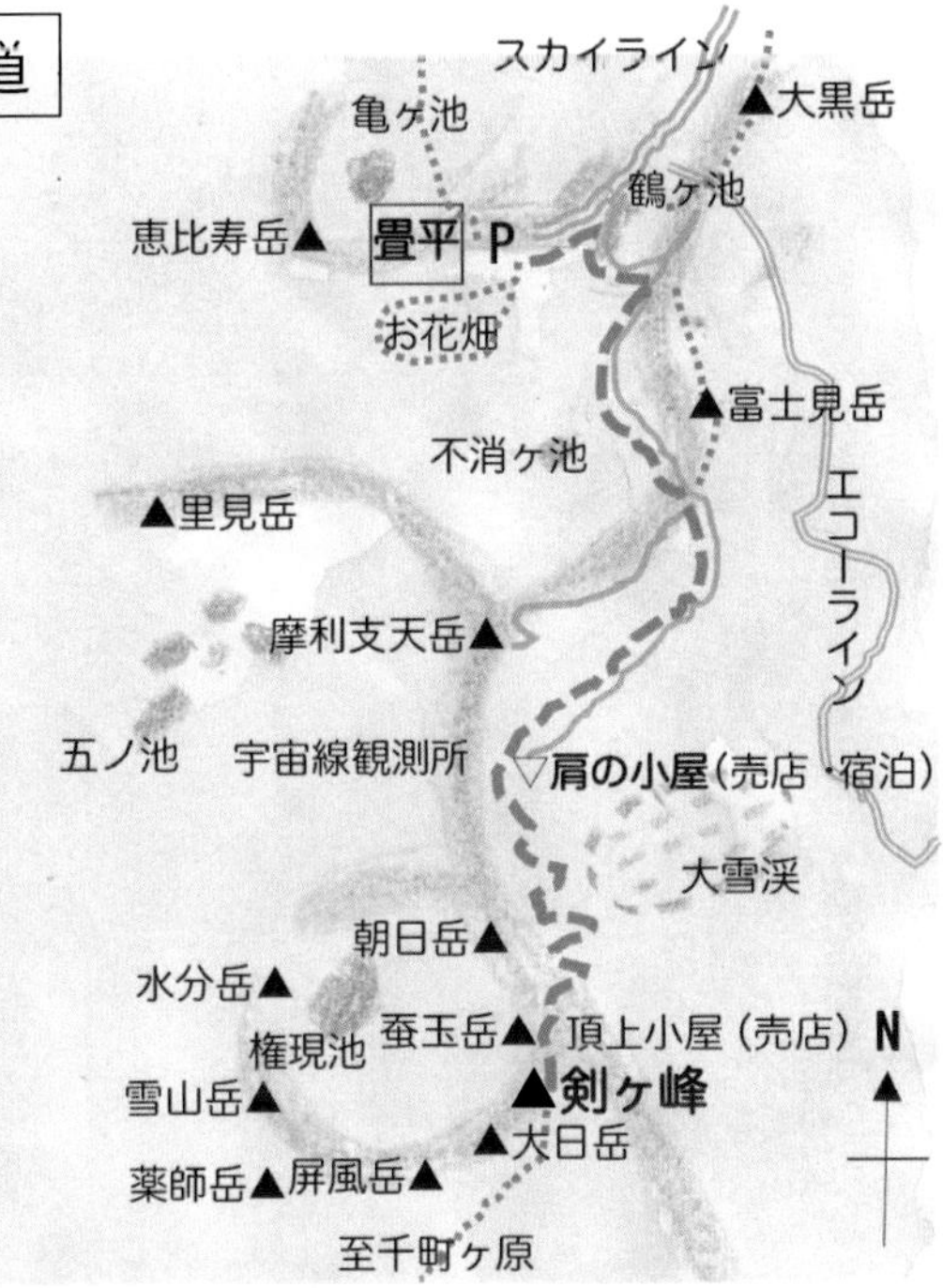

＜登　り＞
- 畳平～肩ノ小屋
　車道 40 分
- 肩ノ小屋～剣ヶ峰
　登山道 50 分

＜下　り＞
- 剣ヶ峰～肩ノ小屋
　登山道 40 分
- 肩ノ小屋～畳平
　車道 30 分

剣ヶ峰の登山

標高 2702m の畳平から約３km、標高差 324m で剣ヶ峰に立てるため、最も楽に登れる 3000m 峰といえる。ただし高山のため天候の急変があるので、しっかりした雨具、防寒衣などが必要。眺望抜群の頂上には、背中合せに乗鞍本宮奥宮（飛騨側）、朝日権現（信州側）の神社がある。

剣ヶ峰登山は、2020 年から登山届提出が義務化（岐阜県条例）された。畳平、摩利支天岳分岐に登山ポストがあるので、記入、提出されたい。

乗鞍山頂の施設

施設名	業務内容	収容人員	電話番号
乗鞍バスターミナル	食堂・みやげ・バス待合	200人	乗鞍総合案内所 090-8671-3191
濃飛バス アルピコ交通	乗車券販売・みやげ		
乗鞍本宮神社	神社・みやげ		
乗鞍山頂郵便局 一万尺売店	郵便業務・みやげ		
銀嶺荘	宿泊・食堂・みやげ	70人	090-3300-3145
白雲荘	宿泊・食堂・みやげ	70人	090-3480-3136
肩の小屋	宿泊・食堂・みやげ	200人	0263-93-2001
頂上小屋	みやげ		090-1561-6434

（乗鞍観光協会のリーフレットより）

乗鞍岳飛騨側の問合せ先

高山市役所丹生川支所
0577　78－1111
飛騨乗鞍観光協会（通年）
0577　78－2345
濃飛バス高山バスセンター
0577　32－1688

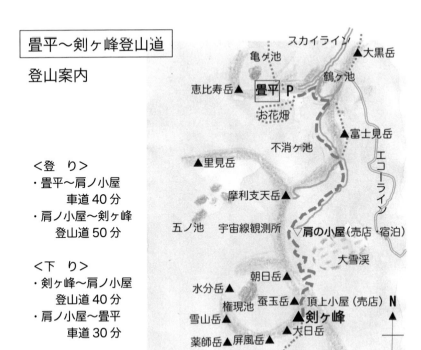

《記録1》
乗鞍の奥座敷＝乗鞍剣ケ峰～千町ケ原～丸黒山～日影までを歩く

平成30（2018）年8月30日　単独

台風一過の好天を期待したが、あと秋雨前線が停滞し、予定していたテント泊山行は延期に。

登山寿命が残りわずかになった今、ライフワークのようにして「母なる山乗鞍」にこだわり、調べ、書いている。先般は郷土史研究会の紀要『斐太紀』に「乗鞍岳の歴史―信仰登拝から近代登山まで」という駄文を投稿した。

それにも載せた、剣ケ峰から山麓集落までの戦前にあった長大な山岳スキー場＝「飛騨乗鞍スキー場」の跡を久しぶりにたどってみたくなり、8月末の平日に歩いてきた。

剣ケ峰から飛騨側の南西面へ派生している千町尾根、丸黒尾根は、アプローチが長いことから近年、入る人はまれで、特に中間にある千町ケ原周辺は、乗鞍の奥座敷、深南西部といってもいいエリアだ。

千町ケ原へは旧高根村の子ノ原尾根から入るのが一番近いが、近年、地主都合で登山口への車道乗り入れができなくなっているし、その他の登山道も手入れがされず、どこも廃道に近い。このため足弱老人は、軟弱ながら剣ケ峰から下山することにした。

このコース、下山といえども年寄りの足では丸一日かかりそうなので、できるだけ早朝に畳平を出発せねばと思っていたところ、今の時期ほおのき平から「ご来光見学バス」が出ていることを知った。

このバス、当然のことながら天気がいい日だけ運行されており、前日の昼に天気予報を見て運行が決められる。ほおのき平を午前3時45分に出発したが、予想に反し満席であった。

大黒岳北裾の桔梗ケ原がご来光のビューポイントとかで、バスはここでいったん停まり、ほとんどの人が暗闇の中へ下車していった。

ところがこの日は予報が外れ、外は濃いガスと強風だった。

特別料金を払ってのご来光見学バスのパンフには、「ご来光が見られなくても払い戻しはいたしません」とあり、面白い。クレームをつけられたことがあったのだろう。

畳平から剣ケ峰へ向かうのは筆者の他2人。ヘッドランプをつけて出発したものの、吹き倒されるほどの強風のため、肩の小屋で1時間ほど待機。

少し風が収まったのでガスの中を出発。頂上の神社に参拝してから3年ぶりに千町尾根に入る。

この古い登山道沿いには石仏が鎮座しておられ、手を合わせながら下る。これは明治期に麓の旧朝日村の修験者上牧太郎之助が道を開き、頂上まで88カ所に2体ずつ計176体安置した石仏だ。

2体のうち1体はどこも密教の法具五鈷杵《ごこしょ》を手にした弘法大師さまで、まだ厳しい環境で修行を続けておられる。もう1体は、地蔵菩薩、千手観音菩薩、不動明王などいろいろだ。

太郎之助が登山道を開き始めたのが明治28（1895）年で、石仏の設置を終えたのが昭和8（1933）年。実に39年を要した大事業であった。

その後、この登拝路は廃れていたが、近年、旧朝日村が道を復元し、埋もれていた石仏の探索も行っている。往時この重い石仏を担ぎ上げた信仰の力というものを考えながら、霧の中を下る。

いったん皿石原へ下って少し登り、尾根を歩くと広い地形の中洞権現に出る。

ここ中洞権現は、天明元（1781）年に麓の中洞集落の中林作右衛門が仏像を頂上へ上げようと単身ここまで登ったが力尽き、その仏像を安置したところ。

その後、麓の人から「中洞権現」の名で呼ばれるようになった。前出の修験者上牧太郎之助も、この仏像を見て青屋からの登山道開設を思い立ったといわれている。

その後、大正年間に中洞権現の仏像は盗難に遭っ

奥千町ケ原と避難小屋

た。その仏像は行く先々でいろいろな災いをもたらすのだが、その話は第6章「乗鞍岳での不思議な話」に書く。

湿原が広がる奥千町ケ原には県が建てた立派な避難小屋があり、山スキーで利用させてもらっている。小屋の前で一休みし、湿原の木道を千町ケ原へ向かう。

登山者が訪れることがまれな千町ケ原は、ここから少し下り、小さな湿原から2301メートルのピークを登ってまた下ったところにある。

池塘《ちとう》が広がるこの場所は「精霊田《しょうれいだ》」とも呼ばれ、昔から地元ではここに亡者が集まるといわれてきた。そしてここへ入った人は帰ってこられないとも。

昭和初期にここに山スキー用の山小屋が建てられたとき、大工手伝いの少年がここで亡母の姿を見たという話も残っている。なお、その山小屋は戦後登山者の失火で焼失してしまい、今はない。

この日は終日独りだったので、こんな話を思い出すと少々寂しかった。実は筆者も昔ここで不思議な目に遭っていてこれも、第６章「乗鞍岳での不思議な話」に書いている。

湿原の途中に青屋道と丸黒尾根の分岐点があり、ここで右折する。

ここから丸黒山までは、数年前にスキーで下ったことがあるが、雪がないときは本当に久しぶりだった。

通る人がまれな道はほとんどササに覆われていたが、深い原生林を独りでササをこいで歩くのは結構楽しかった。

長い尾根を歩き、ようやく丸黒山の手前の鞍部＝桜ケ根に出る。

ここには戦前の山岳スキー場時代に避難小屋があったというが、今は一面のササ原。数年前長倉本谷の右俣をさかのぼったときにはここに出た。昔岩井谷にあった平金鉱山への物資補給路も長倉本谷からこの鞍部を通っていたという。

丸黒山への急な登りが済むと、あとは日影平の青少年の家まで国道のようないい道だ。この施設が宿泊者の登山のため絶えず手入れをしているからだ。

バスの便がない青少年の家から自宅までは、前日デポしておいた愛用のマウンテンバイクで一気に下る予定だったが、ちょうど勤務が終わった顔見知りの職員さんに車同乗を強く勧められ、雨模様でもあり、これに甘えさせてもらった。

なんと彼は、駄吉林道経由でほおのき平駐車場まで送ってくれ、この日のうちに自家用車を回収する

丸黒山頂上

ことができ、ありがたかった。

　今までにこの山のあちこちを山スキーで歩き、いくつもの谷をさかのぼってきたが、そのたびに大きさ深さに驚いている。

　山人生の終盤に、こうして身近にある偉大な山に関わり続けることができるのは僥倖《ぎょうこう》といえる。

〈参考タイム〉畳平（4：40）　剣ケ峰（7：00）　中洞権現（8：16）　奥千町（10：20）　千町ケ原（11：00）　丸黒山（14：17）　日影平（17：10）

《記録2》
古安房峠（2050メートル）を探索
ウェストンが3度越え、信玄の軍が攻め入った飛騨山脈の峠

平成30（2018）年6月17日　単独

　信濃と飛騨の国境である飛騨山脈を越える古安房峠は、大峠、信濃峠とも呼ばれ、その昔鎌倉街道であった。

　勘違いをしている人が多いが、この古い峠道は、今の国道158号線の安房峠（1790メートル）ではなく、安房山（2219・4メートル）の南肩（2050メートル）を通っていた。

　鎌倉幕府は蒙古襲来のこともあり、北陸方面の防備を固めるため、松本からここを通って富山へ抜ける街道を整備したという。

　信州側からは稲核、入山、角ケ平、祠峠、大野川、檜峠、沢渡、池尻、夏小屋を経て安房峠に至る。信州側では「飛騨道」、あるいは「飛州平湯通り」と呼んでいた。なお、中尾峠から焼岳（当時は硫黄岳）の裾を巻いてこの安房峠へ至る鎌倉街道の脇道があったが、天正13（1585）年の焼岳爆発で廃道になった。

　一時期信濃への東山道がここを越えていたとの伝説もあり、松本平への天台、真言宗の伝道の道でもあった。その後は永禄年間に甲斐の武田軍が、池尻の山城を基地にして飛騨へ攻め入るとき往復。天正

古安房峠・左安房山（平湯峠から）

13年には金森長近に攻められた三木秀綱がこの峠を越えて落ちのびる途中、角ケ平で非業の死を遂げた。

寛政2（1790）年、江戸幕府は、この公道を野麦街道へ移し、平湯の口留番所を廃止した。理由は、道が険しくてしかも多量の積雪で通れない期間が長い、野麦街道と比べて荷の往来が少ない、というものであった。

明治4（1871）年、飛騨および信濃中部、南部を管轄するため筑摩県が設置されたが、この県も松本県庁と高山支庁を結ぶ公用道路を野麦街道とした。

しかし、松本、高山間は、安房峠のほうが野麦峠経由より5里近いし、富山からは15里も近かったため、江戸期同様に安房道を通る人は多かったが、公道でなくなってからは、整備が行き届いていなかった。

明治8年発刊の『信飛新聞』3月28日版には、「飛弾ノ高山舊一ノ町釀造渡世永田吉右衛門亡後家なみ同町舊二ノ新町副戸長日下部九兵衛祖母みちナルモノ去年飛州ノ吉城郡平湯村ヨリ信州安曇郡大野川村へ越ユル險隘ノ山道ヲ開く費用ノ内へなみハ金二十五圓みちハ孫ノ久兵衛ヲ奨メ金二十圓ヲ出サシム丈夫モ及バヌ」と一庶民がこの峠道の改修工事費を寄付した行為をたたえ、筑摩県権令から表彰されたことが書かれている。

明治20年代にはウェストンが3回通った。この峠が役目を終えるのは、大正の初めに信州側から新安房峠まで自動車道が付けられたころだ。この道は昭和13（1938）年に全線が開通した。

古安房峠

以前から一度この歴史の峠に立ってみたいと思っていたが、梅雨の晴れ間にようやく念願を果たすことができた。

峠の位置は分かっていたが、国道で分断された取り付き点が不明だった。このため自動車道の安房峠まで行き、ここから安房山に登り、頂上から県境尾根を歩いて峠まで下ることにした。

国道の峠から安房山の間は道が残っていたが、一面ササが覆い、終始ひどい藪こぎを強いられて時々道を見失うこともあった。

筆者は若いとき乗鞍から硫黄岳、十石山を経て安房山を通り、自動車道の安房峠に出て平湯まで歩いたことがあるのだが、その時は歩きやすかった記憶がある。だがそのころは峠に関心がなかったので、旧峠を通過していたことになる。

ササを分けて立った安房山の山頂から少し下ったところに、安房トンネルの関連施設と思われるアンテナと建物が建っていた。頂上からはまったく道が消えていたので、ＧＰＳで方向を定めながら、ササの中を泳いで下った。

峠と思われる地形に到達したが、さらに小さいピークを越えた前方にも似たような平地があるので確認しに向かう。平場があったが、下はガレ場がある急峻な谷になっているので、街道がこんな危険なルートを採るはずがないとの判断で、最初の場所に戻る。一面のササ原だがやはり峠らしい地形であり、少し飛騨側に下るとササの中にしっかりした道が現れたので、間違いないことが分かった。人が通らなくなってから１００年余の歳月が流れているが、往時をしのびしばし感慨に浸った。

ウェストンは、明治25年、高山から平湯へ入って乗鞍に登頂。その後、笠ケ岳へ登ろうと蒲田へ行ったが案内を断られ、やむなくこの峠を越えて松本へ抜けているが、峠越えの様子を著書『日本アルプス・登山と探検』に次のように記している。

「2日ののち私たちは、安房峠越に、平湯を午前6時に出発した。この峠は主山系を１９２０メートルの高さで、乗鞍岳の北の肩の所で横断している。そして平湯と橋場のあいだの40キロにわたって、この種の風景で、中部日本でいちばんよい眺めを繰り広げている。私たちは狭い路に沿い茂った森でおおわれた隘路をのぼっていったが、その途中で時々、地辷りで壊れた所を通った。そこでは高い樅の木が、たくさんのマッチのように根こそぎになっていたり、２つに折れていたりしていた。（中略）飛騨と信州の境を示す小さな標柱の立つ峠の頂上をおりて、その東のほうの支嶺を廻って行くと、北の方にある側面の谷間から、急に美しいぼかし絵の風景が展開した。こんもりと木でおおわれた山腹の一角に、穂高山の灰色の花崗岩の岩塔と雪襞のある山腹が現れたのである。」

このようにウェストンが歩いたときもかなり荒れ

ていたようだが、橋場までの眺めの良さを褒め、穂高岳の景色を楽しみながら下っている。

2度目は翌明治26年、針ノ木から立山に登り、念願の笠ケ岳へ登るため富山から船津を経て蒲田へ入ったが、また区長に体よく断られた。平湯で人夫2人を雇い、この峠を越えている。峠には大きいキイチゴがあり、人夫に名を尋ねると「馬苺《ウマイチゴ》」と言った。

ウェストンの笠ケ岳登頂への憧れはやまず、明治27年、今度は逆に松本からまたこの峠を越えて平湯に泊まり、翌日蒲田へ下っている。

日本の山をこよなく愛し、山村の人を常に温かいまなざしで見てくれたウェストンのことを考えながら、平湯側へ下ってみる。原生林はかなり急な斜面で、先ほどの道の続きを探すが、ササの中に消えて分からなくなった。

このうっそうとした原生林は、ヒルこそ落ちてこないが、泉鏡花の怪奇小説『高野聖』に出てくる天《あ》生《もう》峠（実際はこの安房峠といわれる）の描写そのものだった。

なお、古くから朝日を拝む聖地をアワ（アハ、アブ、アヲともなまる）と呼び、それが安房峠、天生峠、青山峠などとして残っているという。

かなりの急斜面のササ原を転がるように下り、国道に出る。

安房平側をのぞいたがそれらしき地形が見当たらず、国道を歩いて新安房峠へ戻った。安房トンネルが開通してからこの国道を通る車はほとんどなく、道の盛衰は現代も変わらない。

〈主な参考文献〉

『丹生川村史』
『朝日村史』
『上宝村史』
『山刀二四号』飛騨山岳会
『飛騨風物記』上島善一
『飛騨の街道』飛騨運輸株式会社
『乗鞍嶽の栞』乗鞍嶽興風会
『斐太後風土記』
『代情山彦著作集』
『くらがね（旗鉾校下の民話）』旗鉾小学校・高塚道雄
『山の民の民俗と文化』芳賀　登編　雄山閣出版
『飛騨の神社』土田吉左衛門
『日本の神々』松前　健　中央公論新社

第3章　乗鞍岳の歴史

1. 乗鞍岳の呼称について

周知の通り、乗鞍岳の呼称は、古くには愛宝山《あわ》とか位山という名が見られるが、これは旧宮村の位山のことだという説も存在する。

愛宝山については、平安時代に編さんされた勅撰《ちょくせん》の歴史書『日本三代実録』に、貞観13(871)年11月18日、同14年11月12日、同15年2月15日の3回、愛宝山に紫雲がかかり、これを奇瑞(めでたいことの前兆として現れる不思議な現象)として朝廷に報告があったと書かれている。これは乗鞍山系の安房山のことであり、乗鞍岳の古名だともいわれている。

昔の山師は、山に鉱脈があると空気中にその精気がいろいろな色となって現れるので、それによって探索を行ったというが、乗鞍岳には平金に銅があったので、紫雲が出たという説もある。

位山については、古来笏《しゃく》を出しており、また歌枕として古歌に詠み込まれていて、旧宮村の位山のことだといわれてきた。ところが明治になって岡村利平が以下の理由から乗鞍説を唱え、今では当時の位山は乗鞍のことだという岡村説が通説になっているようだ。

①平安時代に編さんされた『古今和歌六帖』に、「衣手の色まさりけり信濃なる位の山は君がまにまに」(詠み人知らず)という歌があり、六帖の校本にも「位山は飛騨信濃の境なり」とある。

なお、位山説を唱える田中大秀は、「信濃なる」については都人の聞き違いであるとしている。

②順徳天皇が著した歌論書『八雲御抄』に「位山は信乃国に通じる山歟」とある。

③飛騨国司で歌人であった姉小路基綱が書いた『飛騨八所和歌』の裏書に、「位山は、麓をまわれば二十余里宮殿の奥なり、府より七里余」とあるが、距離からいうと明らかに乗鞍のことである。

しかし、裏書のその他の記述には、明らかに旧宮村の位山説に有利な部分も多い。

④歌人尭恵法師の北国紀行に、「位山を見るに千峯万山重なりていづこを限りとも知らず」とあるが、この山容の表現は乗鞍岳のことである。
なお、尭恵が飛騨を通ったのは文明18（１４８６）年のことであった。

⑤乗鞍岳は古くは「久良《くら》」と呼ばれていた。

確かに和歌に位山を詠んだものが多く、それは弘安元（１２７８）年ころからで、その数は50首あるといわれる。例えば『拾遺和歌集』には「こむらさきたな引雲をしるへにて位の山の峯を尋ねむ」（清原元輔）、「すべらきの位の山に春たちて飛騨の国原かすみそめけり」（詠み人知らず）などが見られる。

『水無神社の歴史』を書いた歴史家奥田眞啓は、「これらは全部位山の叙景歌でなく、位山を官位にたとえ、位山登山を難しい官位昇進にたとえているので、登山が困難なほうは乗鞍である」と語った。そして奥田は、「上古には両方とも位山という概念でとらえられていたのでは」とも述べている。

岡本利平は『飛騨編年史要』に「冷泉天皇の時代、安和２（９６７）年8月某日。大中臣能宣、摂政関白太政大臣藤原実頼七十の賀に、詠位山の和歌に竹杖を添えて贈進す、位山は飛騨より信濃へ通じる山にて、山中笏に用ふる櫟木多しと伝へらる。学者説に乗鞍山の本名とす、但飛騨大野郡、信濃伊奈郡に位山という山今は別に存す」（『日本紀略』）とも書いている。

なお、この位山を詠んだ能宣の歌は「位山峯までつける杖なれどいまよろづ世の坂のためなり」（『拾遺和歌集』）である。

その後、山の姿が馬の背に鞍を置いた形に似ていることから、今の呼称になったようで、江戸期の文献に現れる。

飛騨の代官長谷川忠崇が著した『飛州志』には、「騎《のり》鞍ガ嶽」が飛騨第一の高峰であるとし、「此山ノ頂凹ノ如ク鞍ニ前後ノ輪アルニ似タリ故ニ此称アルニヤ」とある。

また江戸期に円空、国学者田中大秀、歌人橘曙覧が詠んだ歌では、それぞれ「駒ケ岳のりくら山」、「くらがね」、「乗る駒の鞍の高嶺」になっている。

これらはいずれも飛騨側から見た姿であり、信州側からはそのように見えない。

富田礼彦編さんの『斐太後風土記』には、名山の項に「騎鞍嶽（クラガネ）」とあり、絵図には「騎鞍嶽山脈（ノリクラタケノサンミャク）連逮之図」になっている。

「超古代史」なるものの研究者や神社関係者は、祈座と書いてノリクラとも呼んでいると聞く。乗鞍のクラ、位山のクラ、なにか共通点がありそうな気もするが、乗鞍には位ケ原という場所もある。

信州側では、朝日が一番初めにこの山に当たることから、昔は「朝日岳」と呼んでいたようだ。

現在の呼称について、筆者は以前『斐太紀』20号および22号で、山塊全体を「乗鞍」、権現池を囲む剣ケ峰辺りを「乗鞍岳」であると書いたが、次のように訂正したい。

国土地理院は、「乗鞍岳」を主峰剣ケ峰（３０２６メートル）をはじめとする23の峰々の総称であるとしている。高山市街地から望める全容を指して言うわけで、これは御嶽山や白山、立山と同じことである。なお、「乗鞍」は、略称である。

乗鞍の峰々の名称については、重明という乗鞍講の創始者が付けたと、飛騨山岳会員で民俗学者の代《よ》情《せ》通蔵が著書『代情山彦全集』に書いている。また一説には、摩利支天岳と魔王岳は円空が命名し、その他を篠原無然が付けたともいわれるが、詳細は不明である。

2. 信仰の山として

飛騨人はいつごろこの山に登ったのだろうか。

考古学者で縄文時代に詳しい小林達雄（國學院大学名誉教授）は、「縄文人は山に強い関心を寄せ、目立つ山が望める所に集落を造った。やがて縄文人は、山の霊気と接触して自らの意志を伝え、交感するため山へ登るようになった」（『縄文人 山を仰ぎ山に登る』国學院大学考古学資料館紀要 第21輯）というが、乗鞍岳もこの時期小八賀川沿いの一部の人に登られたかもしれない。

そして小林は、前記紀要で「縄文時代の山への霊力への観念が、弥生時代、古墳時代へと続き、中世の山岳宗教へと連続している」「狩猟民の山岳信仰が山岳宗教の縁起に取り入れられている」と言っている。

さらに宗教学者の山折哲雄は、「永く続いた縄文時代の信仰や心情が日本人の心の深層にたたえられてきて『万葉集』の時代には、死んだ人の魂が山に登り時を経てカミになってそのカミが里に降りてくる。人は死んで魂が山の頂に登り神になるという山岳信仰があり、後に人は死んで山の頂にあるという仏教の浄土信仰がそれに結びついて神仏習合が起こった。神はイコール仏になった」（『自然との対話』山と渓谷社）と言う。

奈良時代伝わった仏教は、西方10万億土に浄土があるという教えだったが、日本人は自分たちを取り巻く山に浄土がある＝山中浄土と読み替えたという。

乗鞍岳を間近に望む小八賀川流域には縄文遺跡が多い。人々は山に昇る太陽＝靈を「日嶽尊」として畏敬し、弥生時代になると農耕の水をもたらしてくれる山、そして先祖の魂が登っているところとしてあがめた。その後、社殿祭祀《さいし》へと時代が推移し、小八賀川沿いのいくつもの集落が、「日抱尊」を社に祭るようになった。

おそらく乗鞍岳が本格的に登られるようになったのは、修験道が成立してからであろう。

日本古来の山岳信仰は、外来の道教、仏教（特に密教）、儒教などの影響を受け、平安末期に至って修験道という一つの宗教体系になる。山に入って艱難辛苦し、呪力、霊験を身に付けて、現在から未来（死後）永劫の幸福を願うため修行を行った。山は修行の道場になって、人と山の関係はさらに近くなってゆく。

修験道の山は吉野山、大峰山にとどまらず、富士山、立山、白山、御嶽、石鎚山、大山、羽黒山などが修行の場となっていったので、修験者はこの時期に乗鞍岳をも跋渉していたと思われる。

さらに男体山が勝道によって、白山が泰澄によって開山されるなど、仏教系の僧侶が各地の山に関わる。


乗鞍岳の信州側の開山由来については、大野川の天台宗行者大宝院明覚が文政3（1820）年に書いたといわれる『乗鞍山縁起』が詳しい。

それによると、大同2（807）年に坂上田村麻呂将軍が登って国内平定を祈願したのに始まり、建暦2（1212）年に社殿が造営された。鎌倉時代から南北朝に及んで社堂が栄え、応仁の乱以降は荒廃したとある。

その後、慶安3（1650）年ごろ、麓の小平山で大尾鉱山が開かれ、頂上の朝日大権現を鎮守として祭るようになった。毎年7月2日に祭礼を行っていたが、元文5（1740）年ごろ鉱山が衰退し登拝者がなくなったという。

安政2（1855）年の夏、江戸神田の梅本院永昌が明覚法印とともに登って社を修復し、再興したという。

一方諸説があるが、奥の院（大日岳）にあった大日如来像の蓮座に「寿永二卯天六月九日大夫坊」と刻まれていたのが最古の史料とされる。寿永2（1183）年、木曽義仲の武運長久を祈って義仲の右筆大夫坊が奉納したのがこの大日如来像だという。木曽義仲と乗鞍岳は深い因縁があり、麓で育った義仲は、入洛前にこの山に戦勝を祈願し、朝日岳の名をもらって「旭将軍」と名乗ったという言い伝えがある。

大夫坊覚明は信濃小県郡の生まれで、出家して奈良興福寺住職となり最乗坊信救を名乗った僧。平家物語にも登場するが、平清盛の怒りにふれて北国へ逃れ、木曽義仲の軍師となって大夫坊覚明と改名した。

永禄2（1559）年6月、武田信玄の武将飯富昌景が安房峠を越えて飛騨へ攻め入り、丹生川村の千光寺を攻略したとき、千光寺の僧徒が乗鞍岳の桔梗ケ原を越えて信州へ逃げ延びたと、前出の代情通蔵が書いている。旧安房峠の信州側池尻には武田軍のとりでがあったので、乗鞍を越えねばならなかったのだろう。

『南安曇郡誌』には明治、大正期に乗鞍信州側の三本滝、冷泉小屋付近、位ケ原辺りが修験者の修行の場になっていたとあり、松本辺りから多くの人が登拝していたようだ。

飛騨側の登山について書かれたものでは、文化12（１８１５）年と記された旗鉾慈雲禅寺の縁起がある。

この縁起には「旗鉾に長者があり、ある朝乗鞍のトに紫雲がたなびくのを見て、頂上へ登ってみた。そこには寛忠という僧侶が坐禅をしていたので、長者は僧を伴って下山。後にその僧の持仏十一面観音をもらい受け、これを本尊として堂宇を建立。これが慈雲寺の開山である」と書かれている。なお、寛忠は保元（１１５０年代）のころの人であるという。

延宝年間（１６７３～１６８１）と貞享３（１６８６）年ごろに円空上人が丹生川村の千光寺などに滞在し、乗鞍岳に登ったといわれている。乗鞍では大丹生池に木っ端仏を流し、妖魔調伏を祈願。この時は平湯から登ったといわれ、金山岩の祠には近年まで円空仏があった。

『南安曇野郡誌』によれば、文政８年、木食上人が岩井谷から登頂したとある。その後、山麓に雪が降って作物に被害が出たため、木食上人のせいだとされた。このためしばらくの間登山者がなかったという。

それまでは行者や僧侶などが登っていたが、江戸中期からは山麓の阿多野、高原、小八賀各郷の村人も遥拝や雨乞いなどで登るようになっていたようだ。

『飛州志』には、高原郷の村里が干ばつに見舞われたとき、村人数百人が日没後みの笠を携え、鉦《かね》や太鼓《たいこ》を打ち、松明《たいまつ》を燃やして大丹生池まで登ると必ず大雨が降ったとある。そして中腹に遥拝所があったと記されている。信州側の大野川にも遥拝所があったというから、大部分の人は森林限界辺りから神のおられる頂を拝んでいたようだ。

「奥八賀の村民は、古より格別の日照りには、大丹生または土桶の池の神を祈りけるは、誠にやんごとなき古例なるべし」と、後述の森重利著『乗鞍山の記』にもある。

同じく『飛州志』に、延享元（1744）年、乗鞍でライチョウを捕らえ、10日ばかり飼った後幕府へ献上したとある。ライチョウのことを飛騨では嶽《ダケ》鳥《トリ》と呼ぶことや、子細な観察に基づく特徴、食べ物などが詳しく記してある。

天明元（1781）年8月1日、高根村中洞の中林作右衛門が頂上に鋳造大日如来像他一体を奉納しようと単身子ノ原から登ったが、暴風雨に遭ってやむなく千町尾根の途中に安置した。

その後、この場所は中洞権現と呼ばれ、地元の人にあがめられた。青屋の上牧太郎之助が、この仏像を見て新道開拓を思い立った。なお、中洞権現にあった金仏は大正年間に行方不明になったという。現在の中洞権現には、上牧太郎之助が上げた石仏がある。

江戸末期の嘉永2（1849）年閏4月、当時益田郡下の村廻役であった地役人山崎弘泰他が、村の案内役とともに14人で乗鞍へ登山したところ全員雪目にかかった。「物の色合いも相分からず」になって下山し、阿多野廻村中の役人が急きょ交代を命じられたと、富田礼彦の『公私日次記』にある。

これは阿多野郷からの登山と思われるが、これが明確な日付を備えた乗鞍岳登山記録の最初のものといわれる。

天明8年に書かれた「小八賀山内絵図」（飛騨郡代高山陣屋文書・県歴史博物館所蔵）には、大丹生ケ池付近から山越で朝日村方面へ用材を出したそり道がある。

また丹生川村史には幕末に書かれたと思われる谷村家所蔵の「岩井谷村山絵図」が所収されているが、それによると、森林限界までを「当村山舗《やしき》」と記してあるそうで、このころには乗鞍が村民の生活の中へも入り込んでいたことが分かる。

3．信仰登拝のよりどころ「乗鞍本宮」

ご存じの通り、現在剣ケ峰の頂上には信州側に朝日権現、飛騨側に乗鞍本宮と神社が背中合わせにある。

このうち乗鞍本宮には夏期だけ社人がおられ、登頂した多くの登山者のほとんどが手を合わせてお参りをしている。筆者はこの光景を、西洋伝来の近代登山と旧来の信仰登山が融合した、日本らしい山登りの姿としてほほえましく見ている。

古来山そのものを乗鞍大権現（鞍ケ根神社）とあがめてきて、そのうちに社が造られたわけだが、現存に至るまでには変遷があった。

『飛騨の神社』には「剣ケ峰を本宮とし、各別山の頂上毎に諸祭神を祭り、神名をもって山名となし、また旧火口湖のうち権現池、大丹生ケ池、鶴ケ

大日岳から見た剣ケ峰山頂の奥宮

池等には霊水を湛え、雨乞い、祈晴に霊験があるとされている」とあり、ここからの水が大八賀川になって、流域には式内社の槻本神社や乗鞍大権現の分社伊太祁曾神社がいくつもあると書かれている。

そして近世以降信州、飛騨とも頂上への参拝者が絶えなかった。

剣ケ峰の乗鞍本宮・奥宮

明治35（1902）年8月、鞍ケ嶺神社の新堂（上殿二間半に五間、下殿四間に六間）を建立。工事費は65円であった。

大正10（1921）年ころには愛知県西春村に「乗鞍尾張登山講」が湯浅時十郎によってつくられ、毎年8月初旬に50人くらいが乗鞍に登った。沢上の若田家がこの講の宿泊所になっていたという。

昭和3（1928）年、頂上の鞍ケ嶺神社（乗鞍本宮）は、山麓の丹生川村岩井（通称沢上）の村社伊太祁曾神社（往古乗鞍大神を分祀）に合併合祀されて「乗鞍神社」と改称された。

山頂の旧敷地約15坪は、乗鞍神社の飛び地境内として昭和4年9月、大蔵省から無償譲与を受け、旧例によって毎年8月8日、神職、信者、村民などが登って乗鞍祭を行っていた。

戦後バス道路の開通とともに急速に登山者が増え、乗鞍信仰復活の必要性を感じた関係者は、昭和25年、熊崎善親氏を中心に宗教法人「乗鞍本宮」設立に着手する。

頂上の本殿や恵比寿岳中腹の遥拝所造営工事が行われ、昭和27年には宗教法人の登録が完了した。畳平には恵比寿岳から遥拝所「中の宮」も移され、宮司には今寺静男氏（今寺隆之氏の祖父）が就任した。

昭和37年7月には台風で頂上本殿が大破し、覆殿を付設。

昭和50年には「中ノ宮」が鉄筋2階建てに建て替えられ、現在に至っている。

このように現在の乗鞍本宮は、里宮が岩井集落の「旧乗鞍神社」、畳平にある「中の宮」、頂上の「奥宮」の3社で成り立っているとのこと。

なお、乗鞍本宮とは別の乗鞍信仰が現在も続いている。それは平湯スキー場がある尾根の最上部の金山岩下に祭られている乗鞍権現だ。祠がある場所からは、剣ケ峰などがよく見える。

この乗鞍権現（騎鞍権現）は、石動山伏が開祖とされ、その山伏の草庵が一重ケ根にあり、後に禅通寺になったといわれている。今でも毎年7月10日に祭礼があり、ハイマツを持って帰り各戸へ配るという。なお、禅通寺にある鎌倉期の作といわれる十一面観音立像は、「騎鞍権現」の本地仏である。

4.「日抱尊社」がいつ「伊太祁曾神社」に変わったか

前述したように、小八賀川流域の人々は乗鞍に昇る太陽＝靈を「日嶽尊」として畏敬していた。その後、社殿祭祀へと時代が推移すると、いくつもの集落が「日抱尊」を社に祭るようになり、その数は16社あったといわれる。

その後、各「日抱尊宮社」はいつの間にか「伊太祁曾神社」に名を変えており、現在その名が残っている神社は、旗鉾、日面、日影、板殿、根方、小野、瓜田の各集落にある7社である。

既に池之俣は乗鞍本宮へ合祀、岩井は名称変更されたし、古い資料では、久手（旗鉾へ移った）、曾手、塩屋、笠根にもあったという。

いつの時代にどういう理由で、飛騨とは無関係の紀州一の宮である「伊太祁曾神社」に改名されたのであろうか。

これについては明治になって国家神道政策で改名させられたという説、既に江戸期に変わっていたという説があり、今寺家に聞いてもはっきりしたことは分からなかったので調べてみた。

江戸期享保年間に書かれた『飛州志』には、「日抱尊宮」が久手村、池ノ俣村、板殿村他にあるとし、呼称に日抱尊＝ヒダキソン、ヒダキソ、抱尊＝イタキソン、ダキソンの4称があるが、もとは日抱尊であると書いてある。

また同じく延享年間に編さんされた『飛騨國中案内』には、瓜田村、小野村、根方村、日影村、板殿村、日面村、旗鉾村、岩井谷村、池之俣村、久手村にそれぞれ「日抱尊明神宮」があると記されている。

さらに明和2（1765）年と書かれた旗鉾の神社の棟札には、「日抱大権現」とあるので、このころはまだ改名されていない。

しかし、明治6（1873）年に富田礼彦が書いた『斐太後風土記』には、「伊太祁曾大神」が登場している。

富田は「日抱尊宮の神号については、昔の無知な村民が悪賢い僧にだまされたのであり、伊太祁曾神が正しい」「他の村同様五十猛大神《いたけるのおおかみ》を祭ってあるではないか」などと、『飛州志』の撰者を批判している。産土神として日抱尊社を併記してはいるが、山麓の民が乗鞍をあがめてきた経緯については何ら触れていない。また日面集落の伊太祁曾神社には、明治10年ごろの山岡鉄舟揮毫《きごう》ののぼり旗があることを今寺隆之氏から教えていただいた。これにより、明治初期には既に改名されていたことが分かった。

改名の時期についてはなにかヒントが見つからないかと小八賀川沿いの各「伊太祁曾神社」を回っていたところ、小野の神社入口に「伊太祁曾神社」と書いた石柱があり、よく見ると田中大秀の揮毫になっ

田中大秀揮毫の石柱がある
小野の伊太祁曾神社

田中大秀の揮毫

ていた。帰ってから書体を調べると、紛れもなく本人のものであった。石柱の寄贈者は中萩小右衛門。この人物について神社向かいの中萩家のご当主に尋ねると、当家の江戸期のご先祖であることが分かった。そして小野神社の祭礼時の大のぼりも田中大秀の書になっているとのことであった。

このことから、一連の神社の改名は国学者田中大秀によるものではないかという気がして彼の著書を当たったが、これに関する記述は見当たらなかった。

ただ大秀は、文化14（1817）年に著した「神社考」の中で、飛騨国に座せる多くの神社について、古記録や六国史、延喜式などをもとに考証している。そして知られているように文政元（1818）年荏名神社を再興し、文政3年には飛騨総社を再興している。この考えのよりどころは、師の鈴屋大人（本居宣長）の「神の御社のおとろへをなげきてよめる歌」からきていると書いている。

このことから大秀は、文政、天保年間に、小八賀川流域の「日抱尊宮社」を見て「大和王朝系の素性の正しい神を祭るべき」という考えを興し、五十猛大神を祭神とした語呂がいい「伊太祁曾神社」に改名を諮ったのではと推測するに至った。

知られているように大秀は、弘化3（1846）年2月、山崎弘泰に文机を譲り、翌年9月16日、71歳で没しているので、改名に動いたとすれば文政、天保年間ということになるからだ。その後、乗鞍本宮禰宜の今寺隆之氏から以下の大変貴重な史料をいただき、これによってやはり大秀が天保年間に改名を行った確証を得ることができた。

まず板殿集落にある伊太祁曾神社の棟札。今寺氏が神社を調べたところ「文政十三年年奉再建日抱尊本社」と「嘉永六癸丑奉造栄伊太祁曾神社」の2枚が出てきた。これにより、天保から嘉永の26年間のうちに社名が変わっていることが判明した。

さらに今寺氏は、瓜田集落の伊太祁曾神社に大秀書の掛け軸があるのを発見された。天保8（1837）年に大秀が書いたもので、要約すると、「小八賀川沿いの多くの日抱尊というのは伊太祁曾がなま

文政13年の板殿神社再建の棟札（今寺隆之氏提供）

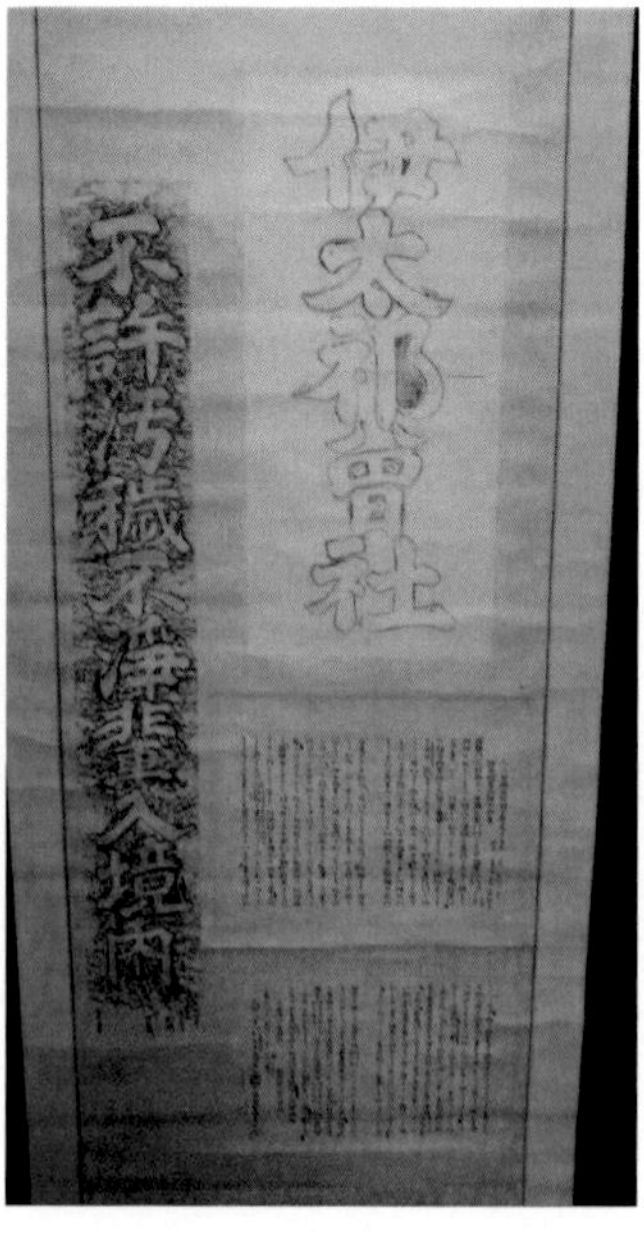

瓜田伊太祁曾神社の掛軸（今寺隆之氏提供）

ったものであり、林業の神五十猛大神を祭神とする伊太祁曾神社が正しい」というものであった。この掛け軸は、祭礼時のみに掛けられるものとのこと。

こうして今まで判然としなかった改名は、明治期でなく、江戸期に田中大秀によってなされたことが分かったのである。

これらの神社はどこも五十猛大神を主祭神としているが、日面だけ出雲の大己貴《おおなむち》大神も併せ祭られているのは不思議なことだ。

前述したように大秀の弟子である富田礼彦もかつての日抱尊宮社の存在をことさら無視しているが、これは江戸中期に興った国学というものの独善的排他的な一面であるというのは言い過ぎであろうか。

しかし、昭和になって発刊された『飛騨の神社』で小八賀川沿い各神社の由緒を見ると、ほとんどが「乗鞍本宮の里宮、乗鞍大神の分祀」になっており、もともと乗鞍信仰に基づくものであることが伝承されてはいる。

この他白井集落には「日抱神社」という古名を残す神社もある。ここは一度小野へ合祀したが、昭和21（1946）年、分祀し往古より乗鞍を「日抱尊宮」と尊称してきたので、その名を採ったとある。

岩井谷には白峰様と呼ばれる白峰神社がある。『飛騨の神社』で由緒を見ると、「乗鞍は遠くから望むと鞍を置いた形に見えるが、間近で仰ぐと部分的な雪肌しか目に入らないのでこの名がつけられた」とある。乗鞍をあがめていたことには変わりがない。

また町方にある御崎《おさき》神社は、乗鞍の尾根の崎なので里見を設けたとある。

こうしていつも霊山乗鞍岳が目に入る小八賀川流域の人々は、農作物の生育に必要な太陽や水をもたらしてくれるこの山に尊崇の念を抱いて当然であった。

一方乗鞍南側山麓、旧阿多野郷の人々は、この山と関わりを持っていたのだろうか。

『飛騨の神社』で調べてみると、やはり山に近い旧高根村の野麦、阿多野の集落の神社が乗鞍をあがめ、祭っていた。

野麦の熊野神社は、養和元（1181）年に木曽義仲が乗鞍本宮の里宮として建立したといわれており、今でも熊野速玉神の他祭神の一つとして乗鞍大神が祭られている。

阿多野の大幡神社にも乗鞍大神が、応神天皇、秋葉大神とともに祭られている。

同じ飛騨川沿いで乗鞍が仰げる旧朝日村の神社には、乗鞍との関係が皆無であった。なお、乗鞍とは関係ないが、旧朝日村の宮之前小鷹神社、立岩の立岩神社とも大己貴命が祭られている。

5．明治に入ると「信仰登拝」と「近代登山」が並行して行われるように

明治になって西洋からもたらされたのが近代登山。これは登山そのものを趣味として楽しむ登山方法だが、日本の山ではお雇い外国人が最初に実践し、その後、日本人に伝わっていく。

乗鞍岳では明治、大正期この近代登山と、従来の信仰登山が並行して行われてゆく。信仰登山のほうは、講中登山だけで明治末に毎年500人から600人あったという。講登山の中には信仰もさることながら登山そのものをも楽しむ人もいて、この後、次第に日本独特の和洋折衷ともいえる「霊山登山」が行われてゆく。

明治元（1868）年、信州梓村の角心（角心講の創始者）が剣ケ峰に登頂。

明治8年7月初旬、英国外交官アーネスト・サトウと大阪造幣局のウィリアム・ガウランドが、木曽福島で落ち合って御嶽に登り、その後、平湯から乗鞍岳へ登った（この登山は異説もある）。

明治9年、伯耆国（現在の鳥取県中部・西部）出身の正法仏徳という修行者が、乗鞍岳から沢上集落へ飄然《ひょうぜん》と下山してきて、土地の若者を率いて登山した。これが赤川新道の開山であると、代情通蔵は

記している。

明治10年7月、大阪造幣局のウィリアム・ガウランドとエドワード・ディロンが乗鞍岳へ登っている。

残っている「外国人旅行免状」の写しによると、飛騨への旅行目的は神岡、上宝方面の地質、鉱山調査の他槍ケ岳、乗鞍岳の登山であった。ガウランドは登山記録を残さなかったのではっきり分からないが、７月末ごろに登ったといわれている。高山では長瀬旅館に宿泊した。高山町の役所では、この免状に基づき「旅行外国人止宿届」、また行く先々の神岡村、上宝村等へ宿や案内人の配慮についての依頼文書を作成しており、これが残っている。そして高山町長石川勘蔵が、彼らの行動を岐阜県権令小崎利準へ文書で報告をしている。

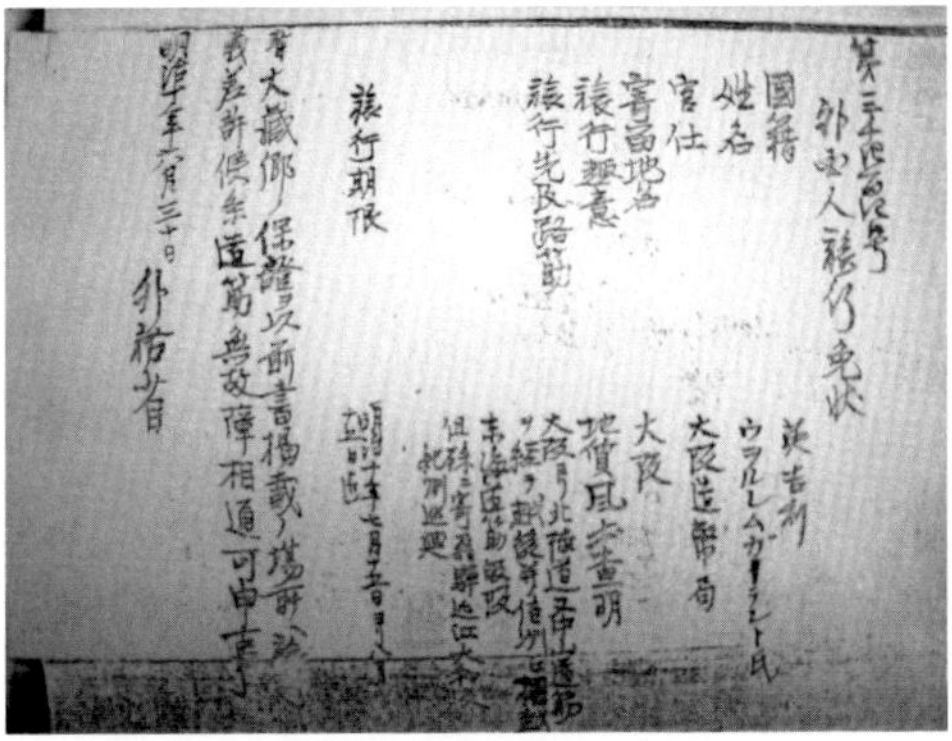
明治 10 年外務省発行の「外国人旅行免状」（写し）（高山町会所文書より）

鉱山調査は旗鉾の奥の平金銅山と信州乗鞍高原の大樋銀山だったとする説（当時の『東京朝日新聞』）もあるが、日程的に無理だったともいわれている。平金の銅鉱山が開業したのが明治27年だから、これがガウランドの調査に基づいたものだったかどうか分からない。
なお、平金鉱山は、明治25年、地元沢上の道下七右衛門が鉱脈を発見したともいわれる。明治27年、石川県の横山鉱業の所有となって採掘を始め、大正７（１９１８）年に閉山するまで銅と銀を多く産出した。最盛期は鉱夫が千人を超え、家族を含めると

3千人が住む金沢町と呼ばれる鉱山町となり、小学校、病院、劇場まであったという。その後、昭和12年（1937）年になって昭和鉱業が再び銅の採掘を始めたが、終戦後閉山になった。

明治12年7月、紀州熊野の田中政俊という行者が、岩井谷の蕨野作右衛門、若田長右衛門両先達《せんだち》はじめ82人を同行しての乗鞍登山を行った。

その多くは丹生川村内の人々で、大谷の歌人森重利も参加して下山後に歌日記『乗鞍の山記』を遺した。その他、高山の富田豊彦（富田礼彦の孫・国学者・神職）、吉嶋久兵衛（国学者・歌人・酒造業）、田嶋春園（歌人・郷土史家）なども参加。これらはおそらく森重利の知友であったと思われる。

一行は21日深夜に沢上を出発。蛇出川を詰める険しい経路から恵比寿岳の裾を巻き、午後2時ごろ畳平付近と思われる原に着いた。そこに荷を置き、不動岳と推測される岩山をよじ登って越え、五ノ池に出、山頂の天照大神の社に詣でた。

ここには信州大野川の里人によって、大のぼりが立ててあった。枯れたハイマツで飯を炊いて野宿した。翌暁ご来迎を拝してから、鶴ケ池、亀ケ池を明け方に過ぎ、大丹生の池に下り、土樋の池を経て池之俣の里に下った。岩井谷の宿に帰り着いたのは午後3時であった。その日は終日雨だった。

明治15年ごろ、尾張の垂明行者が旗鉾口から登り、朝日講を興したという。

この年、剣ケ峰にあった信州側の朝日権現社は飛騨側の鞍嶺神社（乗鞍本宮）と合祀され、ご神体の大日如来像は鞍嶺神社に移された。その後、紛争が生じたことから同社を山麓の岩井谷へ下し、8月8日には御枕代と称して山頂へ上げて祭礼をすることになったと『南安曇郡誌』にある。

なお、大日如来像は昭和の初めまであったが、その後、何者かに持ち去られ行方不明になったとも代情通蔵が書いている（『雲上銀座への道』）。このことについて、岩井の神社の神社も管理しておられる今寺隆之氏に聞いたが、岩井の神社で見たこともなく、また祭礼で背負って登ったという話も聞いたことがないとのことであった。

明治24年８月、漢学者小杉復堂が、大野川の猟師の案内で乗鞍岳に登り、その足で日和田から御嶽にも登った。

紀行『乗鞍御嶽遊記』に、剣ケ峰山頂での感想を「俯仰ノ際、人ヲシテ神気浩々シテマタ人間ノ栄辱得喪ノ何事タルカヲ知ザラシム」と記している。この文から、このころから日本人による近代登山が始まったという登山史家もいる。

明治25年８月、イギリスの宣教師ウォルター・ウェストンと医師ミラーが、平湯から剣ケ峰に登頂している。

岐阜から関を経て高山へ入り宿泊。登頂前夜の５泊目は、平湯大滝の上部にあった銅鉱山の宿舎に泊めてもらっている。採掘を始めてから4年目に入るという鉱山には、１５０人が働いていた。

平湯で雇った人夫２人と、同行を頼まれた猟師とで立った頂上には、風雨にさらされて白くなった木の社があった。そこには「夜明けの神」が祭られていると書いているが、朝日大権現のことであろう。頂上では眺望にめぐまれ、富士山まで見えたという。ライチョウが多くいて、下山時追って遊んでいる。ライチョウの羽は、養蚕業者が蚕の卵を紙から紙へ移すとき使う貴重なものだとも書いている。

なお、この平湯鉱山は、明暦３（１６５７）年、平湯の久左衛門が発見。黄銅鉱、方鉛鉱、閃亜鉛鉱などを産出し、特に嘉永から安政年間には飛騨きっての鉛山として繁栄したという。

明治27年10月11日、参謀本部陸地測量部によって測量登山が行われた。陸地測量部館潔彦は、高山から野麦集落に出て頂上へ登り、１等三角点を設定する場所を探した。三角点は翌明治28年11月9日に陸地測量手古田盛作が設置。山頂には新雪があったという。観測は明治32年9月18日から29日まで、陸地測量師古家政茂が行い、剣ケ峰を３０２８・３《メートル》と算定した。

この年、美濃上麻生出身の修験僧木食秀全が村人とともに乗鞍岳へ登頂し、沢上の里から山頂までの間に36本の石製の道標を建てることを発願した。

1本ごとに不動明王の守護童子の名が刻まれていた。ところがその運搬を依頼された沢上の村人が、険路と道標の重さのために建立を断念し、大部分の石碑を山中に置いて下山したといわれている。畳平のお花畑などに少数が現存しているのが確認されている。

秀全はその後、明治31年に名古屋市千種区に丸山不動院を建立し、飛騨などに支部7カ所を設けた。青屋新道を開いた上牧太郎之助もこの会の信者になった。秀全はその翌年、乗鞍岳を天台宗門派の僧徒皆修行の場＝国峰霊場とする許可を天台宗寺門派から取得している。

明治28年、旧朝日村青屋の修験者（修験両部道教）上牧太郎之助が、九蔵本谷と小俣谷の間の尾根に登山道開設を決意。ルートを決めるに当たり、歩きやすい残雪期に登って目印を付け、夏期地元民の協力を得て作業を行ったという。そして4年がかりで約20キロの道が完成した。

畳平のお花畑にある秀全の道標。三十六童子のうちの「智慧憧童子」が刻まれている

太郎之助は大正3年、この登山道の登山者の安全と道案内のため青屋の登山口から乗鞍岳山頂までの88カ所に各2体ずつ176体の石仏安置を計画。多くの人々の浄財と、村青年団や有志の人力運搬協力により進められ、昭和8年に設置を終えた。登山道

開設から実に39年をかけた大事業であった。

明治31年８月、地質調査所技師小川琢治が画家小川三知と梓川をさかのぼり、野麦峠を越え、野麦の集落で人夫２人を雇って野麦尾根から頂上に登って剣ケ峰下の五ノ池で野営している。小川はこの調査で乗鞍は数個の火口を有する複火山であることを明らかにした。

大日岳下にある太郎之助奉納の石仏

明治33年10月、小島烏水が岡野金次郎と乗鞍岳へ登るため、岐阜から徒歩で高山入りをしている。

高山では、小島が編集に関わっていた「文庫」の地方愛読者組織「斐太禿筆会」主催の盛大な歓迎会が宮川べりの「月波楼」で開かれた。翌日誌友である二之町平田書店の平田山栗（本名篤松）から、曽我耐軒の『幽討余禄』２巻を借りて平湯へ向かっている。

平湯では彦助宿に泊まる。霧が深くて１日停滞した翌13日、宿の主人を伴って大滝ルートを登り、途中鉱山小屋でみのを借りる。剣ケ峰に登頂できたが、この日も霧が深く、十分な眺望は得られなかったようで、登頂部分の紀行文は未定稿になっている。

この時の紀行文「乗鞍嶽に登る記」は、「奥飛騨」「平湯温泉」「奥飛騨乗鞍嶽の絶頂」に分かれているが、高山からの平湯街道、そして平湯温泉の様子が克明に書かれていて面白い。

平湯温泉の項では、当時14軒だったこと、夏期ここへは300人から500人の湯治客が来ること、混浴のこと、婚姻制度のことなど克明な人文地理的観察を書きつづっている。

明治38年8月9日、乗鞍岳で4人が死亡するという悲惨な遭難事故が起きた。

明治38年8月19日　剣ケ峰での川崎義令と案内人（明治 39 年発行 日本山岳会会報『山岳』第１年第１号より）

東京の貴族院議員小牧昌業の3男で府立第一中学校の昌彦と、案内人柳原亀吉が平湯口から登山し、鶴ケ池付近で暴風雨に遭い岩陰に避難していた。同じころ、平金鉱山から登ってきていた御嶽行者山田土太郎、高山町上一之町の呉服商上野源左衛門、同大新町の奥原吉左衛門、船津町の山田惣四郎と、斐太中学生の混成のパーティー11人も小牧たちと合流したが、風雨はますますひどくなるばかりで収まる気配が見られなかった。

合流した13人は、相談の結果ここで二手に分かれた。山頂の籠《こも》り堂まで風雨を冒して突き進んだ8人と、そのまま岩陰に残った5人である。結果籠り堂にたどり着いて暖を取ることができた者は全員無事であったが、下に残った5人のうち小牧はじめ4人が低体温症で死亡し、1人は蘇生した。

盛夏に平凡なコースで起きたこの大きな遭難は社会に衝撃を与え、新聞などで大々的に報じられた。

8月19日、植物学者川崎義令他1人が標本採集のため登っている。

前日、野麦集落の奥村藤太郎宅に泊まり案内人を頼んだが、10日前の遭難事故のことを知っていて、行く者がいないと断られた。粘って交渉した結果コマクサ採りで山に精通している助九郎と強力2人を雇うことができた。

翌日、野麦尾根から剣ケ峰の頂上へ登った。頂上には朝日権現、御嶽神宮という2つの祠が背中合わせにあると書いている。また頂上には六間四方ほどの大きな新しい小屋があるが、水や燃料を得ることが難しいとある。この夜は中腹の古い破れ小屋に泊まった。なお、この時点でコマクサは採り尽されていた。

高頭式氏撮影
乘鞍山頂凍死者追悼の標木
明治38年10月18日　遭難場所に慰霊碑を建てた高頭式（明治39年発行　日本山岳会会報『山岳』第１年第１号より）

10月18日、『日本山嶽志』を著し、また日本山岳会の創始者の1人であった高頭式（仁兵衛）が平湯から登頂した。

山頂にあった室堂について、「昨年建築されたもので、五間に七間の板屋、参拝所をそなえ、四方を針金で釣り、丹生川村社司今寺儀右衛門と記した桶・鍋・茶碗・銚があった。それは最高所に建っていること、構造が頑丈で整頓している点からして、国内一流で高山に例を見ないものだろう」と称賛し、ただ飲料水が得られないので、五ノ池付近の室堂宿泊を勧めている。そして下山の途中、この年の8月に遭難した人の遺品が散乱しているのを目撃し、木標を建立して供養している。

明治末から大正にかけて板殿出身の板殿正太郎が、夏の間山頂の小屋に籠って登山道を整備し、登山者の便宜を図り、遭難者を救助したりした。富田令禾は『飛騨春秋』に「長いひげのアイヌそっくりの風貌の白衣の怪人」と書き、人々は「板殿仙人」とか「乗鞍仙人」とか呼んで親しんだ。乗鞍開発の先駆者であった。

明治44年11月、住廣造が『飛騨山川』(岡本利平編)を発刊。乗鞍岳への登山道として野麦、青屋、池之俣、平湯が紹介されている。

6.「信仰の山」から「近代登山の山」に

大正3(1914)年12月、板殿正太郎が頂上の籠り堂を改築し、登山道を改修した。

同月発行「高山タイムス」の「丹生川通信」欄に、青年会第四支会(旗鉾)が総会において、道標を120カ所建設した事業報告を行ったと報じている。

大正6年7月、当時斐太中学の校長であった川口孫次郎は、ライチョウ観察のため乗鞍へ入山し、大正9年、その日々を『乗鞍山上十日記』の表題で出版した。

「標高一万六百余尺の地点にある石室内に於いて此日記かかる」とあり、板殿正太郎が改築した小屋を描写している。要約すると「間口二間半、奥行き三間。両側は自然石に依った石垣。間口の中央から奥へ三本の支柱があり、棟から両側へハイマツの枯れたものと板を渡し、大石で押さえてある。空気の流通がよく煙は抜けるが、雨も遠慮なしに入ってくる」。

川口が滞在中の登山者には、軍服に鳥打ち帽の将校、東大他学生、金沢専売局主事、平金鉱山の抗夫たち、陸軍将卒の一隊、営林署長らしい林学士、吉城郡阿曾布《あぞぶ》の青年24人などがいたと記している。また軍人による岩への落書き、抗夫たちのコマクサ採り、信州側登山者のライチョウいじめを挙げ、ナチュラリストらしく自然保護の大切さを訴えている。

夏、篠原無然が青年団を引率して登山し、鶴ケ池で泳いだ。

8月、丹生川村青年団中央支団主催で、6人の青年が平湯から乗鞍岳へ登山し、その夜は籠り堂に泊まって板殿仙人の話を聞いた。帰りは蛇谷川添いの旧道から平金へ下山。

大正期乗鞍登山のいでたち。金剛杖を持ち雨具は着ゴザ、靴を履いた人は2人であとはワラジ　（牧野家所蔵）

大正7年7月、高山の牛丸抱石他1人が平湯大滝から頂上へ登り、五ノ池の岩小屋に泊まり、剣ケ峰に登った。当時室堂ケ原《むろどうがはら》には石を積んで簡単な屋根を乗せた岩小屋があった。

8月、丹生川青年団と軍人会が合同登山。2日午後4時、400人の一行は延々長蛇の列を作って蛇谷川添い道を登り、室堂ケ原に着いたのは午後0時半であった。頂上を極めた後室堂に石室を4個築いて露営の準備をし、夜は火をたいて盆踊りを踊った。3日は大丹生・土桶の池経由で下山。

大正8年7月、高山の歌人福田夕咲らが登山団体「山刀倶楽部」を結成。メンバー8人が乗鞍岳へ記念登山に出掛けている。時を同じくし、大野郡青年団20数人が平湯から登っており、山上で一緒になった。

この年「山刀倶楽部」は、岐阜県と飛騨3郡へ乗鞍の登山道改修、案内標識の設置、山小屋の建設について請願書を提出している。

大正10年3月、丹生川村の青年団の評議会は、乗鞍登山道開削を協議。7月に団長以下幹部4人が実地調査を行い、路線が確定した。

　同年の青年団総予算823円の中で、登山道開削予算は440円に上り、11年度にも835円中455円で、両年とも年間予算の半ば以上を組んだ。

　8月、飛騨山岳会の富田令禾が剣ケ峰に登った。11月、高根村上ケ洞上田亮平、大野郡高山町八軒町中野松五郎、避難所番人仙人板殿正太郎の連名で、頂上に避難所を建設してほしいとの請願が岐阜県などに出されている。具体的な設計書まで添付されており、今までの板殿正太郎の手作りの小屋に代わるしっかりした構造のものであった。

　大正11年、丹生川村青年団（第四支団の駄吉・岩井谷・池之俣の団員）が赤川道を大幅に改修した。それまで地元の人に利用されていた「蛇出道」や「池之俣大丹生池道」が急峻で危険であったためである。

　丹生川村青年団（久手・籏鉾、曽手・塩屋の団員）が平湯峠から大崩山への尾根（第1尾根）に新道を開削した。

　尾根を忠実に登った後は、大崩山、猫岳、四ツ岳の裾を巻くもので、後の自動車道はこのルートがベースになっている。全長11キロ、完成までに2年を要した。原生林のクマザサ、上部ではハイマツを刈り、唐鍬で道形を付ケる作業は途中露営が必要で、困難を極めたという。道中に高山植物が咲き乱れていることから「花園道」と呼ばれていた。

　これは従来の丹生川青年会が自治団体になったことを記念しての事業であり、前述の赤川道改修もそうであった
　8月25日　剣ケ峰南肩に20人収容可能な避難小屋（石室）が完成し、落成式があった。管理者は高根村の上田亮平になっている。宿泊料2円50銭、昼食40銭、わらじ1足15銭であった。総工費2120円は各町村が分担。

　大正12年、飛騨山岳会の再設立が福田夕咲らによって行われた。

　民間人によって明治41（1908）年に設立された飛騨山岳会はその後、活動が低調になっていたが、大正初めごろから全国的に山岳観光が盛んにな

り、飛騨山脈への登山者増に伴って、登山道や宿泊施設の整備、情報提供、宣伝などが急務になっていたからだ。

この時代に対応できる「山岳観光協会」的な組織に改編し、山岳会長は高山町長直井佐兵衛、支部長には飛騨地域の町村長が就き、この半官半民の組織は戦前まで続いた。再び明治の創立当時のような純然たる民間の山岳団体になったのは、戦後になってから。

８月、飛騨山岳会員富田令禾、鎌手白映、西本知治が平湯大滝口より乗鞍岳に登り、白骨温泉へ降りた。

大正13年５月、岐阜県知事の依頼で、大阪朝日新聞記者および国民新聞記者、国際電報通信員を案内して飛騨山岳会の富田称彦、上島善一他が平金鉱山から乗鞍岳へ登った。アルプス宣伝取材の一環で、朝日新聞からは翌年北穂高の滝谷を初登攀して名をはせる藤木九三記者が参加している。

この時期高山上二之町の濃飛自動車（株）が、高山から丹生川の久手まで１日２回の乗合自動車運行を開始。この区間は２時間を要し、停留所は松之木、町方、小野、日面、旗鉾。高山から久手は３円50銭、久手から高山は２円70銭であった。

高山測候所が乗鞍岳室堂ケ原に山岳気象観測所を設置。８月末まで観測機器を山上に置いて観測を行った。この器材40貫は、社会奉仕事業として無償で村民に運搬してほしい旨村長に依頼があり、10人がボッカを行った。

観測結果を毎日、板殿正太郎（後には沢上の道下七右衛門）が赤川新道経由で運び下ろし、下からは生活物資を旗鉾の寺田音吉が上げて、両者は蛇出原で出会って荷を交換したという。

夏、国府小学校高等科３年生男子が４人の教師に引率されて集団登山し、森教諭が権現池で泳いだ。

この年、頂上小屋の看守に西野松太郎が就任した。７月14日から８月24日までの期間。

大正14（１９２５）年、６月25日付で飛騨山岳会から県知事へ室堂ケ原避難小屋建設費の補助申請を行った。

7月、白根県知事が避難小屋建設予定地を視察したので、上島善一が案内して旗鉾から登り、白骨温泉経由で信州へ下山した。

この年、大阪営林局は道標を設置するため、丹生川役場へ設置場所を問い合わせている。

大正15年7月、飛騨山岳会の内山知春と坂本憲二郎が、室堂ケ原小屋建設のための実地踏査に平金口から登った。

7月17日、丹生川岩井谷の「乗鞍嶽興風会」（代表野林菊右衛門）が『乗鞍嶽の栞附日本アルプス案内』を発刊。

乗鞍岳の地理や歴史を解説し、各登山道の案内、動植物も紹介している。あと飛騨山脈の主要高山20数座のガイド、登山の心得まで書かれていて当時としては充実したガイドブックだった。

会の事業として、登山道の整備や道標の設置、登山杖の給与、宿泊所設置、案内書作成、天然記念物保護、高山植物動物の愛護、強力紹介、案内人養成、その他、山岳に関する必要事項と幅が広い。

7.「近代登山の山」という位置づけが濃厚に

大正15年7月、飛騨山岳会が、乗鞍岳、穂高岳など5コースの一般募集団体登山を実施。

この年、頂上小屋管理人として西本松五郎を任命。期間は7月15日～8月25日。

昭和2（1927）年、濃飛自動車が1日1往復の平湯温泉定期便を開設した。期間は6月から11月降雪期まで。これはこの年の8月に秩父宮が飛騨山脈の登山を終えた後高山へ寄られたとき、県が急きょ道路を改修したからであった。

同年、室堂ケ原に100人を収容できる飛騨山岳会小屋（避難小屋）が完成した。請負業者は丹生川日面の富士田兵吉で、工事費1300円は、県からの補助と各町村の寄付によった。

昭和3年、頂上の鞍嶺神社（乗鞍本宮）は、山麓の丹生川村岩井の村社伊太祁曾神社に合併合祀されて「乗鞍神社」と改称された（詳細前述）。

5月、飛騨山岳会の定時総会で、飛騨山岳会小屋の管理は富士田兵吉と契約し、同人が責任を持つことになった。

7月、飛騨山岳会が『飛騨側より北アルプスへ』のリーフレット発行を発刊し、全国に配布した。乗鞍岳をはじめ飛騨山脈各登山道の地図、所要時間、案内人などの情報が満載の実用的なものであった。

同月、内山智春が、『飛騨口登山案内―飛騨側より北アルプスへ』（144ページ）を発刊した。

昭和4年1月、松本出身の畔田明元代議士、松本高校助教授、東京帝大生他1人が乗鞍岳で消息を絶った。

長野県側から50人体制で捜索したが発見できなかった。一行は吹雪の中を彷徨《ほうこう》して飛騨側へ迷い込み、3日目の夜、元平金鉱山の製材小屋にたどり着き、4日目に沢上集落へ出て救出された。

救助に飛騨山岳会の上島善一理事が出動した。畔田はその礼として、同年6月東京の三越百貨店で山岳展覧会を開催し、乗鞍岳の宣伝＝沢上区を通過する登山道の紹介を買って出た。

7月には高山東小学校講堂にて畔田明元代議士の遭難に関する講演会が開催された。

同年4月4日付で、岐阜県飛騨支長から丹生川村長宛てに乗鞍岳を国立公園の候補地とするための「山小屋利用状況など登山者の実態調査」依頼が出されている。これに対する村からの回答書は左記の通りで、この時期の乗鞍岳の様子がよく分かる。

○乗鞍岳ニ於ケル山小屋
・筒木室堂　収容力50人
利用者数　頭数2500人　延人数2600人
・頂上室堂　収容力40人
利用者数　頭数2100人　延人数2175人
・飛騨山岳会小屋　収容力100人
利用者数　頭数5700人延人数5850人
一般探勝者人数1ケ年総数　自6月下旬至9月上旬
19万300人　内外国人100人

○交通機関
・丹生川（町方）─平湯間
自動車　自4月至11月　定期毎日2回
荷馬車1日1回　車両数102台
貨物自動車　本年5月ヨリ運転の計画アリ
・旗鉾─平金鉱山─乗鞍間
旗鉾─平金鉱山間　里程約1里　馬車・乗馬ヲ利用シ得
平金鉱山─乗鞍岳間　里程2里半　馬車ノ通行困難ナリ
○乗鞍岳ニ於ケル野営場
五ノ池平・御殿ケ原・鶴ケ池付近・桔梗ケ原・千町ケ原・里見ケ原・五色ケ原・鍋掛松付近

昭和5年7月、飛騨山岳会が高山に「登山案内所」を開設するため、資料として丹生川村へ登山関係の諸物価などを照会している。その回答文書によると、米1升30銭、味噌1貫3円、わらじ10銭、金剛杖15銭、案内強力1日2円などとなっている。
同年9月、高山東小学校講堂にて植物学者であり登山家の武田久吉（英外交官アーネスト・サトウの二男）による「乗鞍岳などの高山植物について」の講演会が開催された。

昭和6年6月、飛騨山岳会は『北アルプスは飛騨口から』のリーフレット3千部作製。それには、旗鉾口から乗鞍岳への登山道は赤川新道と平湯峠道（花園道）だけで、蛇谷川道や池之俣道など旧道はもう記されていない。

同年7月、斐太中学の生徒蓑谷勝三、大下克彦が黒部五郎岳付近で遭難死した。

昭和7年10月、乗鞍岳山頂スキー小屋建設予定地の実測登山を行った。飛騨山岳会員船坂子献、平田誠二。

昭和8年7月、改訂リーフレット『北アルプスは飛騨口から』を8千部全国へ配布した。

昭和9年1月14日、大尾根ヒュッテにて牧野逓信次官はじめ千人が出席し、「飛騨乗鞍スキー場」開場式が挙行された。

乗鞍岳頂上へのコースには、山小屋が4軒、避難小屋が2軒建てられ、全国からのスキーヤーでにぎわっていたが、戦後近場のスキー場にリフトができると急速に廃っていった（この開発については、本書第4章「乗鞍岳にあった幻のスキー場」を参照）。

この年、「飛騨乗鞍スキー場」開場に伴い、乗鞍岳への案内の必要から大八賀村登山案内組合が設立された。事務所は同村生井の砂田虎之助宅。案内料は1円50銭、宿泊1日2円。強力も同じ料金で、食料、雑費は依頼者負担となっている。

全国に配布したリーフレット
（飛騨山岳会所蔵資料より）

3月、飛騨山岳会芳田武雄ら5人が、大尾根から剣ケ峰へ登った。

6月、北アルプスの国立公園指定を請願するため、飛騨一円の町村長、商工会長などによって国立公園岐阜県協会が設立された。

7月、飛騨山岳会は乗鞍岳、槍・穂高岳、双六岳への公募団体登山を計画。乗鞍岳へは生井から千町ケ原、頂上、白骨温泉、平湯の2泊3日のコースであった。

11月、飛騨山岳会の二木長右衛門、平田誠二、翌月には幅長太、朝戸友秀が千町ケ原から乗鞍岳へ登頂した。

12月、乗鞍岳を含む北アルプス一帯が国立公園に指定された。

昭和10年4月2日～4日、大阪鉄道局主催の乗鞍スキーツアー40人が信州側から飛騨側へ下山し、飛騨山岳会の代情通蔵らが飛騨側の案内をした。

7月19日、高山城山公園金龍ケ岡において、坂岐阜県知事を迎え中部山岳国立公園指定祝賀会が開催された。高山駅前と城山に祝賀大アーチが作られた。

7月　高山駅長から飛騨山岳会へ北アルプスの登山案内組織について問い合わせがあり回答。乗鞍関係は、高根村上ケ洞に上ケ洞口案内人組合（代表上田良平）、大八賀口案内人組合（代表砂田虎之助）の存在が報告されている。

10月29日、内務省衛生局から飛騨山岳会へ山小屋の利用状況についての調査依頼があり回答している。このうち乗鞍岳山頂小屋は、7月が1209人、8月は1853人の利用が報告されている。

この年、飛騨山岳会は平湯にテント村を開村し、乗鞍岳公募団体登山を実施した。また、リーフレット改訂版『北アルプスは飛騨口から』を1万部作成し全国へ配布した。

昭和11年2月、東京の昭和肥料（株）の社員3人が乗鞍岳で消息を絶ち、新聞等で大騒ぎになった。飛騨山岳会の前田光次郎、大八賀村案内人組合のガイドなどが捜索に当たったが、2月15日室堂の飛騨山岳会小屋に避難しているところを信州の捜索隊に発見された。

このころ遭難事故が相次ぎ、コース上の標識設置など、遭難対策が検討されている。

3月23日、名古屋鉄道局主催の乗鞍岳スキーツアーが開催され、40人が信州側から登って大尾根スキー場へ下降した。代情通蔵、朝戸友秀、幅長太などの山岳会員が引率。

7月、乗鞍岳の天気予報を8月末まで飛騨毎日新聞紙上に掲載して登山者の便を図った。

8月、坂岐阜県知事を飛騨山岳会員が乗鞍岳へ案内した。

9月、松本~高山間の鉄道敷設期成同盟が発足した。会長松本市長、副会長高山町長。東京から松本、高山を経て富山へ出、満洲への最短路になり、観光にも資するということであった。

この年、飛騨山岳会と国立公園岐阜県協会共催で山岳遭難防止救援協議会を開催。

昭和12年8月、宮野岐阜県知事を飛騨山岳会員が乗鞍へ案内した。

９月、室堂ケ原の飛騨山岳会小屋の改修を行った。

秋には山上観測所の新舎屋が完成した。高さ15尺の石垣を巡らした三間に四間半の大きさの立派な建物になった。

落成式は翌年の７月20日行われた。その後、昭和14年には文部省の管轄になり、次の年に改修拡張工事が行われた。

10月１日、岐阜県経済部長から飛騨山岳会へ乗鞍岳の山小屋宿泊者数の調査依頼があり回答。飛騨山岳会小屋＝７月56人、８月１２２人、９月30人。頂上小屋＝７月47人、８月82人、９月０人。

昭和13年３月、名鉄局主催の乗鞍岳スキーツアーが開催され、朝戸秀友がリーダーとして引率した。同月、前田光次郎、後藤由二が青屋口から乗鞍岳へのスキー登山を行った。

８月13日～14日、飛騨山岳会主催の公募による団体登山が行われた。千町ケ原に宿泊して翌日登頂。頂上で国旗を掲揚し、皇軍の武運長久を祈願。参加者16人を前田光次郎・代情通蔵らが引率した。

昭和14年1月２日、代情通蔵、前田光次郎　朝戸友秀、和知武雄の４人が、日影平と千町ケ原の小屋を利用して乗鞍岳へスキー登山を行った。

４月１日には芳田武雄ら３人が平湯峠から乗鞍岳

昭和 12 年ごろの室堂ケ原測候所（左）と飛騨山岳会小屋（右）（飛騨山岳会所蔵資料より）

に登り、平湯へ下山している。

7月29日～30日、国立公園岐阜協会の委嘱で飛騨山岳会が飛騨一帯の登山コース実測を行うことになり、乗鞍岳では平湯大滝道、花園道を前田光次郎・梅村庄吉・長尾量平が担当した（その実測図は今も残っている）。

7月、岐阜県土木部は平湯峠のトンネル化を計画したが、戦争の激化により中止に。

この年、飛騨山岳会小屋の管理人坂本弥作が病気で年間の管理ができなくなった。戦時下で適任者が見つからず、開設を見合わせている。

昭和15年8月18日～19日、登山道の実測が行われ、青屋コースを幅長太・伊藤清一・前田光次郎が担当。

8月17日、旗鉾口の実測を幅長太、伊藤清一、梅村庄吉が担当。

この月には恒例の公募団体登山が行われた。参加者40人（うち女子10人）で、旗鉾口から登り、飛騨山岳会小屋に1泊して平湯へ下山。

昭和16年8月17日～18日、国立公園岐阜県協会と飛騨山岳会の共催で公募団体登山を実施。花園道から肩の小屋泊、翌朝頂上で国旗掲揚をし、銃後奉公祈誓式を行った後大滝道を平湯へ下った。

昭和17年、戦時体制になり登山用語も変更させられ、恒例の大尾根ハイキングは「大尾根健歩大会」、公募団体登山は「夏期鍛錬乗鞍登山」と改称。乗鞍登山は青屋から登って奥千町御料山の家宿泊、翌日頂上から大滝道を平湯へ下山した。総勢21人のうち女子が13人であった。

飛騨山岳会小屋は、管理人が見つからず、肩の小屋福島清毅へ依頼した。

昭和18年3月、幅長太、都竹宗二が青屋口から乗鞍岳へスキー登山。

4月、芳田武雄が平湯峠から乗鞍岳へ登頂。

7月17日～18日、この年は高山市役所厚生課と大日本体育会高山支部の共催で、「健民運動夏期心身鍛錬岳錬成登山」として公募の乗鞍岳登山が実施された。

高根村中洞から子ノ原ルートを登り、奥千町御料山の家宿泊。翌日頂上から陸軍の自動車道道路を歩いて平湯峠から平湯温泉へ下った。総勢33人のうち女子が19人であった。山岳会員の松之木栄一、前田光次郎、都竹宗二、市役所厚生課から二反田益蔵が引率。

昭和19年1月、元旦の乗鞍岳登山が前田光次郎、都竹宗二によって行われた。

8. 飛騨側の陳情で陸軍の自動車道路が敷設

昭和14（1939）年、国立公園岐阜県協会飛騨支部が平湯峠から四ツ岳までの自動車道路開設を総会で決議し、厚生大臣へ陳情を行った。

昭和15年、平湯峠改修期成同盟（会長は森高山市長）の要望などにより、岐阜県は同年9月旗鉾・久手の人夫30人を2班に分けて測量を行った。県の意向では16年度中に完成予定で、工事費は約30万円であった。ただ予定幅員が3メートルであったため、地元関係町村は自動車道路にならないとして4・6メートルでの陳情を行った。

ところが、東京立川にあった陸軍の第二航空技術研究所が、高空を飛行するエンジンの開発を急務としその風洞実験場を畳平に設けるため平湯峠からの軍用道路の建設計画を発表した。

この軍の計画には裏話がある。以下は松之木栄一元飛騨山岳会長が遺した『華麗なる孤独』の「乗鞍今昔記」（昭和37年7月21日付『飛騨新聞』に掲載）を要約。

「昭和十四年八月、飛騨山岳会の幅長太、前田光次郎、松之木栄一らが旗鉾赤川道から登った時、室堂ケ原で信州大野川から登ってきていた兵隊が、飛行機用の回転機関銃を試射していた。立川の陸軍飛行隊が乗鞍にエンジンの研究所を開きたいとのことで自動車道路のルート調査にきていたのだった。

なかに古川出身の渡辺伍長がいてルートを相談されたので、松之木らは平湯峠からの「花園道」を提案した。そして翌日大滝口へ下山の予定を変更し、下士官を伴ってこのルートを平湯峠へ下った。さらに平湯の村山館で山岳の気象など山の情報を提供した。」

松之木らは高山へ帰ると早速高山市長にこの話をし、森市長や白野県議が軍に働きかけを行った。当初軍は信州側からの案を持っていたようだが、この陳情で平湯峠からのルートに変わったのである。

軍の当初計画では、平湯峠を起点に延長16キロ、幅員3メートル、工事費32万円であったが、濃飛自動車上嶋清一社長が戦後のバス乗り入れを見越して60センチ広げての陳情を行い、追加工事費8万円を追加負担した。請負人の郷組も1万円強を寄付。

なお、上嶋清一社長がバス道路に投資するに当たって飛騨山岳会（当時は高山市長が山岳会長）へ「軍は道路を独占するつもりはないようだから登山バスを入れたいと思うが、山へ自動車で登っていいものか」との意見を求めていたことが記録に残っている。

これに対し「山の神聖をけがす」という反対意見や、「婦人老人など一般人にも山の美しさを知ってもらうべき（観光に利用）」という賛成意見が出され、保護か利用かで対立したが、結果後者の意見にまとまった。

工事は昭和16年夏に着工、常時２００人ほどの朝鮮人労働者、徴用人夫が困難な気象条件下で従事し、完成したのは翌昭和17年の秋であった。完成したものの、即、一般人は立ち入り禁止となってしまった。このためこの時期の花園道からの乗鞍登山は、畳平一帯へ入れないため、大黒岳の稜線経由でしか行けなかった。

軍用道路と並行して進められた実験所建設工事は昭和17年の秋に第1期工事（木造2階建ての事務所

と作業所兼倉庫）が完成し、各種の実験が始められた。翌年から防音装置を施した発動機運転用の石造りの建物工事が進められたが、終戦で中断。この建物は戦後乗鞍山荘になった。

9. バス道路が開通し、次第に「観光の山」に

戦後軍用道路がバス道路に転用され、「日本一高いところを走る観光バス」が走るようになった。このため山頂を目指さない観光客が増え、乗鞍は次第に「観光の山」に変貌していった。

昭和21（１９４６）年7月　飛騨山岳会が乗鞍岳公募登山を実施。参加者50人が九蔵谷から登った。リーダー前田光次郎。

外地から復員してすぐこの登山に参加した元飛騨山岳会長の松之木栄一の手記によると、「畳平にあった航空研究所の建物は、荒れ放題に荒れ、まるでお化け屋敷の様相。しかし、手入れをすれば使える立派な建物なので、帰ってから市長にすぐ市の所有にするよう進言した」とある。

昭和22年3月、幅長太リーダー他7人がスキーで高根村中洞から子ノ原経由で大日岳へ登り、その日のうちに丸黒山から日影平岩滝へ下山した。

7月、乗鞍岳公募登山を実地。参加者40人が高根村子ノ原から登った。リーダー松之木栄一。

昭和23年元旦、飛騨山岳会岡本胡伊治他６人が剣ケ峰に登頂。

5月　前橋営林局主催の夏山対策協議会が上高地の清水屋ホテルで開催され、飛騨山岳会の松之木が出席。

席上「この7月から高山から乗鞍へバスが通うという話があるが本当か」と聞かれ、「今年から登ります」と答えたという。これに対し清水屋ホテルの主人が「今年から乗鞍は飛騨の山になりますね」と慨嘆したことが、松之木の記録にある。

7月、飛騨山岳会は国立公園協会と共に乗鞍に案内板、道標を設置。

同月、県知事らの立ち会いで路線バス（30人乗り）の試運転を行い、翌年から営業運転を開始した。

この試運転の様子などを前出の松之木栄一は当時の『飛騨新聞』に次のように書いている。

「当日の自動車道路は雨でひどいぬかるみになっており、山岳会員が皆で泥にまみれになりバスを押した。運転手はベテランの前田と岡村で、バスの関係者から『上嶋社長は山岳会の連中にだまされた。タイヤが傷むだけでもたいした損だ』と非難された。当時下山だけの登山客もたくさんいて、乗れずにバスの前に寝て発車を阻止するなど混乱がひどかった」。

当時畳平には休憩所や宿泊の施設がなかったので、信州の業者が建設許可を求めてきていたが、高山市は、市や濃飛バスが努力をして得た山岳道路であり長野県側には指一本触れさせないと、許可を拒んだ。

登山バス（昭和 24 年）　撮影：細江光洋

このため畳平にあった旧陸軍航空研究所建物の払い下げを受けた高山市は、登山バスの終点宿泊施設として内部を改装した。

当初経営する団体が決まらなかったので、日下部市長の委嘱でとりあえず飛騨山岳会が運営することになり、松之木、岡本ら会員８人が昭和24年から２年間夏期常駐した。この時岡本が「乗鞍山荘」と命名。その後、この建物は最終的に国鉄（現ＪＲ）の所有になった

10月にはスキー登山客の増加に伴い、乗鞍岳冬期用避難小屋設置場所の整地に協力。後に笠井が「猫の小屋」と命名した。

昭和24年３月、飛騨山岳会のスキーツアーが行われ、高根村子ノ原から剣ケ峰に登り大黒岳東面を横切って平湯へ下山した。岡本胡伊治はじめ６人。

10月　摩利支天岳に東京大学東京天文台の付属施設として「乗鞍コロナ観測所」が完成し、通年の観測が開始された。この施設は長年にわたり太陽のコロナの観測を続け、数多くの研究成果を挙げてきた

乗鞍山荘（昭和 23 年　旧陸軍航空研究所を転用したもの）
撮影：細江光洋

が、平成22（2010）年に建物の老朽化で閉鎖された。

12月末、高山市の依頼で完成間もないコロナ観測所へ慰問物資を届けに5人の飛騨山岳会員が平湯峠から向かったが、途中吹雪で閉じ込められ、いったん平湯へ下るなど、往復に10日間を要した。

昭和25年4月、高松宮がスキーで信州側から乗鞍岳へ登り飛騨側へ降りられるということで、飛騨山岳会の芳田武雄、岡本胡伊治、幅長太、平湯の平瀬が山頂まで出迎え平湯へ下降した。

7月、飛騨山岳会が各登山道に道標を設置した。

この年、東京大学がコロナ観測所に続いて室堂平に宇宙線観測のための小屋（15坪）を建設。昭和28年8月1日、「東京大学宇宙線観測所」を開設した。

昭和27年1月、岡本胡伊治が山岳雑誌『山と溪谷』第152号に乗鞍岳飛騨側紹介記事を執筆。

3月、平湯峠から乗鞍岳へ至るスキーツアーコースに、富士フイルム寄贈の道標50本を設置した。

昭和28年3月、岐阜県高校体育連盟の冬山技術講習会が乗鞍岳で行われ、岡本胡伊治、伊藤茂が講師で参加。

6月、岡本胡伊治が山岳雑誌『岳人』第62号に乗鞍岳飛騨側の紹介記事を執筆。

昭和30年代になるとバスに加えてマイカーの客が急増。さらに昭和38年には長野県が畳平まで県道を延長した。このため本格的な登山を目指す登山者からますます敬遠されるようになり、今まであったいくつもの登拝路は廃れていった（本書第2章「乗鞍岳登拝路の盛衰」を参照）。

それまで毎年夏期に乗鞍で実施していた飛騨山岳会主催の公募団体登山も次第に行われなくなった。また山岳会の冬山合宿も穂高方面へ目が向き、昭和33年、昭和35年と途切れ、昭和40年の正月を境に他の山域へ移った。

前出の松之木栄一元飛騨山岳会会長は、当時の『飛騨新聞』に「観光事業は金もうけのためだから仕方がないが、乗鞍を食い物にするのでなく、山の美しさだけは守ってもらいたい。（略）昨日も今日も、高山駅頭は登山客の千姿万態で、静かな古都は一転して、異国風景にいろどられている。（略）静かな昔の乗鞍時代から、丸一日にぎやかな現今の乗鞍銀座をみるにつけ、感慨深いものがある」という一文を寄せている。

昭和30年３月23日、乗鞍岳で行われていた南極観測隊の氷雪訓練を取材のため飛んだ中日新聞社のヘリコプターが摩利支天岳付近に墜落し、操縦士はじめ４人が死亡した。

昭和37年年12月末、正月の越年登山客を迎えるため畳平の山小屋「銀嶺壮」へ向かった同山荘の経営者、アルバイトなど４人が、桔梗ケ原で吹雪に遭い遭難。１人は辛うじて下山できたが、２人が遺体で見つかり、１人が行方不明になった。この年末年始は未曽有の豪雪になり、各地で山岳遭難が続出、薬師岳では愛知大学山岳部員13人が遭難死した。

昭和48年に乗鞍スカイラインが完成すると入山者は一挙に増えた。この年の利用はマイカーが24万台を越え、推定47万人が車で入って「雲上銀座」とまでいわれるようになった。

この山は完全に「観光の山」と化し、さまざまな自然破壊が深刻になった。

これに危機感を感じた行政などは、ちょうど平成15年にスカイラインが償還期限を迎えて県道になることから、マイカー規制に踏み切った。

その後、環境パトロール員などの努力で観光客のマナーも向上し、現在自然は次第に回復してきている。

平成16年、乗鞍山麓の五色ケ原に完全予約制認定ガイド付きの自然散策コースが開設された。

従来麓から丸一日かかった登山も、畳平駐車場から剣ケ峰へ高山気分を味わいながら短時間で安全に登れるようになった。

自然に許容限界があることを無視した過剰な入山など、まだ人間側の身勝手さに起因する課題は多いが、ここにきて国立公園がうたう「自然保護と利用」のバランスが一応保たれてきたともいえないことはない。

コラム

乗鞍三仙人のこと

仙人とは、中国の道教の道士が修行を積んで神に近い存在になった人をいい、仙境（俗界を離れた静かで清浄なところ）で暮らし、不老不死を得た。天を飛んだり、水上を歩いたり、千里眼を持ったり、いろいろな神通力を使える。日本では久米仙人が有名だが、筆者も登ったことがある大峰山中の「深仙」という場所にもその昔たくさんいたという。

修験者が多かった乗鞍には、近代以前に仙人が多く住んでいたと思われるが、記録はない。近代になってからは3人の仙人がいた。といっても神通力を使えたわけでなく、この山に魅せられて山の中に長く住んでいたため、人々が仙人と呼んだ。

○板殿《いたんど》仙人

旧丹生川村板殿集落出身で、本名は板殿正太郎。明治末から大正にかけて夏の間家族と離れて山頂の小屋に籠り、登山道を整備したり、遭難者を救助したりして登山者の便宜を図った。長いひげを生やし、仙人の風貌であった。

○道下《みちした》仙人

旧丹生川村沢上集落出身で乗鞍と多く関わり、平金鉱山を発見した。鉱山の監督をしていたが、閉山になると乗鞍の小屋で暮らした。

ある時、前出の板殿仙人と乗鞍の主の座を争い、土俵ケ原で相撲を取ったという話が伝えられている。

○カモシカ仙人

高山の出身で、本名森下博三。高山測候所に勤めており、飛騨山岳会員でもあった。乗鞍山上の気象観測所勤務になって乗鞍に住むようになり、多くの逸話を残した。昭和22（1947）年の夏、飛騨山岳会は乗鞍岳公募登山を実地。参加者40人が高根村子ノ原から登った。悪天のため途中千町ケ原ヒュッテに泊まり、平湯へ下ったが、疲労困憊《こんぱい》した人が続出。森下はこれらの人の荷を担いで平湯から何往復もし、その超人ぶりをたたえて山岳会員から「カモシカ仙人」の名が贈られた。森下は、その後、摩利支天岳に建設されたコロナ観測所の建設に尽力した。

板殿仙人のこと

福田夕咲

つい2、3日前、乗鞍仙人板殿正太郎君の訪問を受けた。今年の夏も乗鞍にこもると語っていた。

雨、晴れ、曇り、日の出、月の出、さまざまの天文気象に伴うて変幻極まりなき嶽の上の景色は、はっきり彼の頭の中にたたみ込まれていることであろう。

彼が幾度の夏を乗鞍に送ったのか知らないが、兎も角、乗鞍嶽そのものと最も親密な関係を有していることは確かである。彼は深く乗鞍を尊敬している。そして常に自ら乗鞍の侍者としてその保護に任じている。

近来、登山趣味が普及されるに従って、嶽の神聖と荘厳とが、人間の手に依って夥しく犯されるといふことが語られる。若し何等かの方法に依って、彼に生活の資を供し、終始、嶽の保護に当たらしめるといふことは、自然の芸術的傑作たるこの山岳を有する飛騨の一つの欣ぶべき義務を果たすべき格好の手段ではあるまいか。

乗鞍の山守として確かに彼は最も適当なる過去と現在を有している。何処の公園へ行っても1人や2人の園丁のいないところはない。この意味に於いてわが日本の大公園ともいうべきこの飛騨山脈の岳々に園丁の事務を見る山守を置いて、たる山の神聖と荘厳とを飽く迄も保護し監視して貰ひたい。特に山脈は大抵その

板殿仙人

主峰たる嶽の名を冠するのが常であって一国の名を附するものは只この飛騨山脈あるのみだといふ。この光栄に対しても、またその位の務めは当然であらねばならぬ。
大正9年7月11日
（『福田夕咲全集』時評・紅箋）

〈参考文献〉
『日本登山史』山崎安治
『登山者の周辺』山崎安治『日本近代登山史』安川茂雄
『死者と先祖の話』山折哲雄　角川選書
『くらがね（旗鉾校下の民話）』　丹生川村立旗鉾小学校
『郷土丹生川』　丹生川村
『飛騨の神社』土田吉右衛門
『飛騨山川』岡村利平
『日本アルプス—登山と探検』ウォルター・ウェストン
『代情山彦著作集』代情通蔵
『飛州志』長谷川忠崇
『乗鞍嶽の栞』乗鞍嶽興風會
『雲上銀座への道』瀬口貞夫
『飛騨編年史要』岡村利平
『山』梓書房
『丹生川村史』　全　通史編　民俗編
『高山市史』
『飛騨風物記』上島善一
『斐太後風土記』富田礼彦
『飛騨國中案内』上村木曽右衛門
『小島烏水全集』大修館書店　小島烏水
『水無神社の歴史』奥田眞啓
『田中大秀』中田武司編
『田中大秀翁伝記』高山市　高山市教育委員会
『安曇村誌』
『山刀』飛騨山岳会創立百周年記念特別号
『山岳』日本山岳会
『雪の碑』江夏美好
『華麗なる孤独』松之木栄一
『自然との対話』山と渓谷社
『縄文人、山を仰ぎ山に登る』国學院大学考古資料館
『山と渓谷』田部重治　岩波書店
『福田夕咲全集』全集刊行会

※乗鞍岳が近代登山の対象として盛んに登られるようになった大正期以降については、高山町役場に保管されていて戦後飛騨山岳会へ移管された「山岳会文書」によった。

第4章

乗鞍岳にあった幻の山岳スキー場

「飛騨乗鞍スキー場」と飛騨のスキー小史

1. はじめに

　乗鞍岳は飛騨人が「母なる山」として朝な夕なに仰ぎ、親しんできた山だ。昔から信仰の対象としてあがめられ、登拝する人も多かった。そして明治以降は近代登山の対象にもなり、信者に交じってガウランド、ウェストンなども登った。

　その乗鞍岳の地図をよく見ると、最高峰剣ケ峰（３０２６メートル）から西へ長大な尾根が派生していることが分かる。この尾根は、標高約２１００メートルの千町ケ原で分岐し、丸黒尾根となってさらに北西へと延びている。

　昭和９（１９３４）年から戦後少しの間、この20キロ以上に及ぶ尾根全体が、「飛騨乗鞍スキー場」として全国的に有名になり、にぎわっていた。頂上へ至るコースの途中には、４軒のヒュッテと2軒の避難小屋があったが、戦後近場のスキー場にリフトが出現すると、この山岳スキー場は急速に廃れていった。そしてそれぞれのヒュッテも朽ちてしまい、今ではこの尾根にスキー場があったことを知る人はほとんどいなくなった。

　80年以上も前に乗鞍岳の西面で行われていたこの小さな開発のことを、飛騨人が全国でも極めて早い時期から楽しんでいたスキーの歴史と併せ、書き留めておきたい。

　なお、大正12（１９２３）年から戦前までの飛騨山岳会の会長は高山町長（市長）が務めていた。そして山岳会の事務所が町役場（市役所）内にあり吏員が事務を執っていたため、関係文書が年ごとに整理保管されており、本稿の多くはこの残された文書によった。

　明治41（１９０８）年、民間人によって設立された飛騨山岳会は、その後、活動が低調になっていた。しかし、大正8年ごろから全国的に山岳観光が盛んになり、飛騨山脈への登山者増に伴って、登山道や宿泊施設の整備、情報提供、宣伝などが急務になっていた。このため福田夕咲らが中心となって、大正12年、この時代に対応できる「山岳観光協会」的な組織に改編し、再設立を行った。

当時の山岳会長は高山町長直井佐兵衛、支部長には飛騨地域の町村長が就いており、この半官半民の組織は戦前まで続いた。再び明治の創立当時のような純然たる民間の山岳団体になったのは、戦後になってからだ。

2．飛騨へのスキー伝来

よく知られているように、日本へ初めてスキーを伝えたのは、日露戦争に勝利した日本陸軍を研究する目的で来日した、オーストリア・ハンガリー帝国（当時）の軍人テオドール・フォン・レルヒ少佐である。

明治44（1911）年1月12日、新潟県中頸城郡高田町（現在の新潟県上越市）の陸軍第13師団歩兵第58連隊に1本杖での滑降技術を伝授し、これが日本における本格的なスキー普及の第一歩とされる。そしてレルヒ少佐は、その翌年の明治45年2月に北海道の旭川第7師団へ転じ、札幌でも指導を行っている。

レルヒ少佐は、オーストリアにおける当時の最高のスキーヤー、マシアス・ズダルスキーの高弟であり、アルペンスキー術の権威。オーストリアの山岳地帯で発達したスキー技術が日本の地形に合っていたため、本土では新潟県の高田、北海道では札幌を中心に広まっていった。

レルヒ少佐が高田に来る3年前の明治41年、札幌農学校（現北海道大学）へドイツ語講師としてきていたスイス人ハンス・コラーが予科生にスキーを見せ、スキーについて講義をしているが、自分で滑ったことはなかったといわれる。

こんな周知の歴史をあらためて書いたのにはわけがある。実はちょうどこの時期、高山町の造り酒屋の二木長右衛門がこの札幌農学校に学んでいて、1本杖のスキー術を習得しているからだ。レルヒ少佐は、札幌で主に軍の将校団に伝えたという記録があるので、二木はおそらく間接的に学んだと思われる。

翌大正2（1913）年、二木は高山へ道具と共に技術を持ち帰り、母校斐太中学の裏山で滑って見せ、指導を行ったという。これが飛騨におけるスキーの初伝来といわれている。長野県の白馬地区に高田から伝わったのも同じ年だから、飛騨への伝来は全国的に見てもかなり早い時期であった。

そして大正8年には、体育教師石川三雄の尽力で、斐太中学にスキー部が創設された。このころから高山で急速にスキー熱が高まり、斐太中学では授業に組み込まれて城山などで滑った。当時のスキー板は高価だったので、木を削り、町の鍛冶屋に金具を作らせたものが多かったという。大正9年に石川が他県へ転任した後は、体育教師幅長太が指導を担当した。

余談ながら、その後、大正末期に札幌と高田の間でスキー発祥地論争が起きた。その裁定を下したの

一本杖スキー『斐太高校百年史』

は日本スキー連盟で、「たしかに札幌で滑った事実はあるが、正式にスキー術として教え、組織的に全国普及のきっかけを作ったのはレルヒ少佐だ」とし、「日本のスキー発祥地（正確には伝来地というべきであろう）は、高田である」とされた。

3. 昭和初期における飛騨のスキー事情

大正初期に二木が伝えたスキーはたちまち飛騨中に広がった。『宮川村誌』に、旧坂下村の教員水畑重平が当時の様子を「大正15（１９２６）年、赴任した古川小学校に1本杖スキーが3台あって、裏の桑畑で歩いてみたが転倒の連続だった。それでも非常に面白いので、翌年古川の運動具屋で高田製の２本杖スキーを12円、軍隊式の編み上げ靴を３円50銭で購入し、万波高原などへ行って我流で滑った。その後、隣の猿倉村（富山県）での講習にも参加した」と書いている。

高山町役場文書から、はやくも昭和４（１９２９）年、飛騨でスキー大会が開催されていることが分かった。これは昭和8年2月12日、吉城郡小鷹利村の西霧野スキー場において開催された第5回スキー大会のプログラムが残っているからだ。

昭和8年大会の主催は西霧野スキー倶楽部、後援が小鷹利村教育会。競技種目は小学生の部、青年の部があり、それぞれ１００《メートル》、３人連鎖、スラローム、ジャンプ、リレーなどがあり多彩だ。当日は処女会の簡易食堂を開設可仕候とある。この西霧野スキー場があった場所は、現在古川町黒内区にある古川桃源郷温泉付近のリンゴ園になっている斜面。

昭和5年3月、オーストリアのハンネス・シュナイダーが来日し、長野県の菅平スキー場で、彼が考案した体系的な指導法を普及させた。

昭和8年2月には、文部省主催のスキー指導者講習会が菅平スキー場で開催され、飛騨から芳田武雄

（斐太中学教諭・飛騨山岳会理事）が参加し、シュナイダー伝授の最新技術（ストックは2本）を習得している。

そしてこの年の3月7日から11日まで、原山スキー場において芳田の技術伝達講習会が開催されている。主催は飛騨体育協会、後援は飛騨山岳会と飛騨の各新聞社。

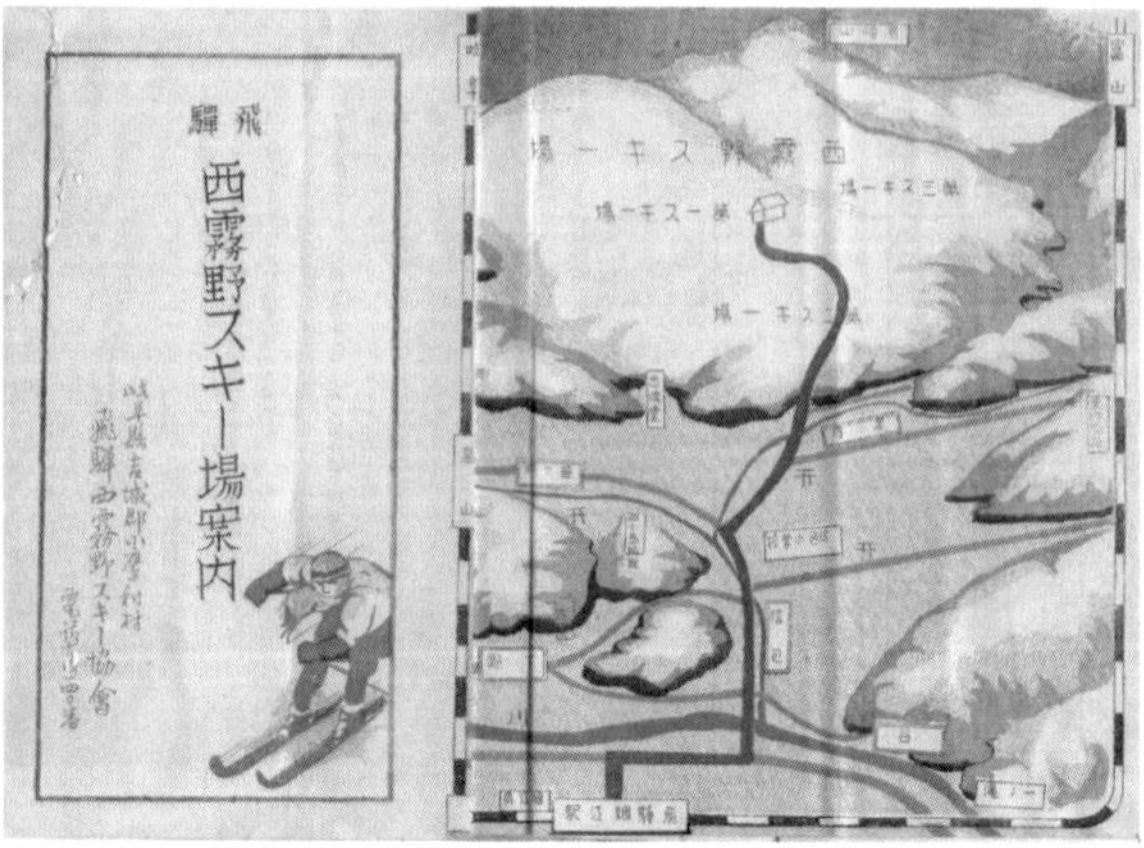

西霧野スキー場案内のリーフレット
（飛騨山岳会所蔵資料より）

チラシによると、申し込み先は上一之町の幅長太方。会費は原山まで自動車希望の方は金1円、自転車と徒歩の方は不要となっている。付記に「吉田先生ハ今春二月文部省主催の菅平ニ於ケルスキー指導者会ニ出席セラレ一般技術理論共ニ卓越ノ氏デアリマス」とあり、これによって飛騨へ本格的な近代スキー技術が伝わったといってよいのではなかろうか。

この伝達があったからであろう、この年の12月に「飛騨スキー倶楽部」が結成されている。この倶楽部のメンバーはほとんどが飛騨山岳会員であった（倶楽部については後述）。

昭和9年3月21日には平湯の長谷スキー場で大会が開催され、案内状が残っているが、その内容が面白い。杖なしの１００メートルから４００メートルの競争、煎餅取り、８００メートルリレー、登山スキー、ミカン拾い。

余興としてジャンプ、テレマーク、クリスチャニア、スラロームなどだ。

　当日は処女会、婦人会連合にて簡易食堂を開設。参加者は旅館の宿泊費を割り引くとある。主催は平湯スキー倶楽部。

　飛騨山岳会は、昭和9年10月の国鉄高山線全線開通を控え、飛騨山脈の飛騨側からの各登山口を詳しく紹介した『北アルプスは飛騨口から』というリーフレットと、飛騨にあるスキー場を紹介したリーフレットを作成し、全国の駅や官公庁、山岳団体などへ送付している。それによると、現在では聞いたことがないスキー場もいくつか掲載されている。

昭和初期のスキー板
（山岳資料館所蔵）

・**高天ケ原スキー場**（益田郡小坂町）高山線小坂駅から2キロ。「白樺の家」という小屋あり（小坂町の中心部川井田の北にある谷を入ったところ）。

・**釜ケ崎スキー場**（＊吉城郡阿曾布村）船津町より15町。平屋建てのヒュッテあり（現在の釜崎住宅団地から上部の斜面）。

・**西霧野スキー場**（吉城郡小鷹利村大字黒内字西切野）信包校から2キロ。ヒュッテ2棟あり。

・**駒ケ鼻スキー場**（吉城郡上宝村在家）在家集落から半里（在家集落の南斜面、本覚寺の東）。

・**原山スキー場**（大野郡上枝村新宮地内）緩急随所に好適スロープあり。木造2階建てヒュッテあり。

　この時期、東京市牛込区市谷山伏町に「濃飛振興協会」なる団体があった。これは岐阜県の外郭団体で、県の特産品、観光宣伝などを担っていた。この団体の要請で、飛騨山岳会が昭和10年、現在の飛騨のスキー場の状況を報告した文書が残っている。このころになって開設準備中の位山スキー場、船山スキー場の名前が登場する。

・**原山スキー場**（大野郡上枝村新宮地内） 新宮までの2・5㌔。6人乗りの乗合自動車の便があり、1人20銭。初心者、中級者に適し、競技場としても整備されており、高山町近郊唯一の好スキー場。木造2階建て（階下土間、2階板敷）のヒュッテ1棟があり、売店、貸しスキーもあって1日30銭。

・**位山スキー場** 高山線飛騨一ノ宮駅から約3㌔。位山頂上に至る。変化に富む興味深いスロープがあり、将来有望なる好条件を具備している。この時点で2階建てのヒュッテを建設中。

・**船山スキー場** 広大なスロープを有しすこぶる興味多く、目下計画中であり、施設が完成すれば南飛有数の好スキー場になろう。現在牧場の監視小屋があり、休憩可。

・**高天ケ原スキー場**（益田郡小坂町） 高山線小坂駅から2・5㌔、徒歩45分。第1スロープは初心者向き。第2、第3スロープは熟練者の滑走、登山スキー。「白樺の家」という小屋あり。貸しスキー1日30銭。御嶽山の眺望がいいと書いてあるから、三角点がある上部の尾根まで登ることができたようだ。

・**高原スキー場**（吉城郡阿曾布村釜ケ崎＝前年報告が出ている釜ケ崎スキー場と同じものだと思われる） 船津町から約1㌔で自動車の便がある。猪谷駅からは1円50銭、古川駅からは1円10銭。好適なスロープ随所にあり、ジャンプ台もあって理想的なスキー場。ヒュッテ1棟。付近に玉姫鉱泉があり宿泊1泊1円。（現在鉱泉はないが、当時、旧神岡鉄道奥飛騨温泉郷口駅付近にあったという）。

なお、毎冬鉱山や小学校などの大会でにぎわい、親しまれていた釜ケ崎のスキー場は、土地改良事業による耕地整理の対象になり、昭和26年に水田になった（『釜崎公民館二十周年記念誌』）。

別の資料には、阿曽布村に孔雀坂スキー場というのもある。船津町から約4キロの場所。

・**西霧野スキー場**（吉城郡小鷹利村大字黒内字西切野）　緩急自在な斜面があり、大衆的なスキー場。ヒュッテ1棟。付近に山岳スキー場として尾崎山、猪臥山がある。信包に旅館1軒あり。

・**古川スキー場**（吉城郡古川町上気多）　古川駅から約1キロ。第1、第2スキー場に分かれ、変化あるスロープ。ヒュッテ1棟（気多若宮神社の裏山。昭和31年に高野地区へ移転）。

・**駒ケ鼻スキー場**（吉城郡上宝村在家）　飛騨国府駅より24キロ。役場所在地本郷より東南約2・5キロ。　シラカバの疎林を滑降する快適なスキー場。ヒュッテ1棟。

この小さなスキー場は、昭和40年代まで地域の人々に親しまれていたという。

・**長谷スキー場**（吉城郡上宝村平湯＝今の平湯スキー場だろうか）　雪の量に恵まれ、シラカバと温泉がある絶好なるスキー場。途中丹生川村根方、または旗鉾まで自動車を求め得る。当時は平湯峠を歩いて越えねばならなかった。

昭和4年8月発刊され、昭和10年に改訂版が出ている上島善一著『飛騨風土記』には、右記のスキー場の他、朝日村大字西洞の秋神スキー場（後の鈴蘭高原スキー場）、船津町の宇六郎スキー場の記載があり、吉城郡袖川村に西スキー場が開設間近とある。これは後の流葉スキー場であろう。

翌昭和11年の飛騨山岳会文書には、吉城郡袖川村の流葉スキー場が、ヒュッテ建設中として、さらには打江スキー場（宇津江・飛騨国府駅から3キロ）が登場している。前年名が出ていた位山スキー場、舟山スキー場はともにヒュッテが完成して宿泊可能になっている。

昭和13年1月23日、原山スキー場で開催された

開設間もない流葉スキー場　表題は「モンペでスキー」
（昭和 12 年２月）

「第9回明治神宮スキー大会東海予選大会」で斐太中学スキー部の生徒が1位となり、県代表になった。

昭和14年3月5日には、吉城郡坂下村の大原スキー場（打保駅から3キロ・徒歩1時間）で、坂下スキー倶楽部と大阪毎日新聞高山通信部との共催で「中部日本滑降回転大会」が開催されている。なお、このスキー場は、昭和7年、前出の水畑が中心になって地元青年団などと開設。倶楽部の名称は後に大原スキー倶楽部と改称されている。

昭和16年2月26日には、西霧野スキー場において「第四回北飛学童スキー大会」が開かれ、時節柄開会式で皇居と神宮を遥拝。競技種目は滑降、回転、長距離など。

戦時下というのに、昭和18年には大原スキー場で「第2回中部日本スキー錬成大会」が開催されている。競技種目には回転、大回転の他斥候《せっこう》競争、伝令競争もあった。

このように昭和初期から戦前の飛騨には、小規模ながらいくつものスキー場があり、盛んに競技大会も行われていて、スキーがいかに飛騨人に冬のスポーツとして親しまれていたかが分かる。そして戦後いくつかが廃止になり、今では地元の人でもスキー場があったことを知らない人がほとんどだ。

当然このころはまだリフトがなく、滑り終えたら、また担いで登るか、シール（アザラシの毛皮）を板の裏面に張って登り返した。このころは正式なスキーが購入できない児童がほとんどで、彼らは手製の木、竹スキー、箱ソリなどで遊んでいた。

遊びの他に、仕事でスキーが使われていたことも記録しておかねばならない。輪カンジキより機動性があることから、郵便配達に使われていたのである。

筆者は数年前に丹生川町三之瀬集落へ峠の調査に行ったとき、土地の老婆が、冬になると郵便配達さんがスキーを履いて町方から峠を越えて滑って来たと話してくれた。

現在の高山市朝日町にある朝日郵便局長（２０２０年時点）の中谷明彦さんに聞くと、昭和８年２月に、名古屋逓信局主催の第２回スキー講習会が富山県の宇奈月スキー場で開催された記録が残っているので、昭和の初めから戦後しばらくの間郵便配達に使われていたはずだということであった。

４．「飛騨乗鞍スキー場」のこと

大尾根スキー場の発見と建設

昭和９（１９３４）年10月の国鉄高山線全線開通を控え、原山スキー場などは交通の便はいいが面積が狭いので、長野県や北陸地方のような規模が大きいスキー場の開発が高山町の喫緊の課題になっていた。

昭和7年12月末に、飛騨山岳会員堅野一兄、岩島茂夫などによって乗鞍岳山麓の適地調査が行われている。

高山町文書によると、旧丹生川村山口から入って調査を行い、谷沿いに畠、中之平、出会平、大土場などの候補地を発見しているが、最終的に最奥の大尾根に絞られている。

この大尾根というのは、現在「国立乗鞍青少年交流の家」がある日影平から生井集落までの尾根をいう。途中に三角点がある主峰（1478メートル）を中心に標高1400メートルから1300メートル級のピークが連続している幅が広い尾根だ。

この適地の開発を岐阜県へ申請した結果、昭和8年7月17日付で岐阜県知事から高山町長に対し次のような問い合わせが来ている。

一、主たる調査員氏名及び調査月日　二、スキー場の面積　三、交通機関　四、スキー場に対する施設　五、積雪量及びスキー開始・終了月日　六、宿泊所及び収容人員……

これに対し以下の回答文書控えが残っているが、建設計画の内容がよく分かり、この後ほぼこの通りに実現してゆくので、記載しておきたい。

・主タル調査員氏名及一行ノ調査月日
昭和8年1月4日飛騨山岳会員6人
昭和8年2月2日名古屋逓信局工務課阿部恵一氏外飛騨山岳会員
昭和8年3月17日畠山岐阜県体育主事外山岳会員
昭和8年7月2日鉄道省嘱託麻生武治氏・名古屋逓信局企画課長岩男省二氏外飛騨山岳会員・名古屋鉄道局旅客掛大久保忠光氏外
昭和8年7月2日逓信政務次官牧野良三氏
名古屋鉄道局運輸課長柳生六郎氏・新愛知新聞社写真班長江利氏

・スキー場面積　大尾根千町歩、第2ゲレンデ2千町歩

・交通機関　高山町ヨリ自動車—大八賀村字滝2里半　滝—スキー場ヒュッテマデ半里徒歩30分

但本年ノスキーシーズン迄ニハ大尾根ヒュッテマデ自動車ノ達スル道路開鑿ノ予定アリ

・スキー場ニ対スル施設　（本年度及び将来）

〈本年度施設〉

（イ）高山町ヨリ２里半大八賀村字滝ヨリヒュッテニ至ル間幅員２間半乃至３間ノ自動車道路ノ改修並に開鑿完成ノ予定ニテ目下測量中

（ロ）大尾根ヨリ岩井牧場―千町ケ原ニ通ズル間枯損木伐採ニヨルスキー道路開鑿（幅員10間防火線伐採利用）

（ハ）スキー場ニヒュッテ２カ所建設予定　ヒュッテハ各平屋建建坪１０６坪余

〈明年度施設予定〉

（イ）道路　スキー場ヨリ丹生川村字山久地ニ下モノ幅員2間半乃至3間ノ自動車道路

（ロ）「クラブハウス」1棟　建坪94坪余

大尾根ヨリ千町ケ原間ニ「ヒュッテ」３カ所建設

・積雪量及スキー開始、終了月日

（イ）積雪量（粉雪）

第一ゲレンデ　昨年4尺　本年4月9日4尺

平年　5尺―6尺

第二ゲレンデ　今春5尺　平年5―8尺

（ロ）スキーノ開始12月上旬、スキーノ終了4月中旬

・宿泊所及収容人員

現在ノ山小屋ハ二・三十人宿泊シ得ルモノ1棟アリ、10人程度ノモノ1棟設予定ナリ　構造平屋建建坪各百余坪　（50人収容）

この他回答文書には調査地の概要が書いてある。飛騨山脈の眺望が抜群で好適のスロープがあり、山岳スキー場として本峰随一、夏期はハイキング、キャンプにも格好の場所であるとしている。

そして牧野良三逓信省政務次官を中心とする「飛騨乗鞍スキー場建設会」を組織して建設に邁進《まいしん》している旨の説明がある。参加団体は、高山町、大名田

村、丹生川村、大八賀村、高山商工会、飛騨山岳会。

建設は牧野政務次官の全面的な協力によって早いピッチで進み、滝集落からゲレンデまでの自動車道

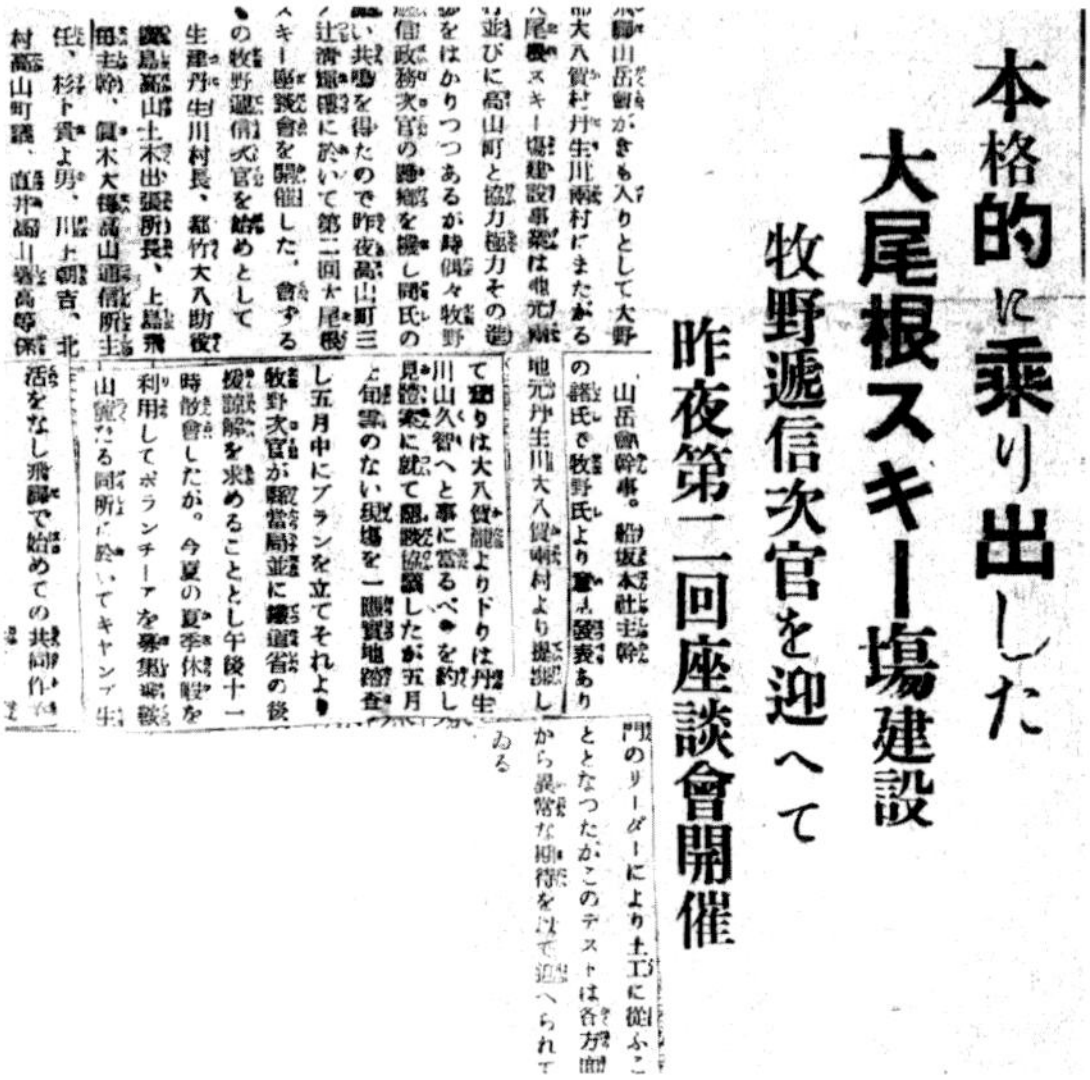
本格的に乗り出した
大尾根スキー場建設
牧野遞信次官を迎へて
昨夜第二回座談會開催

建設開始を伝える地元紙（昭和８年）

路、大尾根ヒュッテ（昭和9年1月完工）、さらに上部の日影平ヒュッテ、枯松平ヒュッテ、千町ケ原ヒュッテ（いずれも昭和8年10月完工）が次々と完成した。

特に滝町から大尾根ゲレンデへ至る道路は、大八賀村村民や斐太中学生徒など多くの奉仕作業で、驚くほど短期間に完成した。この道は今でも「牧野道路」と呼ばれている。

この時期牧野良三の名でスキー場宣伝のパンフレットが作成されているが、それには「道路工事に中学校生徒延べ５００人、実業学校の生徒延べ３００人が夏休みに労力奉仕をし、他に青年団員も多数も参加。岐阜県土木課員数人と高山出張所の全員が夏期休暇返上で働き、官民一致協力している」と書いてある。

そして牧野良三は、飲料メーカーのカルピス社からスキー場で当社の清涼飲料「５６７（ゴロナ）」の宣伝を行う条件で、開発資金３千円（一説には1万円）の開発資金寄付を取り付けている。このた

め大尾根ヒュッテには「５６７ヒュッテ」の看板が出ていた。

　昭和９年１月14日、完成間もない大尾根ヒュッテで、牧野政務次官、宮脇梅吉岐阜県知事はじめ千余人の出席のもとに「飛騨乗鞍スキー場開場式」が挙行された。記録には「異常の盛況を極めた」とあり、大八賀村では祝賀協賛会を組織して全村挙げて除雪、接待などの協力をした。

山岳スキー場は全国的に有名になり、にぎわった

　昭和９（１９３４）年の初め、日本山岳会が毎年出版している山岳情報誌『山日記』に掲載したいとして、大尾根スキー場の山小屋の情報提供を依頼してきている。２月21日付で回答した控えを見ると、当時の小屋の状況がよく分かる。

・大尾根ヒュッテ（標高１２３０メートル）50人　３階建て　暖房浴室乾燥室売店などの設備があり１泊１円　昼食30銭
・日影平ヒュッテ（標高１４４０メートル）20人　燃料食料備付豊富　公徳販売（無人販売）実費
・枯松平避難小屋（標高１６１０メートル）15人　燃料食料備付豊富
・千町ケ原ヒュッテ（標高２１８０メートル）15人　燃料備付
・頂上室堂（標高３０２６メートル）30人
・肩の小屋（飛騨山岳会小屋・標高２８３０メートル）50人

　昭和９年の春以降も大尾根から日影平、丸黒山を経て千町ケ原へ至る登山道の整備やスキーコースの伐開が続けられ、９月には岩滝尋常小学校の５年生以上が奉仕作業をしている。

　同年10月には高山線が全線開通し、国鉄当局の宣伝によって、全国からの多くのスキーヤーが訪れるようになった。

　残された当時の往復書簡を見ると、毎年関東、関西、中部地方からのスキー客で各小屋が早い時期から予約で満杯となっており、盛況ぶりが分かる。

当時の宣伝文書には、「大尾根から日影平間は初心者向き。日影平から丸黒山を越えて千町ケ原までは中級者。千町ケ原から頂上までの7キロは遮るものがない大スロープで、上級者向き。この間は眺望もよく豪快な滑降が楽しめる」とある。

このころはまだ電話が普及しておらず、各地からの申し込みや問い合わせはすべて手紙。役場でそれに手書きで丁寧に返信した控えが全部残っている。

昭和9年12月付の大阪の山岳会などからの問い合わせに対する回答控えを見ると、高山駅から塩屋間は乗合自動車（6人乗り）があり、往復で54銭。塩屋から生井まで、そして生井から大尾根ヒュッテまでは馬ソリが通っており、それぞれ1台5人乗りで1円75銭、2円50銭であった。ただし馬ソリも1月末になって雪が深くなると運休した。

さらに別の回答文書には、11月末でヒュッテが予約で一杯になり、生井集落での民泊受け入れのことが書いてある。5戸の民家合わせて200人宿泊可能で、1泊2食1円余。自炊の便も図るとあり、これが飛騨におけるスキー場民宿のはしりかもしれない。

日影平ヒュッテ（飛騨山岳会所蔵資料より）

昭和10年の資料を見ると、丹生川村の中田商店が、町方から山久地（現山口）を通って、大尾根ヒュッテ下の出会平というところまで馬ソリを運行している。こちらは１人当たり80銭。

そして地元には「乗鞍大八賀生井口案内人組合」が組織されている。これは日影平から上部をガイドするもので、案内料は、普通の場所で日額３円50銭、危険箇所は４円となっている。代表は砂田虎之助。

このように初回のシーズン開幕に向け、受け入れ態勢を準備万端整えたのにもかかわらず、この年の暮れになっても降雪がなく、12月末の宿泊者の返信には、「年内スキー不可能かもしれない」旨の手紙が多く見られる。

幸いなことに12月29日から降雪があって、関係者一同は胸をなで下ろしており、昭和10年１月４日付の牧野良三宛ての手紙には、「積雪も申し分なく、連日各ヒュッテとも予約で満員である」旨の報告がなされている。

各ヒュッテは正月を過ぎても泊まり客で満員であった。そして昭和10年の２月から３月にかけては、信州側から登って飛騨側へ下降を計画するパーティーからの問い合わせがいくつかあり、それぞれ丁寧に回答している。

大尾根スキー場は地元民にもよく利用され、昭和10年３月３日には丹生川村白井小学校、旗鉾小学校、大八賀村岩滝小学校対抗のスキー大会が大尾根スキー場で開催され、岩滝小学校が優勝した記録も見られる。

同年12月には、東京のカルピス社のスポンサー協力でスキー場案内のリーフレット１万部を作成し、全国の鉄道主要駅、学校、山岳団体、官公庁などへ配布し、宣伝を行っている。これも牧野良三の口利きであったことが手紙で分かる。それには左記の概説の他各ヒュッテ、避難小屋のことが詳しく書いてある。これには新たにできた15人収容できる桜ケ根（丸黒山鞍部）の避難小屋も記載されている。

「北アルプスの聖峰乗鞍岳（３０２６㍍）が西へ

と延ばす白銀の山翼20数キロ、それは原生林を縫う滑降と豊富な雪質、しかも恵まれた雪質と、冷厳な北アルプスの大展望を持つ華麗無比なスキーコースである。而して尚各ヒュッテ中に変化極まりない、幾多の広大なるスロープを有しているが、その真価はエキスパートによってのみなされ得る頂上への豪快

スキー場案内リーフレット
（飛騨山岳会所蔵資料より）

な山岳スキーである」。

昭和11年2月、東京の昭和肥料（株）の社員3人が乗鞍岳で消息を絶ち、新聞などで大騒ぎに。飛騨山岳会の前田光次郎、生井案内人組合のガイドなどが捜索に当たったが、2月15日頂上の飛騨山岳会小屋に避難しているところを信州の捜索隊に発見された。このころ遭難事故が相次ぎ、コース上の標識設置など、遭難対策が検討されている。

この年の3月23日、名古屋鉄道局主催の乗鞍岳スキーツアーが開催され、信州側から登って大尾根スキー場へ下降した。参加者14人を代情、朝戸、幅などの山岳会員が引率。

この年の年末年始も各小屋とも早くから予約で埋まっている。12月26日付で、各宿泊者へスキー場の積雪量など状況を報告する文書が発送されている。

それによると12月22日現在の積雪量は大尾根で50センチ、日影平から千町ケ原で80センチから1メートル。大尾根ヒュッテの宿泊者は、遠くは九州八幡市、大阪市、尼崎市、福井市、名古屋市と、関西方面が主であっ

千町尾根のスキーヤー（昭和９年　朝戸家所蔵）

た。このころも国鉄の手配で高山駅から生井集落まで６人乗りの自動車が運行されており、１台３円。高山駅まで国鉄を利用すると割引があった。また積雪が多いときは塩屋から生井まで馬ソリが運行されており、１人40銭になっている。

また、利用客からの礼状も多く寄せられており、丁寧な対応や設備の充実に「大変満足した」というものがほとんどだ。

昭和13年の資料では、前年の支那事変の影響があり、この冬高山駅から塩屋、桜小路まで運行していた定期自動車が運休になっている。塩屋までの６人乗りハイヤーは１人１円50銭で、ここから徒歩。大尾根ヒュッテは12月25日から１月７日まで管理人が常駐。宿泊料は１円20銭。

昭和12年10月９日付で岐阜県経済部長から乗鞍岳にある山小屋の利用者数調査依頼が来ている。このころ乗鞍には剣ケ峰直下の頂上小屋と、室堂にある飛騨山岳会小屋の二つを山岳会が管理しており、夏期に管理人が常駐していた。この時の報告では、７、８月の頂上小屋の宿泊者は１２９人、山岳会小屋は１７８人であった。

戦争により衰退し、戦後には消滅へ

昭和14（１９３９）年になるとガソリンの事情が

さらに悪くなり、高山駅からの乗合自動車は運休、ハイヤーも分からない状況になっている。大尾根ヒュッテの小屋番も雇用が困難になり、この冬から番人が不在となっている。

この年の1月2日、新春のスキーツアーが実施され、生井から大尾根、日影平（ヒュッテ泊）、千町ケ原（ヒュッテ泊）、乗鞍岳山頂、千町ケ原（ヒュッテ泊）、青屋のコースを踏破した。メンバーは飛騨山岳会の代情通蔵、前田光次郎、朝戸友秀、和知武雄の4人。

昭和16年、鉄道省発行の『日本山岳案内―スキー場編』（博文館）には、「飛騨乗鞍スキー場」のことを「大尾根ゲレンデ、日影ゲレンデ、枯松平ゲレンデ、千町ケ原ゲレンデの四つの広大なゲレンデで構成される高山線沿線随一の山岳スキー場である」と書いてある。高山駅から生井までの乗合自動車は片道5円。ガソリンがだんだん貴重になってきている。

さらに同年に太平洋戦争が勃発し、戦時体制強化とともにスキーや登山などの遊びは人目をはばからなければならなくなり、飛騨山脈への登山者、この乗鞍へのスキー登山者は次第に減ってゆく。

こんな中、この年の10月に奥千町の田ノ原（千町ケ原の上）に、帝室林野局により「乗鞍奥千町山の家」が完成し、飛騨山岳会が管理を委任されている。宿泊は40人可能。

昭和17年には恒例の大尾根ハイキングが実施されているが、名称は「大尾根健歩大会」に、そして昭和18年1月に実施された飛騨山岳会主催の大尾根スキーツアーは、「スキー行軍」と改称させられている。

そして戦後。昭和22年、志賀高原の丸池スキー場に進駐軍の命で鹿島建設がリフトを建設した。これが昭和20年代後半から30年代にかけて急速に全国のスキー場に普及してゆくと、歩かねばならない山岳スキー場へ来る人が激減し、「飛騨乗鞍スキー場」は急速に廃れていった。

昭和9年1月の開場以来、全国から多くのスキーヤーを集めてにぎわっていたこの山岳スキー場の寿命は極めて短かった。昭和12年の支那事変翌年ごろから入山者が減り始め、昭和16年の太平洋戦争勃発で激減した。そして戦後復旧が期待されたが、今度は前述のように近場のスキー場にリフトが出現し、人々の足は遠のいたままになってしまったのである。

5.「飛騨スキー倶楽部」のこと

先に述べたように、昭和8（1933）年12月25日、飛騨山岳会のメンバーによって結成された飛騨スキー倶楽部は、「飛騨乗鞍スキー場」と「原山スキー場」の運営に関わり、各種競技大会、講習会を開催するなど、飛騨のスキー文化発展に大きく貢献していった。

昭和12年の事業計画書を見ると、多彩な活動をしていることが分かる。

1月中旬から2月中旬、原山スキー場でスキー学校を開設。1月23日、大阪毎日新聞と共催でスキー講習会を開催。1月24日、スキー駅伝競走を開催。これは大阪毎日新聞と名古屋スキー連盟が主催、飛騨スキー倶楽部が後援。

2月上旬には、原山に「国鉄山の家」が完成したので、祝賀会を兼ねてスキー祭を開催。2月7日、源氏岳ツアー。2月14日、原山にて全飛スキー選手権大会開催。2月21日、川上岳ツアー、3月7日、大尾根スキー場にて学童対校スキー大会。5月上旬、乗鞍岳ツアー。

この年の11月21日には、原山スキー場の滑降コースを2キロに延長するため、倶楽部員に伐採作業出動依頼文書が出されている。このころの事務所は平田書店に置かれていた。

当時飛騨スキー倶楽部は「原山スキー場建設会」という組織を作って、高山市やその他の多くの団体から寄付を募ってスキー場の拡充事業を行っていた。同年度の収入は610円、そのうち上枝村へ借地料50円を払っている。

昭和11年末の会員数は106人で、会長は二木長右衛門。主な会員は幅長太、前田光次郎、代情通蔵、朝戸友秀などであった。会員章はピッケルとスキーをあしらったもので、この時期の会の性格を表している。そして会報も発行している。

左記の事業の他、原山ではいろいろな講習会、競技会が開催されていた。2月11日には鉄道局主催のスキー講習会が開催され、岐阜、名古屋方面から約100人が参加している。

大阪毎日新聞と飛騨スキー倶楽部が共催した2月14日の全飛スキー選手権大会は第1回東海スキー競技会開催を兼ねていた。競技内容は、長距離（18キロ）、縦走（32キロ）、新複合＝滑降・回転、飛躍（ジャンプのこと）と多彩であった。

なお、倶楽部の事業計画にも挙げられているスキー駅伝競走は、今では考えられない大規模なものであった。昭和11年2月2日に開催された「大毎杯争奪第1回スキー駅伝競走」の記録を見ると、高山の天満神社から飛騨一の宮を経て久々野を往復。第2回の参加チームは、31チーム（5人1組）で、飛騨だけでも22チーム、あと名古屋、岐阜などから10チームが参加している。競技規則に、各自使用スキーの長さは身長以上でなければ反則であることや、スキー破損の場合のことが書いてあって面白い。

なお、倶楽部とは関係ないが、このころのスキー板は北海道と越後高田で製造されていたが、同年の新聞によると、飛騨の材（カバ、ナラ、イタヤ、ミ

大毎杯争奪
第二回スキー驛傳競走
集合　昭和十二年一月廿四日正午高山市飛驒支廳前
スタート　午後零時半
申込締切　一月廿日限り
參加資格　一ティーム四名、補缺一名とし年齢に制限なし
主催　大阪毎日新聞社名古屋支局
後援　名古屋スキー聯盟　飛驒スキー・クラブ

スキー駅伝開催記事
（昭和12年　大阪毎日新聞）

ズメ）が高田へ送られていた。

昭和12年2月5日、鉄道省が原山スキー場に休憩所を設置。

同年2月11日、「大毎杯争奪第2回スキー駅伝競走」が江名子荏名神社から美女峠を越え、朝日村甲までの往復コースで実施された。

同年2月、「東海スキー大会第1回大会」が、原山スキー場において、飛騨スキー倶楽部と毎日新聞岐阜支局共催で開催された。

昭和13年1月22日、23日と原山スキー場にて「第9回明治神宮スキー競技兼第6回全日本スキー選手権大会愛知岐阜県予選大会」が県体育協会の主催で開催され、飛騨スキー倶楽部が大会の運営を行っている。

予選を通過した倶楽部の平田藤蔵、田中豊吉、岩島成夫が北海道での全国大会へ出場。

1月16日、飛騨スキー倶楽部が神通寺で総会を開催。

2月6日、全飛学童スキー大会が原山スキー場で開催され、12校839人が参加。

2月13日、飛騨スキー倶楽部会員十数人が、位山から川上岳へスキー山行を実施。位山で国旗を掲揚し、皇軍の武運長久を祈願した。

同年ごろから斐太中学の生徒に勤労作業が課せられはじめ、その一環として原山スキー場拡張のための開墾作業や松倉山麓を走るスキー道路の新設工事を行っている。

昭和14年6月13日、高山市公会堂において公開の「登山とスキーの座談会」が開催され、山岳会とスキー倶楽部のメンバーが、登山とスキーについて話し合っている。このころはまだ登山とスキーの区分が明確でなく、スキーツアーの話題も多かった。

6月20日には、山岳会とスキー倶楽部、高山音楽連盟の共催で「山岳映画と音楽の夕」が国技館で開催された。音楽連盟による軽音楽の演奏のあと、白馬岳で撮影された日本初というスキー映画が上映され、好評を博した。

その後、次第に戦時色が濃くなり、昭和18年、大日本体育会高山支部の指導で、飛騨スキー倶楽部は飛騨山岳会と合併する。合併を諮る臨時総会が6月25日に開かれ、山岳会長には飛騨スキー倶楽部の二木長右衛門、山岳部長には代情通蔵、スキー部長には芳田武雄が就いた。なお、時節柄この時の議題に、原山スキー場を滑空場として使用する件も挙がっている。

このころスキー指導は「戦杖スキー指導者講習会」、位山から舟山へのスキーツアーは「戦杖スキー錬成行軍」、夏期に毎年山岳会が主催していた乗鞍公募登山は「乗鞍岳錬成登山」という名称に当局から変えさせられ、暗い時代へ入ってゆく。

戦後最初の行事として、昭和21年2月、早くも位山のスキーツアーが実施され、会員7人が参加。5月に役員改選があり、会長に二木長右衛門、副会長に芳田武雄、山岳部長に岡本胡伊治、スキー部長に小杉秀雄が就いた。

昭和22年1月には第2回国体スキー競技の県予選大会を原山スキー場で開催、2月には講習会を開催するなど戦後しばらくの間、飛騨山岳会が国体予選などの各種スキー大会、講習会などを担当していたが、昭和24年に岐阜県スキー連盟が結成されたのを機会に、大会用の諸器材を含め、スキーに関するすべてを県の連盟に移管した。

時を同じくし、このころスキー場にリフトが架設されると、スキーヤーそのものも、ゲレンデスキー派と山スキー派に分かれた。この後ゲレンデスキーが、競技を含め隆盛を極めることになるのだが、今やこの変遷の歴史を知る人はほとんどいない。

山スキー派の筆者から言わせれば、「今まで広野を自由に駆け回っていた野生動物が動物園に入れられたごとくスキーヤーは狭いゲレンデに閉じ込められてしまった。そして時間が経つうち故郷の広野のことを忘れてしまった」ということになる。ゴルフでも練習場からコースへ出なければ面白くないと同じだと思うが、近年、少数ながら再び「脱ゲレンデ派」が台頭してはいる。

6. その後の乗鞍岳西面の開発

現在乗鞍岳の信州側は大きく開発され、スキー場などリゾート地として殷賑を極めている。この信州の「乗鞍高原」が開発されたのは昭和30年代後半になってからだ。それまでは「番所原《ばんどころはら》」と呼ばれ、大野川地区の放牧の場所で、スキー登山客の山小屋が数件あるだけの寂しいところだった。

これに対抗するためか、岐阜県は昭和40（１９６５）年、スケールが長野県以上に大きい「アルプススカイライン」という観光道路計画を策定した。内容については第2章「乗鞍岳登拝路の盛衰」を参照。

しかし、この計画は「夢の構想」に終わり、昭和40年代後半、生井集落上の大尾根、日影平辺りを歩いていると、大きなくいが方々に残っていたのを覚えている。

この計画が挫折したため、県はバス道路を大幅に改修し、２車線の「乗鞍スカイライン」を開通させた。このため乗鞍はますます「車で簡単に登れる観光の山」になって、本格的な登山者は俗化したこの山を敬遠し、今まであった登山道はさらに廃っていった。

現在スキー場があった西面で開発されている場所は「国立乗鞍青少年交流の家」と「飛騨高山スキー場」だけである。

乗鞍岳の南西面は、再び原始の姿に戻りつつあるといえる。

7. 「つわものどもが夢の跡」を歩き、滑ってみた

大尾根スキー場跡〜日影平〜枯松平

この山岳スキー場が造られ、にぎわいを見せていたのは筆者が生まれた昭和19（１９４４）年より前のことである。山岳会の先輩からその話を聞いて関

心を持ち、初めてスキーで大尾根を訪れたのは「国立乗鞍青少年交流の家」ができる前の昭和40年代前半であった。

今はビニールハウスが立ち並ぶ畑地になっているが、そのころは一部にクワ畑があるだけで一面の雪原。乗鞍の眺望がすばらしくて春先にスキーでよく通った。しかし、かつてスキー場だったと思われる場所は見つからなかった。

その場所が気になって、平成30年ごろに地元岩井町根方の都竹さんに現地へ案内してもらったが、尾根の西側にいい斜面があったものの、一面樹林帯に還《かえ》ってしまっていた。

昭和40年代、スキーで大尾根から日影平まで足を延ばすと、そこにはまだ壊れかけた日影平ヒュッテ（通称牧野ヒュッテ）が残っており、2階で泊まったことがある。場所は今の「青少年交流の家」のそばだったが、今はその片りんもない。丸黒山手前の枯松平には近年、岐阜県によって避難小屋が建てられた。

枯松平～千町ケ原～奥千町～乗鞍岳

千町ケ原から奥千町、千町尾根を経て大日岳、剣ケ峰に至る核心部ともいえるエリアは、当時全国の山スキー上級者＝冬山登山者の人気を集めており、飛騨側から頂上を往復する人、信州側から頂上経由で滑降してくる人も結構いたようだ。

枯松平から丸黒山を越えて桜ケ根と呼ばれる鞍部に出る。ここには往時避難小屋があったというがもちろん今はなにもない。左下に岩井谷を見ながら森林帯を登ると、千町ケ原の広い雪原に出る。無雪期は広い湿原になっていて別天地だ。ここに「千町ケ原ヒュッテ」があって、四季を通じてよく利用されていた。

各ヒュッテ備え付けの山小屋日記が何冊も残っているが、宿泊者は関東から中部、関西に及び、有名な登山家やガイドの名も散見される。

昭和11年6月15日には、当時京大の講師だった今西錦司が乗鞍登山のため、飛騨山岳会の紹介で地元青屋の上牧敏郎をガイドに雇い、途中「千町ケ原ヒユッテ」に宿泊している。このヒュッテは昭和30年代宿泊者の失火で焼失し、筆者が歩いたころはその残骸があるだけだった。

　千町ケ原から緩やかな斜面を登り、２３０１メートルのピークを越え、少し下って再び登ると木がまばらになり、広大な奥千町の雪原に出る。ここからはスキーに適した広い斜面が続いているが、ガスが出ると迷いやすく、さらに上部は３千メートルの厳しい冬山で、それなりの装備と技術がいる。奥千町には近年、県によって避難小屋が建てられた。

千町尾根の代情、朝戸ら（昭和11年３月　朝戸家所蔵）

千町尾根の滑降（昭和９年　朝戸家所蔵）

あと日帰りで子ノ原から、阿多野集落から、野麦集落からスキーで登り、頂上からの大滑降を楽しんだ。登りは7～8時間ほどかかるが、どの山行も満足できるものであった。

その後、足が遠のいていたが、平成25年3月に久しぶりに野麦から登って西側の尾根を滑降。また翌年の4月には、子ノ原尾根から登って奥千町の避難小屋に宿泊。翌日大日岳（3014メートル）まで登って大滑降を楽しんだ。

こうして筆者が実際にかつての山岳スキー場を歩いてみて感じたことは、当時随所に宿泊可能なヒュッテがあったとはいえ、山麓の生井集落から大尾根を経て、丸黒山から千町ケ原、そして乗鞍岳の頂上まで長躯スキーで歩き、滑った、先人の並々ならぬ山とスキーに対する情熱であった。

山スキーはその山によって「山旅」、「森林彷徨」、「登頂（無雪期道がない山へも）」「滑降」などが楽しめ、またそれらが組み合わさってさらに面白さが増すといえる。

この乗鞍西面、南面は、千町ケ原などの原生林の彷徨、頂上からの大滑降など山スキーの全てが楽しめ、現在でも本州第一級の山スキーエリアである。

〈主な参考文献〉

『日本登山史』　山崎安治
『斐太高校一〇〇年史』　岐阜県立斐太高等学校
『山刀・創立七〇周年記念特別号』　飛騨山岳会
『飛騨風土記』　上島善一
『ふるさと調べ・一九号』　ふるさと神岡を語る会
『高山市体育協会史』　高山市体育協会
『岐阜県体育協会史』　岐阜県体育協会
『丹生川村史』
『高山市史』
『大八賀村史』
『宮川村誌』
『宮村史』
『神岡町史』

第5章　乗鞍岳の山スキールート

1. はじめに

飛騨は山の国で降雪量も多いほうだが、意外と中低山に満足が得られるスキールートが少ない。これは山容が急峻であることと、飛騨高地そのものの標高が高いため、いきおい中低山からの滑降距離が短くなるからである。

このため、3千メートル級の高山がある飛騨山脈と、白山山系辺りが一級のフィールドになる。飛騨山脈では山容がなだらかな北ノ俣岳や双六岳などが対象になるが、比較的アプローチが容易で昔から親しまれてきたのは乗鞍岳だ。

現在は北側の猫岳、大崩山辺りに入る人が多いが、昭和初期から戦後しばらくまで山岳スキー場＝「飛騨乗鞍スキー場」として全国からの山スキーヤーの人気を集めていたのは南西側であった。

剣ケ峰から麓の集落へ続く長大な尾根上に山小屋が4軒もあり、信州の乗鞍高原からここへ下ってく

乗鞍岳南西面スキールート

る人も多かったという。

ところが戦後、近場のスキー場にリフトが出現すると山まで入る人が少なくなり、そのうち山小屋も朽ちてしまった。

筆者がこの山域に入ったのは昭和40年代で、テント泊などで何回も通ったが、この広大な尾根に人影を見ることはなかった。

その後、しばらく遠ざかっていたが、体が動くうちにと4、5年前から再び入りだし、この山域のよさを再発見した。まさに「灯台もと暗し」であった。

そして今ではライフワークのようにしてこの魅力的な山域に関わり、夏季には各谷の遡行も行っている。

依然アプローチが長く、現代の山スキーヤーにとってはマイナーな山域だと思うが、もし関心がおありの諸兄は、以下の山行記録をガイド文に読み替えていただければ幸いである。

ただ、スキーといっても3千メートルの山へ入るので、冬山の装備とそれなりの経験知識が必要である。

2. 南西面

▽野麦集落～野麦尾根～乗鞍・大日岳～神立尾根～野麦集落

・期日　平成25年3月20日
・同行　飛騨山岳会員3人

久しぶりに野麦集落から乗鞍へ登り、帰路はすぐ西側の神立尾根を滑降してきた。この神立尾根は、下部に神立原という広大な溶岩台地があり、以前から気になっていたところだった。飛騨川源流の標高1300メートルという厳しい環境にある野麦集落は今や超限界集落となり、冬場は3軒くらいしか住んでおられない。ここから野麦峠へ至る県道もまだ冬季閉鎖中だった。集落裏の林道に入り携帯電話の中継塔がある小さな峠に駐車。ここまでは除雪してあった。

ここでスキーを履き、乗鞍へ続く尾根の西側、濁川左岸に付けられた林道を東進し、途中から地図上の夏道に入る。10年くらい前までは夏道が歩けたが、近年、手入れがされず廃道になっている。シラカバの多い小さな谷をさかのぼると、木のない広い台地に出る。背後には御嶽山が見える。この後、うっそうとした針葉樹林帯に入る。

　この尾根のはるか右下には、昨年の夏に遡行した岳谷がある。尾根は途中で北西に折れ、後はひたすら林間を登る。以前は途中から大きい岳谷滝が望めたが、今回左寄りに登ったため気がつかなかった。

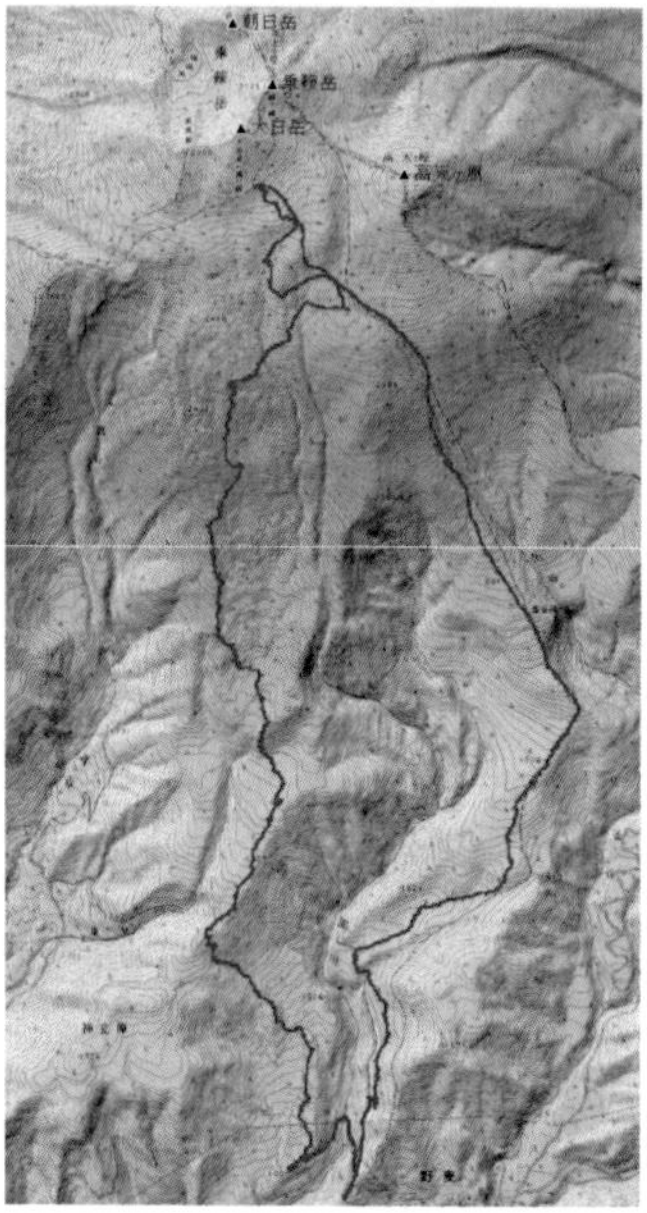

（野麦尾根～神立尾根ルート）

やがて森林限界に出ると途端に風が強くなった。クトーを装着し、ウインドブレーカーを着る。ここで健脚のMさんとTさんの2人は大日岳へ登頂するため先行。私とFさんの2人は、風が強いので頂上を諦め、隣の尾根へトラバースする約2700㍍の地点まで登り待つことにする。

　ウインドクラストした斜面を登るが天候は悪くなる一方で風が強く、小雪も舞いだした。さすが3千㍍の山岳だ。上部へ向かった2人は、強風のため頂上直下から降りてきた。クラストした急斜面を、エッジをガリガリいわせてトラバースして神立尾根の上部に到達。

　上から見ると広い木がない斜面がかなり下まで続き、まるでスキー場のようだ。露出した溶岩が随所にあり、そのためこの尾根だけは木が育たず森林限界が低いのだ。雪面がかなり硬かったが、それなりに楽しんで滑降する。森林帯に入ると雪が腐り、しかも木が密で快適に滑るわけにゆかず、時にはキックターンを繰り返しながら下る。広い尾根なので

森林限界

標高 2700m 地点

神立尾根を滑走

乗鞍が見える台地

森林帯を行く

時々GPSで方向を定めながら下る。

やがて左眼下に駐車場所が見えだし、その手前にキャンプ場らしきものがあったのでその方向へシラカバの斜面を滑降。キャンプ場の中の道路を下ると濁川に架かった橋に出て、ここでスキーを脱いで林道を少し登ると駐車場所へ戻ることができた。

〈参考タイム〉

野麦(6:25)　森林限界(9:50)　2650メートル地点(11:30〜11:40)　キャンプ場(15:10)　野麦(15:40)

▽子ノ原尾根〜千町ケ原〜奥千町避難小屋

・期日　平成26年4月26日

・同行　飛騨山岳会員　古守博明さん

乗鞍岳の主峰剣ケ峰から飛騨側へ千町尾根が派生しており、その下部にあるのが広大な千町ケ原の湿原で、昔は小屋があった。ここから尾根は丸黒と九蔵の各尾根に分岐する。

無雪期千町尾根へは以前麓の集落から何本かの登山道があったが次第に廃れ、短時間で千町尾根に到達できる子ノ原尾根の登山道も近年、地主都合で閉鎖されたため、さらに入る人が少なくなっている。

奥千町の避難小屋を管理している市役所の担当者(山スキー仲間の古守さん)が、子ノ原から小屋の定期点検に入るというので同行させてもらった。

立ち入り許可をもらったキャンプ場へ至る道路は自然融雪なので除雪がされておらず、キャンプ場手前に駐車。ここから林道をシール歩行し、子ノ原尾根に取り付く。

深い原生林を登り、森林限界に出ると、秀麗な乗鞍が姿を現した。小屋は入り口がまだ雪で埋まっていて、横の窓から入る。内部はきれいにしてあったが、備品のシュラフや毛布が、定位置から移動してあったため吹き込んだ雪で全部ぬれてしまっていた。

午後から千町ケ原へ行ってみた。小屋の平地からいったん下り、少し登ったところから緩やかな地形となり、原生林が切れると広大な湿原になっていて、昔は小屋があった場所だ。７年前の今ごろ、頂上から滑って丸黒山方面へ抜けたときは、湿原の縁を通っただけだったので、残雪期にこの広がりの中を歩くのは本当に久しぶりだった。

麓の岩井集落から大尾根、日影平、丸黒山を経て、遠路ここまでスキーで歩き、さらに乗鞍へ登った先人の情熱には敬服の他ない。まさにここは「つわものたちの夢の跡」だ。

〈参考タイム〉駐車場所（7：45）避難小屋（12：10〜13：00）千町ケ原（14：00〜15：00）避難小屋（16：00）

奥千町ケ原

奥千町ケ原

広大な千町ケ原

▽奥千町避難小屋～乗鞍・大日岳～子ノ原

・期日　平成26年4月27日

・同行　飛騨山岳会員　古守博明さん

掃除をし、ぬれたシュラフをつるしておいて小屋の前からシール登高を開始。

雪はクラストしてクトーがよく効く。この千町尾根は山スキーのためにあるような尾根だ。

広い雪稜《りょう》をたどるとやがて中洞権現へ。ここは昔村人が乗鞍を拝みに登った場所で、広い頂には石積みや石仏がある。南面が急峻な断崖になってい て、その下には一昨年の夏に遡行した真谷が入っている。

ここからさらに広大な地形の皿石原というところへ入り、見上げるところに屏風岳（２９６８㍍）と大日岳（３０１４㍍）がある。

中間の沢に入るが、上部に行くにつれ斜度が増してくる。二つの頂を結ぶ尾根の中間点に出ると、眼下に権現池があり、右手には社がある剣ケ峰があった。

大日岳へは岩混じりの尾根なので尾根にスキーをデポして頂上へ。

対面の剣ケ峰には登頂する人が見られたが、こちらはわれわれだけ。昔、野麦集落から登ったときにはここにも小さな社があったはずだが、今はなかった。

デポ地点から大滑降を開始。クラストしていた雪面も太陽の熱でほどよく緩み、まことに快適な滑降を楽しむことができた。

小屋で荷をまとめ、子ノ原尾根の森林帯に入る前に振り返ると、頂上辺りが雲に包まれていた。

２日間ともこの広い山域にいたのはわれわれ２人だけで、まさに田部重治のいう「無人の境での漂泊」であった。

〈参考タイム〉小屋（6：35）　中洞権現（8：20）　大日岳（9：50）　スキーデポ地点（10：20）　小屋手前（11：00～11：25）　駐車場所（13：10）

皿石原

大日岳頂上から剣ケ峰を見る

大日岳からの滑降

奥千町避難小屋

千町尾根

中洞権現手前

▽子ノ原林道ゲート〜奥千町避難小屋往復

・期日　平成26年3月16日

・同行　飛騨山岳会員4人

千町尾根へは子ノ原尾根を登るが、取り付きの「子ノ原高原別荘地」までは冬季、除雪がされておらず、下部のゲートから延々歩かねばならない（夏季も別荘所有者かキャンプ場利用者以外は入れない）。

ゲートからシール歩行で、所々林道をエスケープしてキャンプ場まで。ここには昔スキー場があった。キャンプ場から子ノ原尾根の取り付きまでさらに林道を歩く。

林道終点からは尾根を忠実に登るが、原生林の中を歩くのはまことに楽しい。午前中は青空がのぞいていたが、千町尾根に出るころから天候が悪くなり、雪がちらつきだした。やがて広大な千町尾根に出たが、視界が悪くて奥千町の避難小屋はすぐに見つからなかった。ここまで約6時間を要した。

小屋の屋根は出ていたが、入り口が雪で埋もれていた。時間的に千町尾根の登高を諦め、往路の下降を開始、このころから吹雪になった。

〈付記〉

この山域（千町尾根）に入るには、あと阿多野郷集落からの中洞権現尾根、青屋集落からの九蔵尾根、そして「国立乗鞍青少年交流の家」から丸黒山を経由する丸黒尾根ルートがあるが、なにせ長い。

昔中洞権現尾根へ取り付いたことがあるが、上部に露岩が多く、快適な滑降ができなかった。

また千町ケ原から派生している長い九蔵尾根は、上部は快適に滑れるが、下部の森林帯に入ってから苦労する。

クラシックルートである日影平山、枯松平山、丸黒山を経ての丸黒尾根は、アップダウンがあって歩く部分が多く、森林彷徨派におすすめのコースだ。

道具の進歩もあり、現在は「滑り重視派」が多いが、昔の山スキーヤーは歩きが主体であり、現代の山スキーヤーが見向きもしないルートを長距離歩いていて感心させられる。

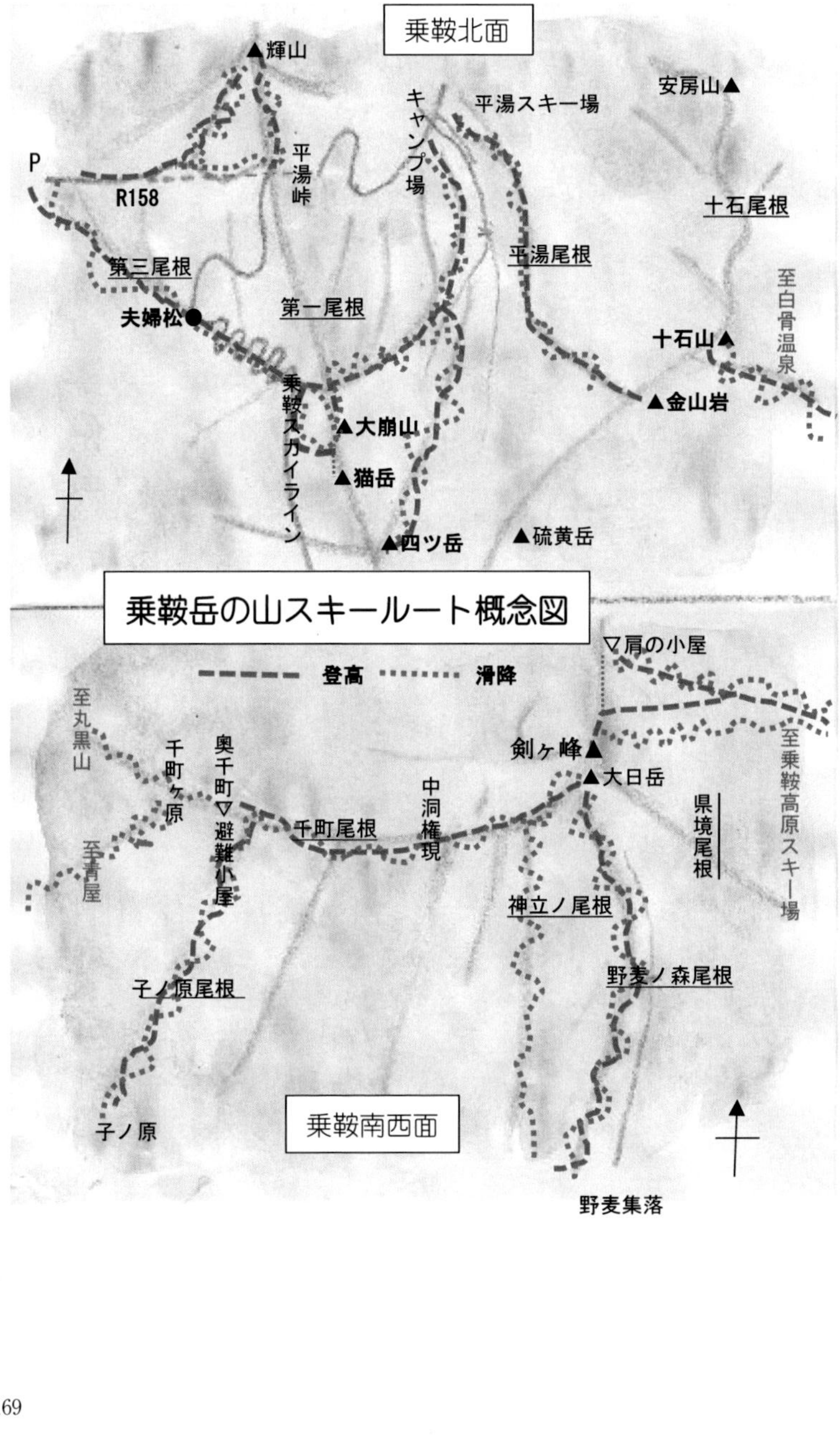
乗鞍北面
▲輝山
安房山▲
キャンプ場
平湯スキー場
P
R158
平湯峠
十石尾根
平湯尾根
第三尾根
第一尾根
至白骨温泉
夫婦松●
十石山▲
乗鞍スカイライン
▲金山岩
▲大崩山
▲猫岳
▲四ツ岳
▲硫黄岳
乗鞍岳の山スキールート概念図
▽肩の小屋
登高
滑降
至丸黒山
千町ヶ原
奥千町▽避難小屋
剣ヶ峰▲
▲大日岳
中洞権現
千町尾根
県境尾根
至乗鞍高原スキー場
至青屋
神立ノ尾根
野麦ノ森尾根
子ノ原尾根
子ノ原
乗鞍南西面
野麦集落

3．北面

▽金山岩（2532メートル）

リフトで一気に高度をかせぎ、すぐに乗鞍岳の山懐に入って冬山気分に浸ることができる。

平湯スキー場のリフトに乗り上部へ。リフト終点からのスキー歩行となる。灌木まじりの尾根は起伏が多いが、左に安房平、右に乗鞍の大きい姿を見ながらの登高となる。標高1900メートル辺りからは穂高連峰が見えだす。風が強い場所なので注意したい。

金山岳への登りは急で岩まじりであるので、基部にスキーをデポすることになるが、雪の状態によってはアイゼンが必要となる。下降は起伏があり滑降オンリーというわけにはいかない。しかも、最近灌木が大きくなっているので、滑りにくい。筆者はまだ滑っていないが、頂上から安房平へ滑降し、国道を滑って平湯温泉へ下っている人もいるようだ。

〈参考タイム〉リフト終点～頂上　3時間

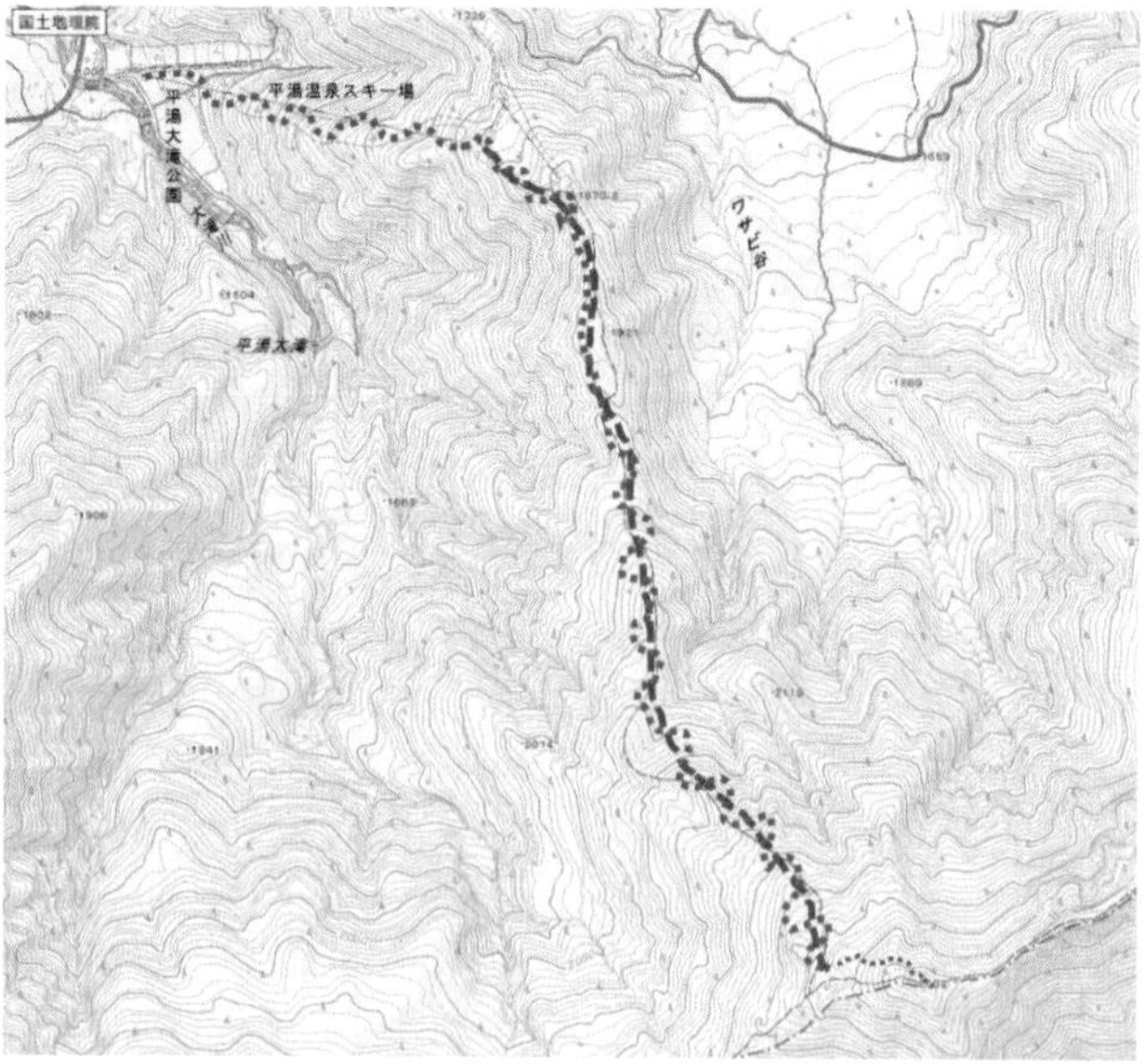

金山岩スキールート

肩の小屋への登り

金山岩への登り

大崩山頂上

十石山からの滑降

猫岳からの滑降

輝山への登り

猫岳への登り

剣ケ峰への登り

▽大崩山（2523メートル）北東尾根

近年「滑り重視派」が増えてきて、従来なかったコースを見つけて楽しむようになった。この北東尾根もそんなコースだ。

平湯キャンプ場管理棟の裏から大滝川沿いの尾根に取り付き、あとは右俣谷沿いの北東尾根を忠実に登る。途中で四ツ岳へ行くルートと分かれる。

随所に巨木がある美しい樹林帯が、上部に行くに従って広くなる。左側の大崩山に近い木がない斜面はさらに広いが、急峻でなだれそうなので地形図に２３６５メートルの表示がある長野県境稜線を目指す。木がまばらにある斜面を登り、長野県境尾根を左折して少したどると頂上。

帰路は頂上から往路を滑るが、上部は広い斜面が続き、大滑降を楽しむことができる。

車が２台必要だが、第３尾根から登ってこの尾根を下る人もいる。

〈参考タイム〉キャンプ場～大崩山　４時間30分

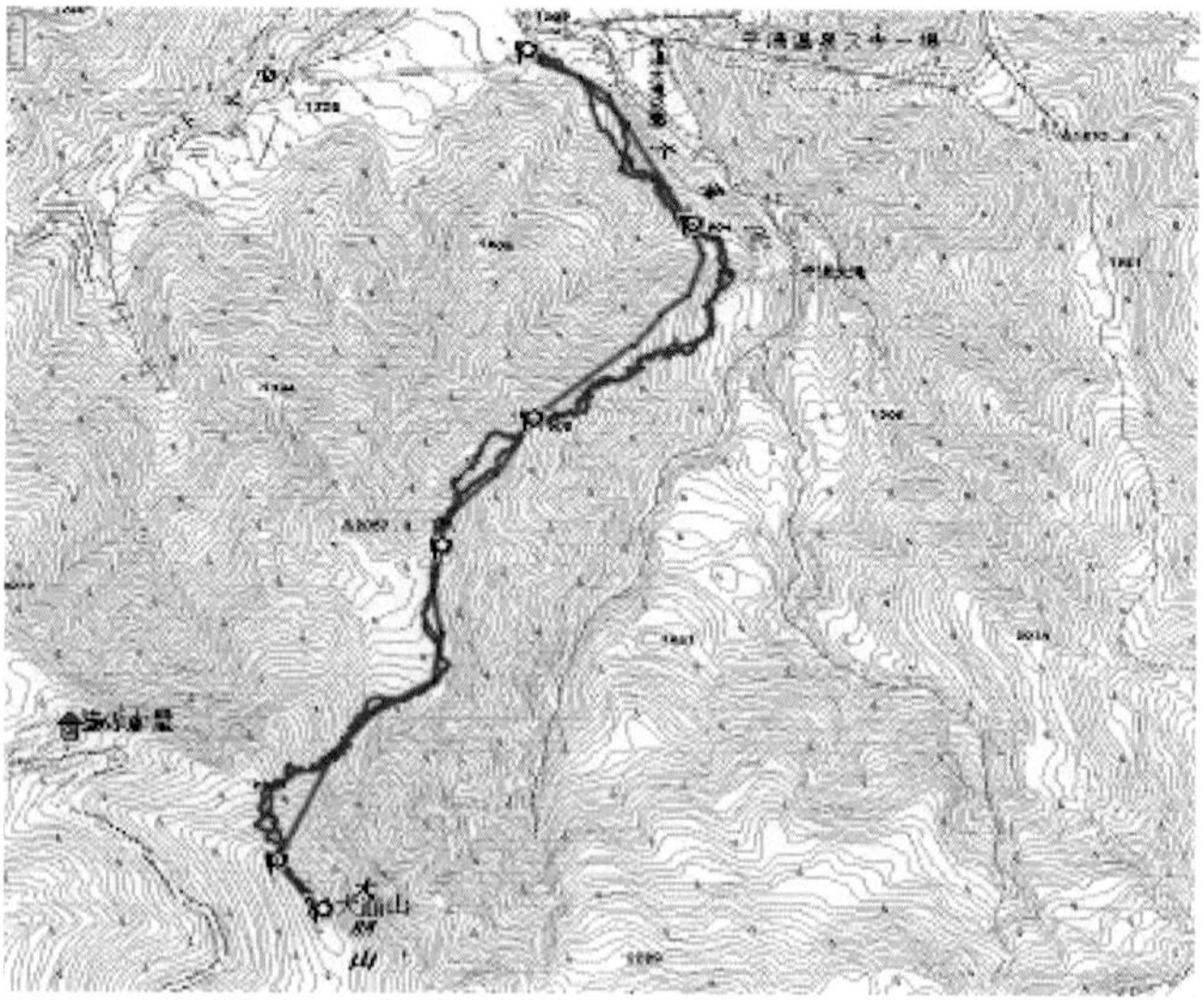

大崩山北東尾根ルート

▽乗鞍岳第3尾根～大崩山（２５２３メートル）・猫岳（２５８１メートル）

大崩山から夫婦松駐車場を経て国道１５８号線へ落ちる尾根の下部が、近年、スキー場計画や牧場として伐採され、取り付きやすくなったため、人気のコースとなっている。

　平湯トンネルの西側、久手牧場下の国道路側帯に駐車スペースがある。国道を横断し、牧場内の林道を少し歩いて尾根に取り付く。乗鞍スカイラインの夫婦松駐車場まで続く尾根だが、上部は樹林帯の中を歩く。

　夫婦松駐車場からは自動車道を歩かず、大崩山からの尾根を忠実にたどる。途中自動車道を２カ所横断。大崩山へはそのまま尾根を行けばいいが、猫岳へは上部でスカイラインを歩き、大崩山との鞍部めがけて登るのが効率的だ。稜線はクラストしていることが多いので、クトーは必携。あとは往路を滑降。

〈参考タイム〉取り付き～夫婦松　２時間　夫婦松～猫岳　３時間

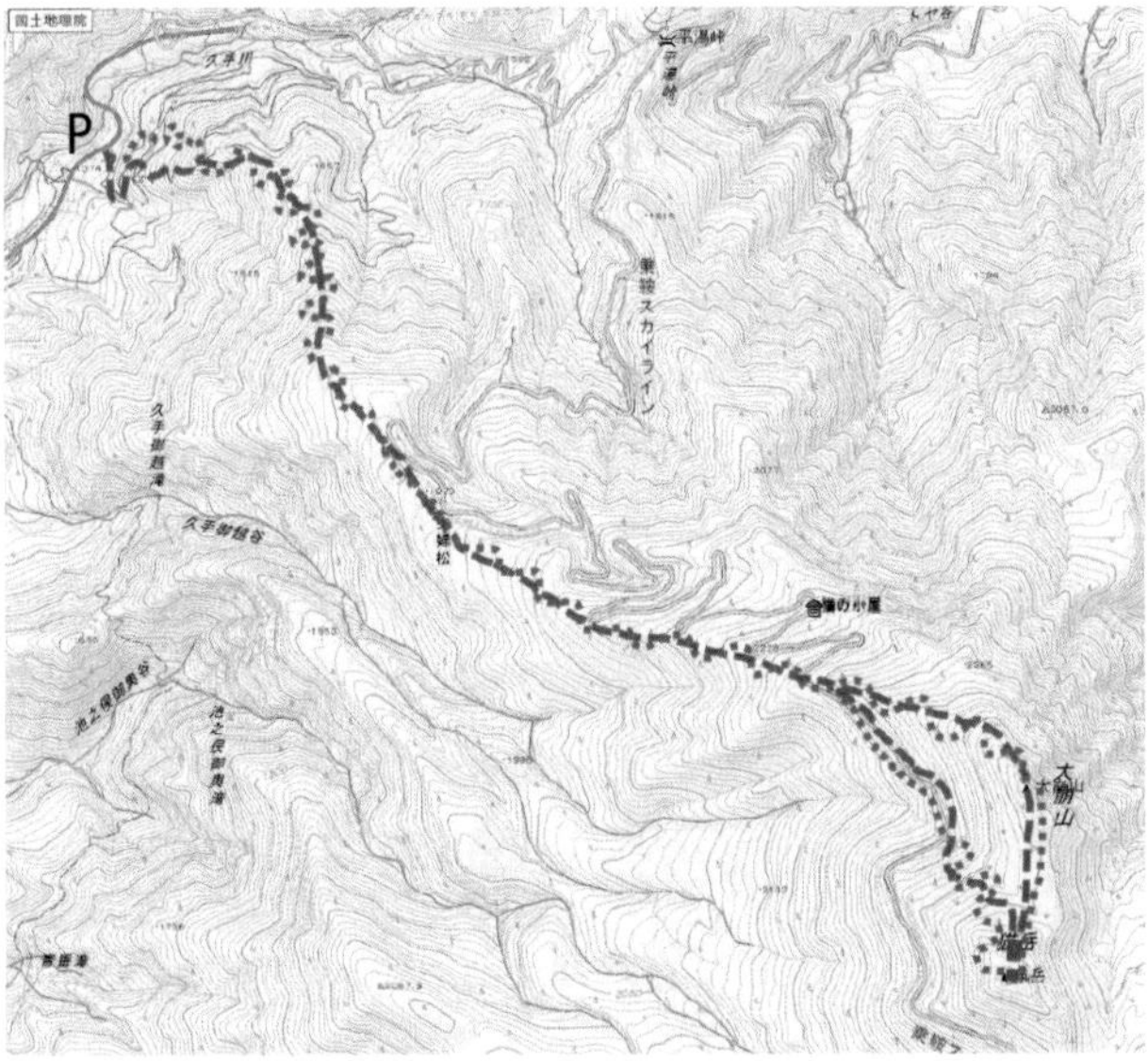

第３尾根ルート

▽輝山《てらしやま》（2063㍍《メートル》）

〈平湯峠から〉

平湯温泉の西側にそびえる形のいいこの山は、無雪期には道がないため、登る人がいない静かな山である。従って、雪のあるシーズンに登頂のチャンスが訪れる。頂上からは飛騨山脈の大パノラマが楽しめる。ルートは平湯峠から尾根を忠実にたどるが、小さい尾根が複雑に派生しているので効率的に登りたい。

平湯峠までは4月末ごろまで除雪されていないので、平湯トンネル高山側の国道路側帯に駐車して車道を歩くことになる。

峠からまず一つ目の送電鉄塔をめがけてシール登高する。ここから今度は尾根通しに第2鉄塔へと目標を定める。ダケカンバの中を、モミの木を巻いて第2鉄塔の基部へ出たら、鉄塔の手前で今度は尾根の左側をトラバースしながら谷へ入る。

谷からは左の尾根の枯れた大木を目標に登り直す。この尾根を忠実に詰める。上部は急であるが間

輝山からの滑降

大崩山から猫岳へ

もなく見晴らしのいい1995メートルの前衛ピーク（通称ピラミッド）に出る。登頂感満点の地形であるが、東側は切れ落ちているので注意。

ここで一休みした後は、尾根伝いにシラビソなどの原生林の中を歩き、頂上を目指す。小さいコルがある広い尾根だが忠実にたどれば迷うことはない。頂上は木がまばらになっていて、正面に焼岳、そして笠ケ岳や穂高岳が一望できる。下降は往路を戻ってもいいし、南西尾根を滑降してもよい。

〈参考タイム〉　駐車場所～峠　30分　峠～ピラミッド　1時間30分　ピラミッド～頂上　45分

〈南西尾根〉

近年、この山の西面が広く伐採され、スキーゲレンデのようになった。このため、滑降を重視する人は下から直接南西尾根を登り、またこれを下るようになった。滑降時、尾根沿いは林道の段差に注意。斜面に入るときは雪崩に対する注意が必要である。

〈参考タイム〉　尾根取り付き～頂上　2時間30分

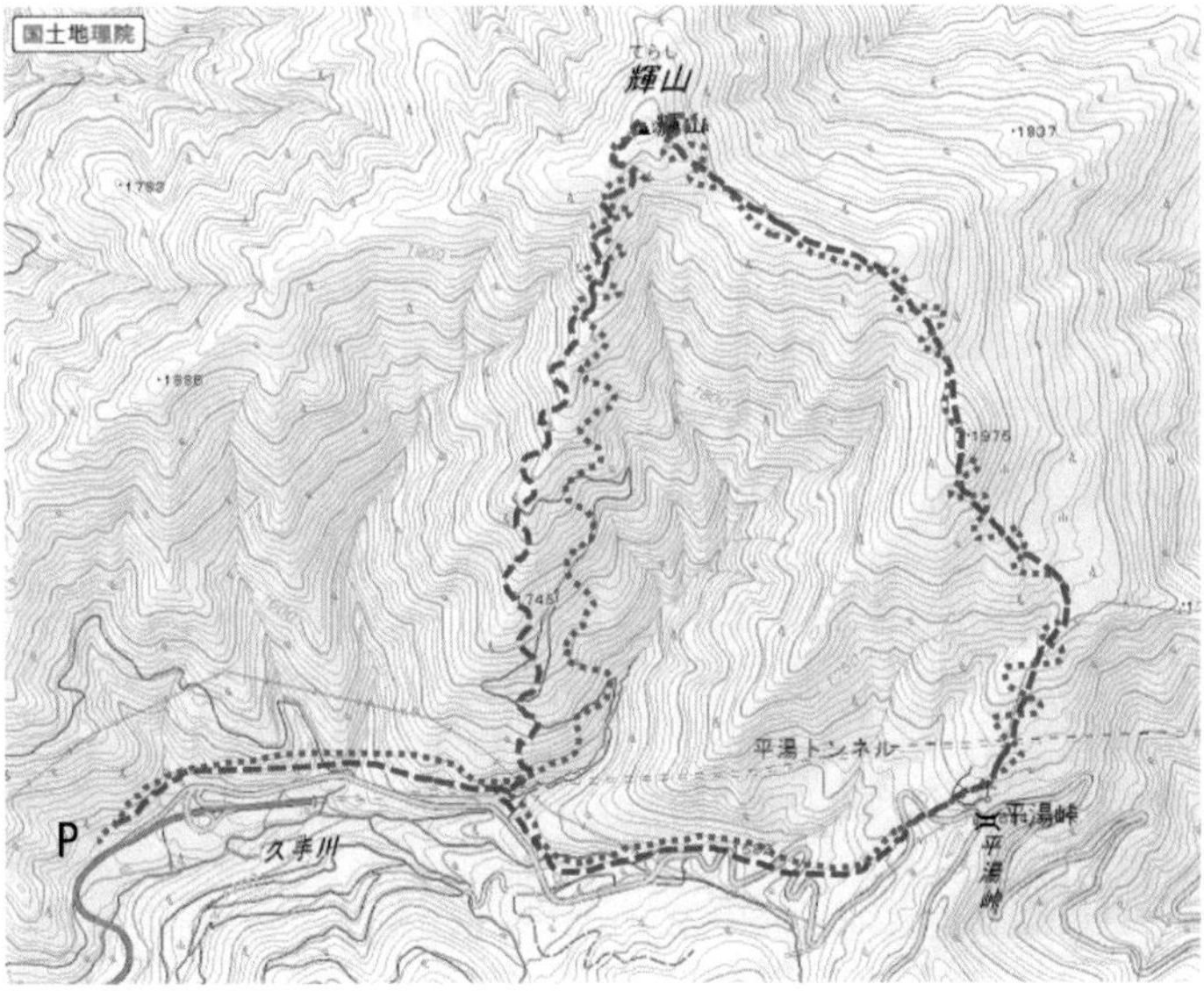

輝山ルート

山スキーについて

スキーはもともと山野を自在に歩き、滑るものであったが、戦後リフトが出現するとスキー場内で独自の発達をとげた。これはアルプスで行われていた岩登りが、室内でのスポーツクライミングに別れたことと同じだ。

近年ゲレンデを出て山野で遊ぶスキーヤーやボーダーが増えているが、これは先祖返りと言える。ところが道迷いや雪崩などの遭難が多発している。原因は、安全な動物園からいきなりジャングルへ出たからだ。

ゲレンデと違い、山野にはあらゆるところに危険が潜んでいる。雪庇の踏み抜き、立木や雪に埋もれている岩石や切り株への衝突、立木の幹にできる穴やクレバス、雪に隠れた水流などへの転落、雪崩の遭遇など。

山スキーはあくまでも冬山登山の一形態なので、気象と雪崩の知識、ビバーク技術など冬山登山全般の技術、知識を身に付け、しっかりした冬山の装備、服装が必要だ。もちろん登山届を忘れてはならない。

特に怖いのは雪崩。弱層のことなど雪崩に関する知識を身に着け、万一の場合各自携行の雪崩ビーコン、スコップ、ゾンデを使ってのセルフレスキューの体制が必要。このため単独行を避けるのは言うまでもない。

そのうえで創造性に溢れた自由なスキーを、大自然の中で安全に楽しんでいただきたい。シーハイル！

筆者の携行装備

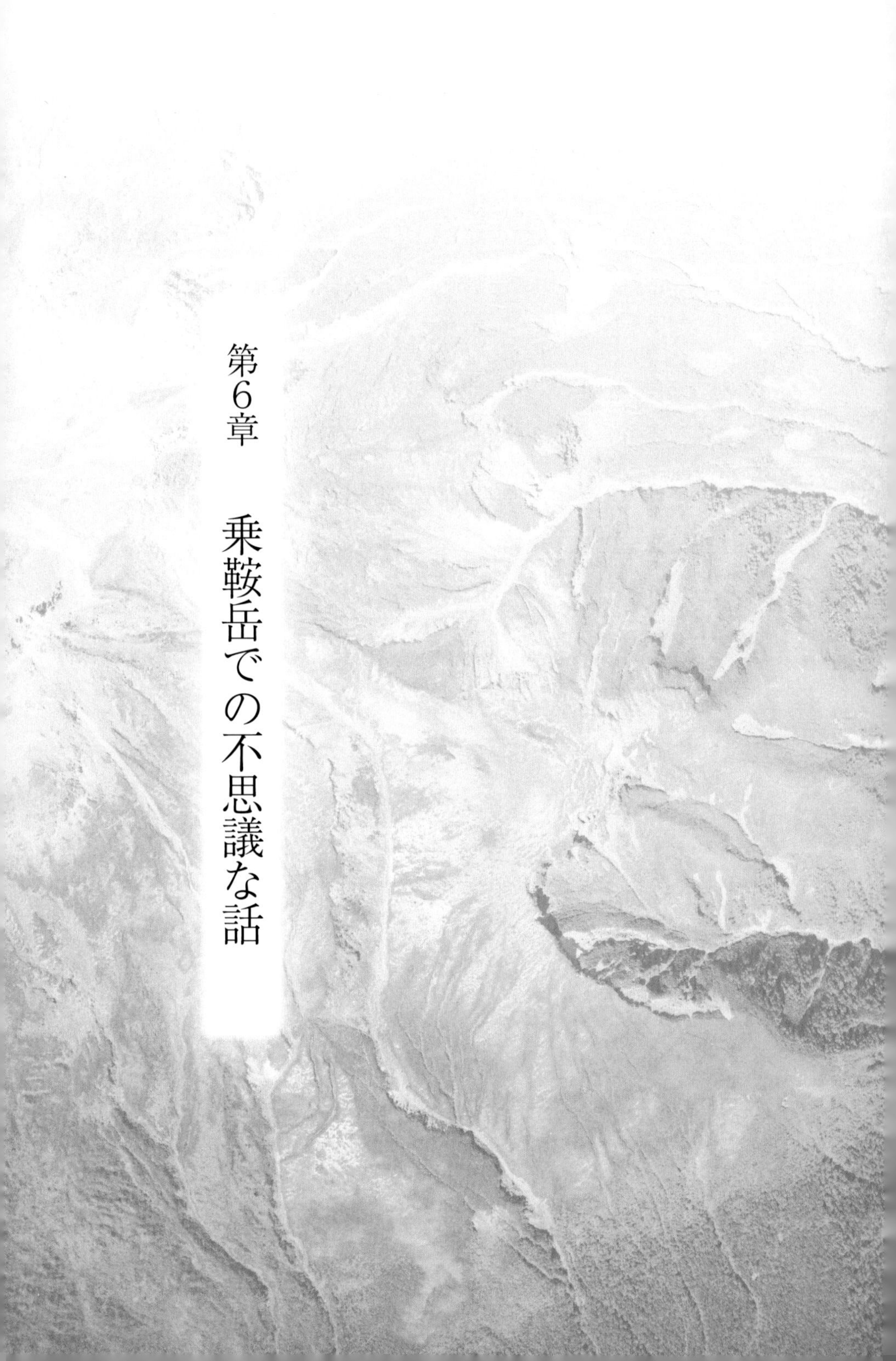

第6章　乗鞍岳での不思議な話

1. はじめに

昔の人にとっての山は、一部が神や祖先の棲家《すみか》として信仰の対象になっていたが、大部分は魑魅魍魎《ちみもう》跳梁《りょう》跋扈《ばっこ》する異界であった。そしてそこで見聞きしたことが奇談、怪談として今に語り伝えられている。

中には特異な気象現象や、里にはいない動物、幻覚、人目を避けるためや特殊な生業を営むために深山に住む人間を見間違えたものなど、現代では説明がつくものもあるが、魔訶《まか》不思議な話のほうが多い。

劇作家岡本綺堂の『飛騨の怪談』には、飛騨の深山には「わろ」というサルとも人とも区別がつかない一種奇怪な生き物が住んでいる話が出てくる。これは蒙古襲来の元寇のとき、飛騨へ連れてこられた捕虜が逃亡して山中に住むようになったものだとある。銃で撃つとたたりで熱病になり、一家は根絶やしになるといわれてきたそうだ。

昔から信仰の対象になり、修験者などが入っていた乗鞍岳にも不思議な話が伝えられているし、現代の登山者である筆者もこの山で不思議な体験しているので、その話をいくつか。

2. 異界千町ケ原のこと

乗鞍岳の奥座敷ともいえる千町ケ原は、今も訪れる人がまれな、寂しいところだ。

ここは昔から「精霊田」と呼ばれ、亡者が集まるところだといわれてきた。そして入った人は帰ってこられないとも。

明治生まれの民俗学者で飛騨山岳会員でもあった代情通蔵は、この千町ケ原での不思議な話を次のように書いている。

「明治初期に青屋集落から乗鞍の頂上へ道を開いた修験者上牧太郎之助が、単身で事前の偵察に入っ

秘境千町ケ原

た時、途中で日が暮れて千町ケ原で野宿をしたが、夜半に大勢の人が通る気配を感じた」

「そして未明に池のそばで水を飲んでいる白衣の人を見たので近づくと霧の中へ消えてしまい、岸辺には亡者が額に付ける三角の白い布が落ちていた」

昭和初期、この一角に山小屋が建てられたとき、大工手伝いの少年が池塘のほとりで亡母の姿を見たという話も残っている。なお、その山小屋は戦後登山者の失火で焼失してしまい、今はない。

やはりここは尋常なところではない。

実は筆者も40年前にここで不思議な体験をしている。

初めてスキーで乗鞍岳の南面へ入ったのは昭和52（1977）年3月だった。同行者は山岳会の仲間2人。

スキーで子ノ原林道を歩いて子ノ原尾根に取り付き、この日は標高2千メートル辺りの雪上で幕営。

翌日は奥千町ケ原に荷をデポし、千町尾根を空身で頂上へ向かう。途中でスキーをデポし、アイゼンに履き替えて剣ケ峰に登頂した。あと広い尾根の滑降を楽しみながら奥千町から千町ケ原へ向かうが、このころからガスが出はじめ、地図を読みながらの慎重な下降となる。広大な千町ケ原へ下りたらホワイトアウト状態になったので行動をやめ、広い雪原で2泊目の幕営となった。

この夜は夕食後皆早々とシュラフにもぐり眠りについたが、夜半テントの周りを何者かがしきりに歩き回る音で目が覚めた。しばらくその音を聞いていたが、疲れもあってまた眠りに落ちてしまった。

翌朝夢かと思い同行者に聞くと、彼らも確かに足音を聞いたという。早速テントの外に出てみると、降雪がなかったのに雪面にまったく足跡がなかった。まったく不思議なできごとであった。

翌日は快晴。千町ケ原から南西へ少し下り、1885メートルのピークから西へ進路を変えてどんどん滑降する。九蔵本谷と小俣谷に挟まれた広い尾根で、明治初期に上牧太郎之助が開いた信仰の道がある。

途中輪カンジキを履いて登って来る2人のクマ猟師に出会う。冬眠中のクマ穴を見つけての猟をしており、木の根元にある穴の周囲の雪が黄色くなっているのでそれと分かるという話を聞いた。

最近不思議な目に遭ったのは、平成26（2014）年の4月、山スキーでFさんと子ノ原尾根から登って奥千町の避難小屋に泊まり、翌日大日岳から滑ったときだ。

初日は小屋に荷を置いてから千町ケ原を往復し、その夜は酒を飲んで早々に寝た。筆者は熟睡していたが、Fさんが夜中にいろいろな動物や人の声を聞いたとのこと。中にはオオカミに似た声もあったそうだ。

昨今どの山も人が多く入り俗化してしまったが、この山域だけはいまだに神秘的なところだ。

3. 中洞権現にあった仏像の怪

乗鞍岳の剣ケ峰から大日岳の腹を巻いて南西側に下り、皿石原という小さな鞍部を経て少し登ると、千町尾根に出る。緩やかな尾根を少し下り、広い地形になったところが中洞権現。御嶽なども望め、開放的な場所だ。

天明元（1781）年に山麓中洞集落の名主中林

中洞権現

作右衛門が、頂上へ仏像を上げようと単身登ったものの、力尽きて途中に安置した。後にその場所が麓の人々にあがめられ、「中洞権現」の名で呼ばれるようになった。

実は作右衛門が上げたその仏像はただの仏像でなかったという話を、民俗学者代情通蔵が『代情山彦著作集』山の伝説・奇話に書いているので、以下要約して紹介したい。

そもそも作右衛門と仏像の縁は、作右衛門が祖父の遺骨を京都の本願寺へ納めに行った帰り、60歳くらいの修験者に出会ったことから始まる。

この修験者は、持っている仏像をなんとか乗鞍へ安置したいというので、作右衛門が案内を買って出た。

飛騨へ向かう2人が美濃関に泊まっていたとき、その宿が火事になった。仏像を取りに戻った修験者は大やけどを負い、臨終の間際作右衛門に仏像の安置を託して息を引き取った。

この仏像は阿弥陀三尊の青銅仏。後日作右衛門が修験者との約束を果たすべく仏像を背負って頂上へ向かったが、疲労と悪天のためやむなく尾根の途中の岩穴に安置して帰ったのである。

時代は明治になり、この辺りでコマクサやバイケイソウなどの薬草採りをしていた野麦集落の男が、この仏像を自宅へ持ち帰り仏壇に安置した。そうしたら別の商売が大繁盛し、たちまち財を成した。

これを聞いた下流の中洞集落の人々が返還を要求しにきたが、持ち主は3年の猶予を懇請。しかし、約束の期間が過ぎても返さなかった。

ある日突然この男の家が火事になり、全焼してしまった。男は不在だったが、仏像だけは近所の人が持ち出してくれて助かった。

火事になった日は、昔作右衛門が仏像を安置した同じ日であった。男は仏像のたたりだと怖れ、早速中洞権現の元の場所へ戻しに行った。

その後、昭和になってここを通った神戸の登山者が、雨宿りした岩穴にあった仏像をザックに入れて丸黒尾根から大尾根へ下ったものの、良心の呵責《かしゃく》にさいなまれ、大尾根ヒュッテの管理人に元の場所に戻してくれるよう預けて帰った。

戦後山岳スキー場も廃って大尾根ヒュッテに泊まる人はまれになり、普段下の集落に住む管理人は、仏像をヒュッテの神棚に置いたまま忘れてしまっていた。

ある日突然ヒュッテは全焼してしまい、焼ケ跡のどこを探してもこの仏像は見つからなかった。村人は、「仏様は自力で乗鞍へ帰らさったんやな」と、ささやきあったという。

なお、代情は、野麦の家と大尾根ヒュッテの両方の火事とも「三筋の炎」が舞い上がったと書いている。

こうして現在中洞権現には作右衛門が上げた阿弥陀三尊はおられず（見当たらず）、その後、青屋から道を開いた上牧太郎之助の石仏二体のみが鎮座しておられる。

筆者はここを通るたび、どこかの岩陰に帰っておられないか探しているが、いまだ見つからない。なお、阿弥陀三尊とは、阿弥如来を真ん中に、左に観音菩薩、右に勢至菩薩がおられる。

4. 死者からの頼み

平成11（1999）年に起きた遭難事故にまつわる話だ。この若い人の遭難は今でも思い出すとつらいが、筆者は捜索時に不思議なことを体験したので書き留めておきたい。

3月10日の午後11時ごろ、山岳会の事務局から「会員のS君が単独で乗鞍へ山スキーに行ってまだ帰らないので翌日の出動準備を」という連絡が入った。

翌朝になっても本人から連絡がないので出動を決め、登山口である信州の乗鞍高原へ向かう。平日なので朝から動ける1次隊は筆者と若い人４人。

けがなどでビバークしていることを想定し、筆者がリーダーになって、スキー場上部の森林帯を名前を呼びながら登り、森林限界からは剣ケ峰基部と右側の二手に分かれて探しながら登る。この日の天候はあいにく雪と濃いガス。

肩の小屋手前で合流し、肩の小屋、東大宇宙線観測所周辺をくまなく探したが発見できず。

再度夏道ルートと蚕玉沢へのトラバースの二手に分かれ、頂上方面への捜索に向かう。やがて尾根の途中にスキーが突き刺さっているのを発見。スキーは目印かもしれないので、この時点ではま

蚕玉沢（左 剣ヶ峰、右 蚕玉岳の中間）

だけがなどでのビバークの可能性を捨てきれなかった。

捜索範囲が狭まったのでいったん蚕玉上部に集結し、濃い霧の中を頂上小屋付近の捜索の後ベテランの2人にスタカットでの蚕玉沢の下降を指示し、アイゼンなしの者もいたので、筆者と夏ルートを肩の小屋へ引き返す。

その後、蚕玉沢でも発見できなかったとの無線連絡があり、午後5時をまわり天候も悪いため、本日の捜索打ち切りを決断。宿泊の了承を得ていた東大宇宙線観測所への移動を開始した。

ところがその時突然雪がやみ、今までの濃いガスが切れて、西から一筋の日が剣ケ峰基部にさした。

筆者はその光の中を肩の小屋からスキーで斜滑降を開始したところ、そのまま沢の末端で眠っているS君のところへ着いた。まさにそこへ吸い寄せられるようにであった。

2次隊で登ってきたリーダーSE氏も同時に到着。彼も下から迷うことなく真っすぐここに着いたと言っており、まことに不思議なことであった。

けがの様子から、蚕玉沢上部で突風に遭い滑落、途中の岩に激突して頭を打ち、沢の下部まで落ちたと思われた。

遺体をシートに包み、その日のうちに下ろしたが、あとは再びガスに包まれ、翌日は大量の降雪になった。今でもあの日はS君が「今日のうちに連れて帰ってくれ」と頼んだと思っている。

最近昔読んだチベット密教の仏典『バルド・トドゥル』（チベット死者の書）を読み返しているが、その書からも、あの日のできごとは間違いなくS君からの依頼だったことを確信した。

享年37歳で、まだ小さいお子さんがおられた。山での遭難死はまことにむごい。

今でも山スキーでここを通るとき現場に向かって黙祷をしているが、往時1次隊として捜索に出てくれた4人のうち、1人は病死、あとの3人は会を去っており、山岳会でこの事故を知っている人が少なくなっている。

5．行者が法螺貝《ほらがい》を吹いて霧を切る話

筆者は、平成30（２０１８）年に吉野から熊野への「大峯奥駆《おおみねおくがけ》」をした以来すっかり修験道にかぶれてしまったが、わが乗鞍岳にも昔は修験者が跋扈していて、不思議な話をいくつか残している。

修験者は山に入って艱難辛苦し、呪力、霊験を身に付けるといわれるが、これは修行によって、宇宙の普遍的原理の胎内に入り、原理そのものに化すことができるようになるからだそうだ。

例えば自在に空中を飛んだり、鉢に米、瓶に水を生じさせたりすることができ、雨を降らせるなどはやさしいことだったという。

同じ密教の修行者がいるチベットには、今でも「風の行者」という地上を風のように速く移動する人がいると、数年前かの地へ行ったとき聞いた。

乗鞍には明治になってからでも何人もの修験者が入り、新道を開いたり、仏像を安置したりして村人とも関わりを持っている。

明治元（１８６８）年には信州梓村の角心、明治9年は伯耆出身の正法仏徳、明治12年は紀州熊野の田中政俊という行者、明治27年は美濃上麻生出身の修験僧木食秀全などが入っていた記録が見られる。

明治28年青屋新道を開いた上牧太郎之助はこの秀全の弟子である。

権現池

法螺貝

このうち明治初期に乗鞍に登った修験者正法仏徳は、その後、昭和2（1927）年に再び弟子を連れて登った。

その弟子は何を思ったのか頂上の下の権現池に飛び込み、泳ごうとした。ところが突然濃い霧が辺りを覆い、何も見えなくなってしまった。

とっさに仏徳は法螺貝を取り出して吹き、十字を切ると一筋に霧が切れ、方向が分からず溺れかけていた弟子を救うことができたという。

これは「霧払いの術」といって、この時期にこの術を使えるのは私（仏徳）以外にいないと弟子に語ったという。

山間部で音がよく響く修験者の法螺貝は、法要、集合、宿入、宿立などの単なる合図などの他、仏教上いろいろな意味があるようだ。

おおげさに言うことを「法螺を吹く」というのはご存じの通りだが、筆者にもその傾向がある。

なお、仏徳は、一時廃れていた高山国分寺の堂守を務めていたことがあるという。その時高山の町を長い一本歯のげたで鉄の錫杖《しゃくじょう》をついて歩いたり、ある時は江名子の荒神社で天狗《てんぐ》と組み打ち、高山郊外の新宮まで投げ飛ばされたという逸話を残している。

なお、行者の中には、錫杖や金剛杖をうまく突いて飛ぶように歩くことができた者がいたようで、これは前述のチベットの風の行者と似た術のようだ。筆者は足腰が弱る一方だが、なんとかこの術を会得し、山を自在に歩けないものかと考えている。

6．行者が雪岳の石で目を治した話

前の項で、すぐれた修験者（山伏）は病気を治したり、旱天《かんてん》に雨を降らせたり、いろいろな修法を心得ているという話をした。これは真言密教の修法だという。

これも代情通蔵が、昭和23（1948）年、地元の雑誌『新飛騨』に書き残しているもの。乗鞍にいた不思議な力をもった修験者の話だ。以下要約。

ある年の秋遅く、乗鞍南山麓の石仏という集落（現在の黍生か阿多野集落だろうか）へ、乗鞍から行者が下りてきて、集落の病人を加持祈祷《かじきとう》で治して歩いた。なかに眼病《そこひ》を患い、失明寸前の宗兵衛という老人がいた。

　老人が診てもらった結果行者は「乗鞍岳絶頂の雪岳（雪山岳）に氷石がある。これは幾千年もの雪の精が岩に閉じ込められてできたもので、それを打ち割ってその水で洗眼し、岳のお鳥（ライチョウ）の白羽の付いた足の爪で目をつつけば見えるようになる」と言った。

雪岳山と権現池

　宗兵衛はわらにもすがる気持ちで雪岳行きを頼み込んだため、行者はやむなく手を引いて乗鞍へ登った。もう山は初冬で、困難な登山になった。

　そして雪岳の氷石の水で目を洗ってやり、ライチョウを捕まえてその爪で目をかいた。激痛が走り、血が出たが、時間が経つと光が少し見えるようになった。

　その日は下山途中で日が暮れてしまい、やむなく岩穴に泊まった。

　そのうちだんだん物が見えるようになってきたので喜んだ宗兵衛は、行者に庵《いおり》を建ててやる約束をした。

　翌日下山するにしたがってさらに鮮明に見えるようになった宗兵衛は、もともと強欲な男だったので庵を建てる金が惜しくなり、石畳ケ原で行者を撲殺してしまった。

なんとこの時刻、里へ一羽の白いライチョウが飛んで行ったと思うと宗兵衛の家が火炎に包まれ、焼け落ちてしまった。

家に帰った宗兵衛はこれを見て気がおかしくなり、焼け跡へ飛び込んで焼死してしまったのである。

中洞権現の石仏

村人は行者の魂がライチョウに姿を変えて復讐《ふくしゅう》をしたのだとうわさをし、病気を治してもらった者が石畳ケ原に自然石で慰霊碑を建てた。

それは今も千町尾根に残っている。

なお、当時ライチョウは「岳のお鳥」と呼ばれ、蚕の掃きたて（微細な蚕の幼虫を移すとき使う）や茶道の茶室の羽箒《ほうき》として、他の鳥のものより霊山の鳥ということで大変重宝された。

明治25（1892）年にウェストンが乗鞍岳へ登った際にも、下山時に案内者がライチョウ狩りをした記述が出てくる。

現代科学では説明できない修法を使えた行者は、つい最近まで高山の町にも住んでいて、筆者の親の世代が医者で分からない病気の原因を診てもらったり、治してもらったりするのを、見たり聞いたりしたことがある。

そういう人がいなくなり、近代文明の光が強まるとともに山から魑魅魍魎などが消えてしまった今の世は、なにか味気ない。

第7章　乗鞍岳を愛した歌人・俳人たち

1．歌人・俳人たち

円空　修行僧

駒か嶽のりくらの山ノ神なる
かけさの御山ニ夕立ちそする

引結ふ駒の手結《つな》のなきならは
神打はへよ乗鞍の坂

田中大秀　国学者

ますらをが妹かりゆくと馬に置く
くらのたかねに月は出にけり

おとなうや駒のすゞむしくつわ虫
くらがね　いづるつき人をとこ

橘曙覧　歌人・越前福井藩士（田中大秀の千種園にて）

旅ごろもうべこそさゆれ乗る駒の
鞍の高嶺のみ雪つもれり

前田普羅　俳人　「辛夷《こぶし》」主宰

乗鞍のかなた春星かぎりなし
谷々に乗鞍見えては春祭り
紺青の乗鞍の上に囀れり
さへずりや二筋はしる平湯径
梅雨草の花の中なる平湯径
花芒平湯の径にかぶされり
平湯径よべの秋雨湛え居り

福田夕咲　歌人・詩人

乗鞍を父とうやまひ御嶽を

母と親しむ飛騨人われは
乗鞍の万年雪をわたりくる
風にかもあらこれの涼風

冬晴れや枯野の果てに皎々と
そびえて寒き乗鞍岳

鞍ヶ根に初雪降りぬ里はいま
菜扱ぎ豆ひく　秋の真盛

みほとけの思惟のすがたに似たらずや
静けきかもよ嶽の夕映え

月澄み夜目にもしるく見ゆるなり
雪降りつめる乗鞍ケ岳

夕映えのいろさまざまにうつろひて
大乗鞍はいま真っ赤なり

鞍ケ岳玲瓏としてそびえたり
上野平の穂すすきの上に

水原秋櫻子　俳人　「馬酔木」主宰

昭和10（1935）年8月、信州側から乗鞍岳に登って33句を詠み、第三句集『秋苑』に連作を遺した。

乗鞍岳雪さやかなり桑の上に
飛騨に湧く夏雲嶺を越えきたる

肩の小屋にて

天騒ぎ摩利支天岳に雷おこる
摩利支天雷おさまりて霧吐ける
嶺うばう霧たちまち海をなせり
雪渓をかなしと見たり夜もひかる
霧さむく炉に偃松を焚きてねむる

夜明けの疾風

偃松を走せくだる霧の瀬をみたり
霧疾しはくさんいちげひた靡き
濃むらさき岩桔梗咲けり霧の岨

頂上登攀

岩に凭り霧にむせびて言をわする
岩をふみ岩をかき消す霧をよづ

剣ケ峰頂上

三角標霧立ちのぼり渦巻けり
三つ立たす霧の祠のしづくせり
白米をあげし宝前を霧ながる
霧凝りて三柱の神ぬれたまふ
飛騨の国をうつろとなして霧湧けり
三角標霧に朽ちたり飛騨の霧に

この連作で作者の心情がもっとも強く出た部分は、「剣ケ峰頂上」の6句であるといわれる。

牧野栄一　刑法学者

天なるやわがくらが嶺のそびえたる
むらさきの春のやまやまの上に

瀧井孝作　小説家・俳人

飛騨鰤や乗鞍岳の雪野麦越え
乗鞍に雪光る日や蕪引

蘭亭千歩（加藤専一）　俳人　雲橋社第十一世宗匠
元加藤病院長

乗鞍の見えずなりたる時雨かな
雪嶺の明るき日なり卒業す
しろがねに光る連峰紀元節
神楽音や飛騨の全山うららかに
一白の嶽の光りや春寒し

鎌手白映　歌人　飛騨短歌会

のりくらは天のたか山夕焼て
ただれて燃えて空に消えたり

大埜間霄江　歌人　飛騨短歌会

乗鞍の雪は片照り麓なる村は
いまだに小暗くて元旦

乗鞍の峰は真白し麓なる
丹生の川面に細雪舞う

乗鞍の岳に初日のかがやきて
われの齢は八十四となる

江黒美胤　歌人　飛騨短歌会

夕焼けてやがて消えゆく乗鞍は
永久の岳なりかなしまざらむ

加賀の白山颪の風に騒めきつつ
熊笹原の冬枯れは早し
（平湯峠　牧水歌碑除幕式）

溺るると徹るのけじめも思はむか
酒聖の歌碑除幕されしに
（平湯峠　牧水歌碑除幕式）

松之木栄一　歌人・詩人（山脈詩派同人）

乗鞍の山深くしてしみじみと
雨の音きくひとり黙して

いくばくの酒くみかはし唄ひたる
カチューシャの歌また山の歌（山小屋にて）

鼻かけのこの石仏のありがたさ
雨に濡れつゝほゝえみゐます

加藤岳雄《やまお》（本名正）　俳人

加藤専一（千歩）の長男として大正9（1920）年に生まれた。加藤病院の院長の傍ら、地元高山で「高山馬酔木会」などを指導していたが、昭和50年心臓病治療のため東京へ転居。馬酔木同人・鯱同人。

乗鞍岳晴れても淡し雪解どき
乗鞍の暮れぎは蒼し峡田打
乗鞍に雲見ざる日や凌霄花
秋晴の尾根乗鞍へ集まれり
晴れわたる乗鞍仰ぎ雪卸し
乗鞍にかぶさる星座年果つる
乗鞍岳くもりがちなり種下し
春愁と言ふべし山をみてばかり
生国の山脈たたむ春まつり
山肌にまた生傷の遠雪崩
山がもう見えなくなって冬田打

都竹豊治　飛騨短歌会　新アララギ同人

乗鞍の見ゆる日曇る日つつがなく
あけぼのの橋を朝出にわたる

乗鞍は曇りて見えず石工場に
二十日も早きストーブ置く

老田清子　飛騨短歌会

乗鞍の麓ゆ賜びしをだまきの
わが家に　根づき深き紫

西村宏一　詩人・郷土史家

冠雪の乗鞍描くや背ぬくし
雪渓のトラバス終えて靴を蹴る
乗鞍は雲に覆はれ見えねども
元服山見ゆ立てと呼ぶがに

政井繁之　平成29年宮中歌会始入選者

乗鞍岳の雪とけるらし飛騨川は
水嵩あげてささ濁りゆく

大下宣子　歌人　新アララギ同人

乗鞍岳に対峙するのは疲れぬか
野麦峠の御堂の地蔵よ

高山市江戸子町から

アルプス展望公園から

「雷鳥」と君の声して振り向けば
瞬時に消えしか這松ばかり

お花畑に見知らぬ人と行き交ひて
やさしき面輪に駒草を指す

和田操　歌人　新アララギ同人

乗鞍を背にして夫のシュプールの
後を追ひつつ滑り下りゆく

雪かむる乗鞍岳に昼の月
ぼんやり浮かぶ友を訪ふとき

（乗鞍を詠んだ歌、俳句は多いが、現代は、筆者にゆかりの歌人・俳人を主に収録した）

2. 福田夕咲と山岳文化

大正、昭和初期の飛騨において、文芸のみならず、多岐な文化活動の推進に大きな足跡を残した福田夕咲は、「新文化興隆のため、大持ち曳きの音頭取りとして采を振るった」（高山市近代文学館の掲示文）と評価され、今なお、語られることが多い。

しかし、彼がその文化活動の一環として行った登山、山岳との関わりについては、あまり知られていない。短期間ながら充実した登山活動を行い、その経験をもとに飛騨山脈を世に紹介し、その後、郷土の山岳文化の発展に貢献したのである。

明治41（1908）年8月、飛騨一円の教員などによって日本で2番目に設立された飛騨山岳会は、当初活発な登山活動を行っていたが、その後、停滞気味になる。これを憂いた福田夕咲は、山岳会の別働部隊ともいえる「山刀倶楽部」を結成。活発な登山を実践して山岳会に刺激を与えるとともに、飛騨

３郡の行政サイドに飛騨山脈開発の必要性を説いて、山岳会再設立に尽力した。

その「山刀倶楽部」は、結成３年後山岳会再設立のめどが立った時点でその役目を終えて解散する。再設立された山岳会が、その時代の要求から半官半民の組織を余儀なくされたのに対し、「山刀倶楽部」の方は、近代登山の本質である「登山を純粋に楽しむ」ことに主眼を置いていた。

夕咲の提唱で「山刀倶楽部」設立に関わり、そして登山活動を共にしたのは、画家、歌人など当時の飛騨の若き文化人たちであった。夕咲を盟主として「趣味的芸術的に登山を奨励し山岳美を研究する」という目的を掲げ、乗鞍岳をはじめ、飛騨山脈を舞台に青春を謳歌《おうか》したのである。

大正時代というのは、渡来の西洋文化がようやく浸透し、新しい文芸・絵画・音楽・演劇などの芸術が流布して、思想的にも自由、開放、躍動などの気分があふれ、大衆文化が花開いた時期であった。その波はこの山間の地にも伝わって文化活動が盛んになり、登山もその一つであった。

飛騨山脈の風光　…福田夕咲

（前略）ある年、「乗鞍」山上のご来迎を眺めるべく、午後二時牟ロ堂を出て、絶頂へ登ったが、俄かに天気模様が変わって、しとしとと小雨が降り出し、獰猛な雷鳴が頂上近く、天地を嚙みつぶすような調子で鳴りはためいた。その時大半途中から牟ロ堂へ引き返したので、絶頂には信濃山岳会の人が二人と、われ等山岳倶楽部員三名といるばかりであった。

山上の雷鳴、それは実にもの凄い。

はじめ雷を避けて三角点の下にいたが、万一の落雷を慮って、場所を変えた。絶頂のことだから磊々たる石塊の外には、偃松一枝もなくたき火する事も出来ない。雨には濡れるし、寒さは酷しいし、已むなく滅茶苦茶な体操をやって漸く凍みを凌ぎている中に、幸に雨も晴れ、雷もをさまり、辺りはうす青く明け始めて来た。

遥かに下界を埋めた緑色の雲が、或いは怒濤の如く捲き返し、狂爛の如く砕け散り、変現極まりなき絶景を描いた。

暫くすると東天遥かに一朶の雲が赤金色に輝いて、血紅色の日が静かにくるめき上った。なんという荘厳な眺めであろう！

その前後いろいろの山上で、旭光を迎へたが、この時ほど、深く瞠目せしめられたことはない。

山上で仰ぐ夜の天も非常に美しい。

殊に晴れた夜は、澄みきった山上の夜気を透かして、静かに、清らかに星座々々の星が輝いている。

悠久なる宇宙！

それが眇たる自分を軸として尽十万無辺際にひろがっているのを感ずると、自分自身の指輪から光明を発しているように思はれる。

いつか「乗鞍」の「千丈ケ原」に寝そべって、摩利支天山上の弦月を仰いだことがあった。

また「笠ケ岳」の「弓折れ」の御花畠の中を逍遥しながら、折柄の眼の前をうすもの、やうに閃き飛ぶ霧に見え隠れする円月を眺めたこともあった。

あゝ斯る時、虚飾虚栄の社会苦を忘れ、五欲六情の人間垢から離れて、純真な清浄法身に帰したやうに感ぜざるを得ない。

この寂静な幽玄な境地こそ、登山者に依って感得さる、法悦境ではあるまいか。

尠くとも下山後十二ケ月の間は確かに、心身の上に山上の霊気に依って身心の浄化されたことを感ぜざるを得ない。

（『太陽』博文社・大正12年4月号）

3. 俳人前田普羅の研究

飛騨をこよなく愛し句集『飛騨紬』を遺した山岳俳人

乗鞍のかなた春星かぎりなし

乗鞍岳のシルエットの上に広がる星空を詠んだ雄大な句の作者は、俳人前田普羅（本名忠吉・１８８４〜１９５４）である。

高浜虚子が『ホトトギス』大正３年正月号に「大正２年の俳句界に二人の新人を得たり、曰く普羅、曰く石鼎」と書き、以降連載した「進むべき俳句の道」に23人の作家をとりあげている。このうち前田普羅、村上鬼城、飯田蛇笏、原石鼎は四天王といわれ、この時期が大正のホトトギス第１期黄金時代であった。普羅は終生山を愛し、山岳風景を多く詠んだことから、後に「山岳俳人」と称されるようになったが、飛騨の山村とそこに住む人々をこよなく愛し、多くの句を詠んで『飛騨紬』という句集を編んだことは飛騨人にあまり知られていない。

雪つけし飛騨の国見ゆ春の夕

飛騨人の手に背に冬の日影かな

鳥とぶや深雪ふみしめ飛騨の国

飛騨の地に住んで、飛騨の風土を心とし体として生きてきた飛騨人の詠んだ句や歌は、もちろん共感できるすばらしいものであるが、旅人ながらしっかりと飛騨を詠んだ普羅の句も、同じ岳人として、そして少々俳句をかじった者としては気になる存在であった。

山岳俳人前田普羅

最初に山岳を詠んだのは河東碧梧桐だといわれている。

碧梧桐は、明治42（１９０９）年７月中部から北越への旅（新傾向俳句宣伝のための全国行脚）の途中、高山へ立ち寄った。

松本から白骨温泉、平湯温泉経由で高山へ入り、７月16日、洲岬屋で「雲橋社」、「花蔭会」社中の旦那衆などと句会を開いている。この末席に、このころまだ15歳で川上魚問屋の丁稚《でっち》だった瀧井孝作（号折柴）が新派として連なり、碧梧桐から指導を受けたことはよく知られている。

碧梧桐はこの後、立山へ登り、頂上で次の句を詠んだ。

雪を渡りて又薫風の草花踏む

大正4（1915）年には針ノ木岳から槍ケ岳への縦走も行っているが、彼の登山は一時的なものであった。

その後、本格的な近代登山を実践して「垂直の歩行者」といわれた石橋辰之助が、水原秋櫻子の「馬酔木」に属して多くの山岳俳句を詠み、「雲海」「ザイル」「ケルン」などを季語として定着させた。

さらに岳人として山を詠み続けたのは福田蓼汀、岡田日郎などである。岡田は飛騨で次の句をものにしている。

飛騨の山冬日とわれが今日は越ゆ

しかし、時代を超え、孤高の精神性をもって終生山を慕い続けたのは普羅だけだといわれている。自ら山に親しんだ秋櫻子も、『山の俳句歳時記』の序文に「大正時代から昭和時代の初めにかけて、真に山を愛し、名作を残したのは前田普羅氏一人だけだと思うが」と書いている。

山岳俳句というジャンルの定義は、山に登り山を愛してやまない作者が、その感情を通して山を歌った句のことをいい、当然のことながら、その作者の山の登り方は登攀を伴うスポーツ的な場合もあれば、思索をしながら森林や渓谷を歩く静観的な場合もある。普羅の登山の好みは後者のほうで、主に渓谷をよく歩き、「山峡の彷徨者」などと称される。

普羅は、少年時代に志賀重昂の『日本風景論』を読んで自然や山に関心を持ち、その後、小島烏水の著書で山への思いを高め、さらに静観派の登山家田部重治の影響をも受けていたようだ。

「ホトトギス」には大正元年に初めて投句しているが、それ以前から登山を始めており、虚子に「なぜ山に登るのか」と聞かれている。

　虚子はもともと主観色の強い作品をよしとしたが、やがて安価な主観句が氾濫すると、大正中期に「客観写生」を強調。このため個性がない瑣末《さまつ》な句が氾濫することになった。

　この「客観写生」に不満を抱いた蛇笏、石鼎、普羅などがそれぞれの主宰誌をもって虚子から離れていった。

　大正６年に甲斐駒ケ岳に登り、あと八ケ岳など甲州の山や渓谷を歩いて山への思慕を句に結晶させ、昭和12（１９３７）年には普羅一世の佳吟といわれる。

　　駒ケ嶽凍てて巖を落としけり
　　茅枯れてみづがき山は蒼天に入る
　　　奥白根かの世の雪をかがやかす

など、「甲斐の山々」５句を東京日日新聞に発表した。

　そして昭和６年発刊の『辛夷』８００号では、「自分は山恋という病気を持っている」と告白している。

横浜時代

　横浜の報知新聞に勤めていた普羅は、大正12（１９２３）年、関東大震災に遭遇し、倒壊した事務所から命からがら自宅へ戻る。

　なんとこの時事務所から持ち出した一冊が西田幾多郎著の『善の研究』。幸い妻子は無事であったが自宅は全壊し、そのうち火がまわってきて多量の蔵書が灰燼《かいじん》に帰した（後に富山でも空襲で多くの書籍を失う）。この少し前に、普羅は持ってきた『善の研究』に別れを告げ、これを火炎の中へ投げ捨てる。

　震災で書籍や家財を全て失ったのだが、普羅は後に『ホトトギス』に発表した関東大震災の体験記「ツルボ咲くころ」に、「時が来た、時が来た。我らは放たれたのであると思った。物欲と闘った熱苦しい長い時は消えて、高く遠い朗らかな空が現れた。」と書き、「以前からこの飽満（集めたいと思うだけ集めた三千余冊の書籍と家族四人には多すぎる器物）からは脱しなければならないと思っていた。静かに思うと、此の大地震は自分に取っては単なる不幸ではなかったようだ」と書いている。

　単なる負け惜しみとはいえないこの抜けた明るい諦念、無常観に驚かざるを得ない。このころの普羅の内面は、最後まで持ち歩いていた本が『善の研究』であったことから推測できるが、読書家の普羅は、西田哲学、禅、老荘になどに通暁して、人間社会の束縛から解放された絶対的な精神の自由、自然と冥合した魂の安らぎを求めていたようである。

　これは後の彼の俳句論「俳句は宗教に近接せんとする心の現れ」「全人格的求道のあふれ」などにつながってゆく。

富山時代

関東大震災で家財蔵書など全てを失った普羅は、翌大正13（1924）年、報知新聞富山支局長として富山市に転任。40歳の時であった。朝夕に立山連峰が一望できる富山がいたく気に入ったようだ。

　立山のかぶさる町や水を打つ

そして神通川の水上には、少年期から憧れ続けていた飛騨があった。

この年の1月には、俳句結社「辛夷」が誕生している。

昭和4（1929）年、奥飛騨への旅の後、新聞社を辞め、「辛夷」の経営に専念することになる。飛騨へはその後もたびたび訪れては多くの句を詠んだ。

昭和9年の『新訂普羅句集』には、「わが俳句は俳句のためにあらず、更に高く深きものへの段階に過ぎず、こは俳句をいやしみたる意味にあらで、俳句を尊貴なる手段となしたるに過ぎず」と、求道的ともいえる高邁《こうまい》な作句精神を述べている。

昭和18年、妻逝去。昭和20年8月の富山空襲でまた家屋と家財、そして多くの書籍を失い、転居を余儀なくされる。

転居先の富山県福光町には、版画家棟方志功が疎開していて交流があった。棟方の普羅人物評は、「正直以上に正直で、剛直なほど剛直で、あるいは強情なほど強情といってもうそにならないが、誰がなんといっても立派な程立派さを持っていた」（『辛夷』平成15年6月号）というものであった。

今も『辛夷』の表紙の題字と絵は棟方のものである。

普羅の俳句の特色は「地貌《ちぼう》」を詠んでいることだ。「地貌」とはもともと地面の起伏、高低などをいう地理用語だが、彼は地域によってそれぞれ違う自然、人々の暮らしの特色を「地貌」として捉えて愛し、詠んだのである。

そして編まれたのが『春寒浅間山』（昭和21年）、『飛騨紬』（昭和22年）、『能登蒼し』（昭和25年）の3部作。俳壇では稀有《けう》といわれた国別句集であった。

奥飛騨への旅

昭和4（1929）年5月には、八尾町の巨籟町長他1人と念願の奥飛騨への旅に出る。もちろんこのころはすべて徒歩だ。

そして後に、民俗学的にも貴重と思われる紀行文「奥飛騨の春」を書いた。

旅に出る前に書いていた前記には、まだ見ぬ奥飛騨の春の景色を想像たくましくつづり、この憧れは少年期に志賀重昂の『日本風景論』第6版を読み、その表紙にあった「奥飛騨の春」と題した画を見て以来であるとしている。

なお、明治27（1894）年に初版が出た『日本風景論』は、地理学の書であるとともに当時唯一の登山案内書、技術書で、文中の「登山の気風を興作すべし」との呼びかけは近代登山を喚起する狼煙《のろし》となり、この書を見た多くの若者が山に入った。

そして「哀弦は鳴る（中略）わが少年の夢は現実

に結ばれようとしている」と、長年の夢が今実現しようとしている喜びに筆が躍り、「奥飛騨の春、奥飛騨の春、わがファンタジー」（昭和4年4月24日）で終わっている。以下紀行文を要約。

八尾へ注ぐ野積川など南北に走る三つの川を峠越えで横断し、利賀川に出る。利賀川をさかのぼり、山神峠の登り口阿別当集落の大きな民家で宿泊。まだ人々が自然の恵みだけでつつましく暮らしていた時代の様子を細かく観察している。

飛騨へ通じる牛首峠は深い雪に埋もれていて道が分からないということで、ちょうど峠へ伐採に行く10人ほどの杣《そま》の一行に同行を頼む。当時の杣のいでたちや、出発時に盃《さかずき》を交わす敬虔《けいけん》な儀式の描写などが面白い。

牛首峠への急峻な雪渓では、持参のアルペンシュトックでステップを刻んで慎重に登る。午後4時近くにようやく飛越境の峠へ到着。白山からの山脈が見え、しばし感激に浸る。

飛騨側は平らでトチの巨木が多く、辛夷の花が満開であった。峠から木馬道を下ったところには牛首村という集落があり、杣たちはここを拠点にして伐採作業をするとのこと。

杣に礼をのべ、普羅一行はさらに荻町まで下る。この日の宿は、庄川に架かったつり橋のたもとにある「城山館」。

このころの荻町はまだ自動車が入らず、岐阜へ行くには北陸回りで、汽車がきている越中の城端まで10里の道を歩かねばならなかった。米が足りないので牛馬や人の背で越中から運び、娘たちは砺波へ奉公に行っていた。白川郷の人は、大家族制度のことを聞かれたり、家の中を覗《のぞ》かれたりするのを皆嫌がっていたとある。

普羅は夕方小さな子供たちが歌いながら通るのに心をなごませ、夜は月光に美しく照らされた盆地を逍遥したりして平和な村の一夜を楽しんでいる。

翌日はまだ残雪が多い天生峠道へ入る。背後には妙法山、野谷荘司山などの残雪が光り、道中には普羅の好きなヤマブキが咲き、トチの木が木陰をつくっていた。

行く春や旅人憩う栃の陰

天生峠には戸がない避難小屋があり、中にはたき火の跡があった。雪道を天生の集落へ下る。ここでも利賀川沿いの民家と同じ谷水を利用した水臼（越中ではセンバカッチヤ、飛騨ではボッタリ）が動いていた。

小鳥川を渡り街道へ出る。街道は牛馬の往来が多いため一面の糞《ふん》で、やたらに蠅虫が多くて閉口し、今までの清浄な山道を懐かしんでいる。ここで「昨日正午ごろ、船津町に大火があり、同町は全滅したらしい」との掲示板を目にする。

この日は角川の宿泊まり。翌日は楢峠を越えるのだが、江戸時代に栄えた二ツ家街道はこのころ廃道になっていて通る人はまれ、しかも峠付近はまだ一面の雪だということで、案内人を雇う。案内人は角川の政井辰二郎で、秋はツグミを捕り、冬はクマを撃つ猟師だった。

峠から少し下ると、仁右衛門屋敷という旧街道の牛馬宿跡に出る。この平場は角川や二ツ家の人の萱場になっていた。この渓谷は黒ヘビが多く、これにまつわる悲しい恋物語が紹介してある。

やがて飛越国境に出るが、大長谷川の渡渉で危ない目に遭い、ようやく八尾へ帰り着く。

この紀行文の末尾には、「旅を終えたあと富山へ入るのがなんとなく苦痛だった」とあるが、この時期になっても普羅の山恋病はまだ癒えておらず、むしろ膏肓《こうこう》に入った状態だったのであろう。

先に述べたように、この旅の後俳誌「辛夷」の経営に専念することになる。普羅はこの昭和4年の旅以降何回も飛騨を訪れており、水無神社、宮峠でも何句か詠んでいる。

巫女白し炭をつかみし手をそゝぐ
水痩せて水無の神を畏れけり

昭和6年には、江戸期高山の加藤歩簫が自然石に刻ませた、西茂住の凡兆句碑へも足を運んでいる。

特に富山の文化圏ともいえる神岡町へは、昭和9年ごろから三井金属神岡鉱業所の職員を中心とする句会の指導に来ており、受講生の中には「辛夷」の同人になった人もいる。このため、町内円城寺の境内には普羅の句碑が建てられている。

『飛騨紬』の発刊と飛騨への愛

昭和21（1946）年、実際に飛騨へ足を運んで詠んだ多くの句から、「私の心と、私の句の心にかなったもの」として216句を厳選し、『飛騨紬』を編んだ。

序文には、前述した飛騨の旅の紀行文「奥飛騨の春」前記をそのまま充ててある。

普羅は飛騨の山村を実によく歩いており、中でも

凡兆岩（飛騨市神岡町西茂住）

旧神岡町の笈破《おいわれ》集落（昭和40年代に廃村）の雰囲気が気に入っていたようだ。

白樺を横たふる火に梅雨の風

この句について、普羅は次のように書き残している。

「笈破のとある農家で休ませてもらうべく入ると、大きな囲炉裏には白樺の大木が燃えていた。主人が敷いてくれた新しい筵に横になりウトウトしていると、背に寒さを感じたので入口を見ると、山霧が入ってきた。」

普羅は「雪の詩人」といわれるくらい雪を詠んでおり、『飛騨紬』２１６句のうち、春54句、夏25句、秋40句、冬97句で、圧倒的に冬の句、雪の句が多い。

どの句も奥飛騨の美しくも厳しい風土に生きる人々を温かいまなざしで見つめ、そこからは人々の悲しみさえ伝わってくる。

雪とくる音絶え星座あがりけり
人声の谺もなくて飛騨雪解
商人が来りて歩く飛騨雪解
雪つけて飛騨の春山南向き
飛騨暮る丶雪解湿りに蕗の薹
山吹や根雪の上の飛騨の径
飛騨の山襟をかさねて雪を待つ
飛騨人や深雪の上を道案内
犬行くや吹雪のなかに尾を立て丶
鳥とぶや深雪がかくす飛騨の国
雪山は月よりくらし貌さびし
夏山や吊り橋かけて飛騨に入る
飛騨人や股稗かしぐかんばの火

後記には、序文に「奥飛騨の春」の前記を充てた理由を、「今思うと幼い文だが、昔も今も飛騨に対する思慕の心に少しのかげりもないのでこれを充てた」「この古い小文は、今でも充分に私の心を具現している」と書いている。

そして、「時勢は飛騨をいつまでも山奥としては残しておくまい、しかし、飛騨を横断する鉄道が開通すると山奥はかえって取り残され、前より寂しくなった山村もある」と一抹の安堵《あんど》を示し、「山々、渓谷、小鳥の声、栗の木の多い雑木林、イチイ、モミ、ツガの森林、それらを貫く古い時代の通路、廃坑、廃坑への古径、チロルの山家に似た木造家屋などがやさしい飛騨人をはぐくんでいる」と、飛騨の山村に対する変わらぬ愛情をつづっている。

末尾の署名の前には「昭和21年11月3日憲法公布祝賀の東京放送を聞きつつ」とある。

漂泊の人普羅

富山で戦災に遭って家や家財を失った後は、門弟を訪ねて各地を転々とし、伊勢の禅寺にも逗留《とうりゅう》した。境遇上やむを得なかったが、彼の性状の行き着くところでもあった。

秋風の吹きくる方に帰るなり

この時期は自らを「旅人」と自認していたという。各地の句会から指導を頼まれ、気安く応じていたようだ。

時代は少し前になるが、高浜虚子が伊那の放浪俳人井上井月を「丈高き男なりけん木枯らしに」と評している。筆者にはこの井月に、秋風に吹かれて独り悄然《しょうぜん》として歩く普羅の姿が重なって見える。2人とも弧高で句柄が高く、そして「祖翁（芭蕉）を崇拝していた。

かりがねのあまり高く帰るなり

周知の通り明治期に移入された近代登山は、大正期に雪と岩をよじ登るスポーツ的要素の強い先鋭派と、森や渓谷を活動の舞台として思索や瞑想を好む静観派に分かれた。

普羅は静観派の創始者ともいえる田部重治の影響

を受けて山旅登山を好んだが、紀行文まで田部の文体（＝素直で誇張や気取りがなく、あるがままの描写）とよく似ている。

田部は「山と渓谷」から「峠」、そして「街道」に移り、最後には初期のワーズワスの世界を脱し、宇宙的なものを表現した漂泊の俳人芭蕉の境地に行き着いたといわれる。

芭蕉の『奥の細道』を歩き、「平和な山村を貫く坦々とした大道」に関心を示すようになっていったが、この田部の最終段階は、「平和な飛騨の山村」を好んだ普羅とよく似ている。

普羅は俳句理論として芭蕉の「寂と栞」を論じているが、管見ながら、行動面でも孤独と漂泊を愛した永遠のワンダラー芭蕉に従っていたのではないかと思うに至った。

ある年の夏に高山の俳句会が普羅を招き、国分寺で句会を開いている。

小鷹ふさ著の『飛騨おみな・くらしの詩《うた》』によると、その日はとても暑い日で、高山駅に降り立った普羅は「泳ぎにゆきませんか」といい、泳ぐ場所が思いあたらなかったので松倉観音の絵馬市へ案内したとある。

普羅は句会の席上「俳句をするには古典を読むことです。そして清らかな心を持つことです」と言い、小鷹はその言葉が印象に残っているとも書いている。

小鷹はその後、普羅逝去の報を聞く。「高山を去られる日、土産に手造りの味噌を付けたお握りをお渡したが、長身に、ぶらりと垂れたお手に、お握りの包をさげて去られたお姿が思い出されて瞼をあつくした」、そして本稿冒頭の〈乗鞍のかなた…〉の句をあげ、「先生はあの日のお姿のまま、乗鞍山上の星座の中へ昇天されたようにおもわれてならない」と追悼している。

山と飛騨をこよなく愛した俳人前田普羅、昭和29年8月8日、立秋の日に東京にて没。享年70歳。

忌日は「立秋忌」と名付けられた。

この章の「3. 俳人前田普羅の研究」は、令和2年度の高山市文化協会主催の「飛騨文芸祭」に入賞し、文芸祭賞を受賞。作品集『飛騨文芸』に掲載された。同文化協会の許可を得て掲載した。

〈参考文献〉

『飛騨紬』前田普羅　靖文社
『前田普羅句集—雪山』中西舗士編　ふらんす堂
『前田普羅・原石鼎』新学社近代浪漫派文庫
『前田普羅—その求道の誌魂』中坪達哉　桂書房
『飛騨おみな・くらしの詩（うた）』小鷹ふさ　洛樹出版
『山と渓谷』田部重治　岩波文庫
『俳句への旅』森澄雄　角川ソフィア文庫
『山岳』第一〇五年（二〇一〇年）日本山岳会
『俳句用語の基礎知識』村山古郷　山下一海　角川選書
『田中大秀・第六巻』中田武司編
『瀧井孝作全句集』瀧井孝作
句集『飛騨紬』前田普羅
『福田夕咲全集』福田夕咲全集刊行会
遺句集『枯尾花』蘭亭千歩
歌集『沙羅の樹』江黒美胤
『華麗なる孤独』松之木栄一
『加藤岳雄遺作抄』馬酔木句会
歌集『続・石の声』都竹豊治
『詩歌俳句拾遺集』西村宏一
句集『醒々著』西村宏一
歌集『飛騨』政井繁之
歌集『新・志斐がたり』大下宣子
歌集『続・志斐がたり』大下宣子
歌集『旅に出てます』和田操

第8章　多くの校歌に歌われ、親しまれている乗鞍岳

高山市立丹生川東小学校（昭和62年11月制定）

作詞　薩摩　忠
作曲　湯山　昭

一．朝日に染まる　乗鞍の
夕日に映える　白山の
わく雲みつめる　希望の子
丹生川東小学校
心ゆたかに　伸びようよ

高山市立丹生川小学校（昭和15年11月制定）

作詞　富田豊彦
作曲　河野信一

一．昔の文に　飛騨人の
真木流すちょう　丹生川と
調べも高く　歌われし
水流れ出づ　乗鞍ゆ

高山市立丹生川中学校（昭和50年3月制定）

作詞　平光善久
作曲　兼田　敏

一．そそり立つ　乗鞍岳の
山の香の　みなぎるところ
大いなる　恵みを受けて
たくましく　伸びゆくいのち
清く明るく　われらは育つ
丹生川　丹生川中学校

高山市立松倉中学校（昭和15年11月制定）

作詞　野尻仁太郎
作曲　小瀬不二三

一．仰げば高き　のりくらに
千秋無垢の　雪白く
伏せば名だたる　宮川の
久遠の流れ　水清し
ああ飛騨高原の　大自然

飛騨市立古川西小学校（昭和45年制定）

作詞・作曲　山本　弘

一．白樺におうよ　乗鞍の嶺に
小島の城を　山脈はつつむ
清らかな夢を　清らかにつちかう
心のふるさと　飛騨高原に
古川西の子　我らは学ぶ　力をあわせ

岐阜県立吉城高等学校（昭和33年2月制定）

作詞　辰巳利郎
作曲　平井庚三郎

一．銀嶺映ゆる乗鞍を
紫紺の空に仰ぐとき
ああ若き日の夢清く
向学の意気新たなる
われらが吉城高校に
見よはつらつの英気あり

高山市立新宮小学校（昭和52年10月制定）

作詞　畑中裕作
作曲　山本　弘

二．真白き高根　夕日に映えて
乗鞍岳の　気高き姿
まぢかに仰ぎ　日にあたらしく
学びの業に　いそしむわれら
ここぞ　新宮小学校
茜うつろう　空清らかに
楽しき望み　胸にもえたつ

高山市立日枝中学校（昭和24年10月制定）

作詞　高原　清
作曲　木村いと

一．朝に仰ぐ　乗鞍の
雄姿に夜の　夢さめて
誰かはそこに輝ける
自由の意義を　思わざる

高山市立東山中学校（昭和52年1月）

作詞　関根栄一
作曲　湯山　昭

一、山脈の連なる飛騨よ
木の幸をきざむ匠の
今もなお　香る高山
仰ぎ見る乗鞍に希望大きく生きようよ
ひるがえる　自立の旗　中学東山

岐阜県立斐太高等学校（明治41年1月制定）

作詞　今村勝一
作曲　楠美恩三郎

一．そそり立ちたる乗鞍の山
たぎち流るる宮川の水
山と水とを後《しりえ》に前に
控えて抱きて我らは集う

高山市立江名子小学校（昭和43年3月制定）

作詞　江黒美胤
作曲　中村好明

二．乗鞍岳の　虹色が
実りの野辺に　映えるとき
学び舎に　江名子の命　みなぎる
おおわれら　力のかぎり　たくましく
雨にも　風にも　まけず励めば
もみじも　窓に　きょう　をいろどる

高山市立山王小学校（昭和26年3月制定）

作詞　吉村比呂詩
作曲　河野信一

三．やさしき父母と師の君の
教えを守りて乗鞍の
峰より高き気高さを
雲に匂わす学び舎は
我らが山王小学校

高山市立朝日小学校（昭和34年3月制定）
作詞　朝日小職員作文同好会
作曲　朝日小職員音楽同好会

一．朝日にはゆる　乗鞍の
ゆるがぬ胸に　いだかれて
学べゆたかに　むつまじく
われらの　朝日小学校

高山市立朝日中学校（昭和25年4月制定）
作詞　石原　勉
作曲　山下笛朗

一、仰げば高き　乗鞍の
清峰さんと　輝きて
理想の光　さすところ
我等希望の　道を歩まん

高山市立国府小学校（昭和34年3月制定）
作詞　薮田義雄
作曲　松本民之助

二、乗鞍を見はらすところ　稲穂はそよぐ
たくましく　はたらくものの
喜びが　喜びが　約束される
美しい飛騨の国府の
手をつなぐ子らと
手をつなぐ五つの学び舎

飛騨市立古川中学校（昭和25年4月制定）
作詞　牧　冬彦
作曲　高木東六

一．雲はしる乗鞍岳に
湧きあがる　若き理想よ
光あれ　古川中学校
大いなる　日々の願いや
永久に　真理きわめん

なんと多くの校歌に歌い込まれていることだろうか。そして次のように高山市市民憲章、旧丹生川村村民憲章にもうたわれ、親しまれている。

飛騨から望める山岳は乗鞍岳だけでないが、これを見れば飛騨人にとってこの山の存在感がいかに大きいかが分かるであろう。

高山市市民憲章（昭和41年11月1日制定・昭和56年5月11日改正）

「わたくしたちは乗鞍のふもと　山も水も美しい飛騨高山の市民です」

旧丹生川村村民憲章（昭和54年制定）

「私たちは雄大な乗鞍に抱かれた　山も川も美しい丹生川の村民です」

古川盆地からの乗鞍岳

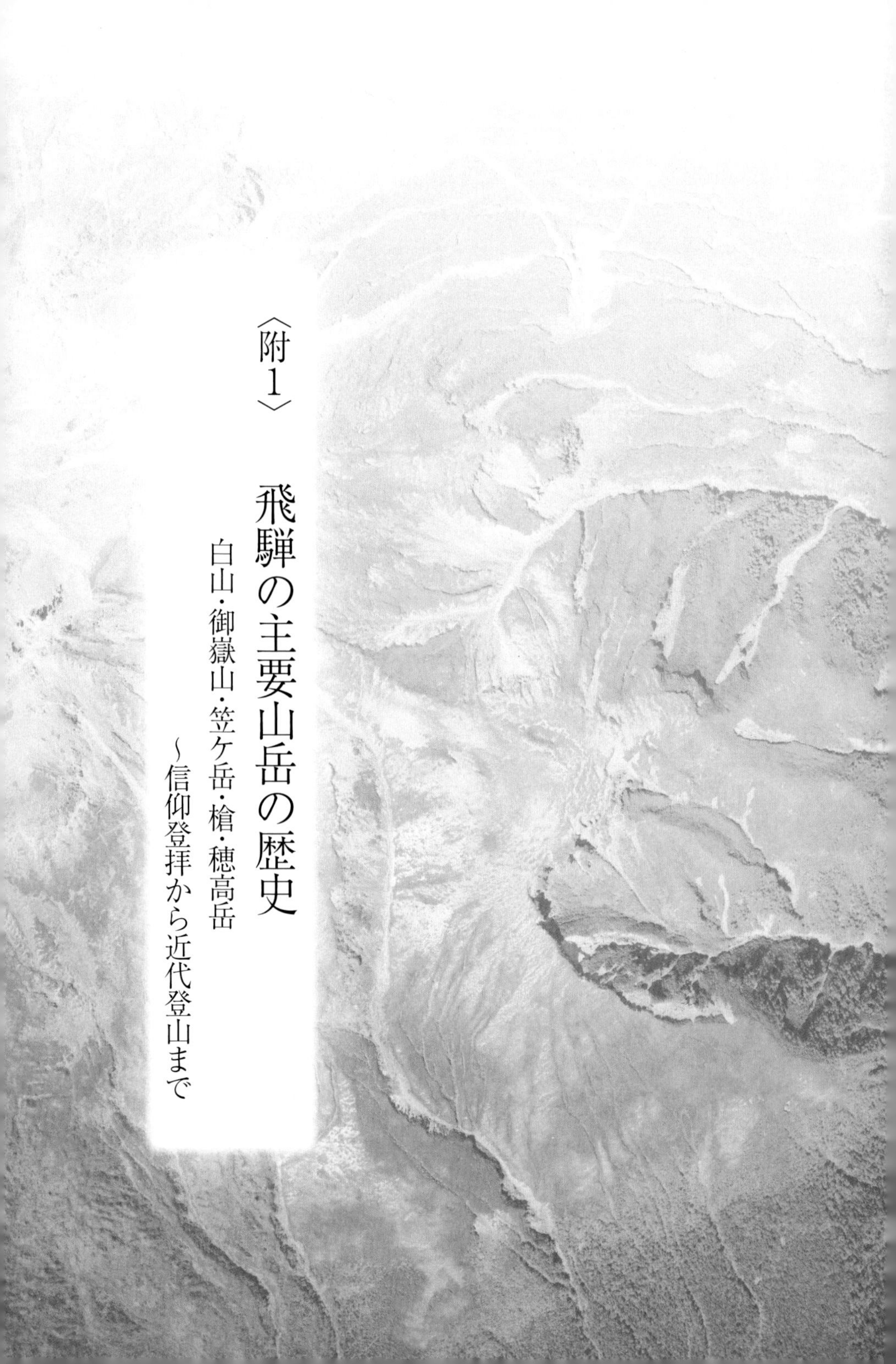

〈附1〉

飛騨の主要山岳の歴史

白山・御嶽山・笠ケ岳・槍・穂高岳

～信仰登拝から近代登山まで

1. 真の山の国飛騨

飛騨の山々のことを、「乗鞍の雄大、槍ケ岳の険《けん》峻《しゅん》、御嶽の荘厳、錫杖の奇観、白山の崇高」と言い、これらを「わが飛騨を中心として花弁の如く巡らしている山々の風趣」と書いているのは、大正期の飛騨の歌人で飛騨山岳会員でもあった福田夕咲だ。まことに言い得て妙である。

これを地理学的にいうと、東の飛騨山脈と西の両白山地、そしてそれらに囲まれた飛騨高地ということになる。

具体的には、標高3千㍍級の乗鞍岳、穂高岳、槍ケ岳などの有名山を有し、岐阜と長野の県境を南北に縦断する飛騨山脈。標高2702㍍の白山を盟主として石川県境を走る両白山地のうちの加越山地。ここには標高1776㍍の妙法山や1841㍍の笈ケ岳などの中級山岳が連なる。そしてその両山脈の間を埋める飛騨高地ということになろうか。

筆者は山へ行かないよく晴れた日、高山市街地西の丘陵や上野平などを散策しながら、岳を眺めるのを常としている。岳はそれぞれの季節にいろいろな表情を見せてくれて楽しいが、特に秋、飛騨山脈の峰々が冠雪したころは空気が澄んでいてその美しさは格別だ。岳が夕日に映えて深紅になり、紫色に変わり、それがだんだん薄鼠色になって深藍色に沈んでゆく荘厳なドラマは、何度見ても見飽きない。

『日本百名山』の著者深田久弥は、乗鞍岳の主峰に立って飛騨側を眺めたときの印象を、「眼前に大きく御嶽、遠くに美しく白山、そしてその二つの間には、限り見ない果てまで山波が続いていた。目立つ高い山はないが、山また山の重なりである。あらまし眼で数えただけでも十四重もあった。ここにして飛騨こそ真の山の国という感が深かった」と書いている。

筆者が所属している飛騨山岳会が、平成20（2008）年、創立百周年を迎えた記念に『ふるさとの山・飛騨百山』を出版した。その時百山を選定するため飛騨の山を数えたところ、名が付いている山だけで380座もあり、あらためてその数の多さに驚いたものであった。

この「真の山の国」に住んできた飛騨人は、太古からどのように山と関わってきたのか気になるところだ。

飛騨高地に多くある標高千メートル級の里山ともいえる山々は多様な資源を包蔵していて、動物や山菜、木の実、木材、鉱物などの恵みを与えてくれ、古くから利用され親しまれてきた。これらの低山と人々との関わりについては、既に多くの研究がなされている。

山地は、複数の者が幾種類もの資源を同じ場所で利用することができ、田や畑と違う性格を持っているので、人々は山に依存し、これまで考えられていた以上に豊かに暮らしていたとして、近年、従来の『後《おく》れた山村』論に一石を投じる研究も出ている（白水智著『中近世山村の生業と社会』）。

低山の中には、位山、船山のようによく目立ち、縄文期からあがめられてきた山もある。

一方福田夕咲がいう花弁のように、見方を変えれば障壁のように飛騨高地を取り巻く、飛騨人が「岳＝だけ」と呼んできた、3千メートル級の高山とはどのように関わってきたのだろうか。

その岳のうち、白山、御嶽山、乗鞍岳、笠ケ岳、槍・穂高岳の代表的な五つの岳と人との関わりを調べてみたのがこの小稿である。

2. 人と山との関わり

縄文・弥生時代

國學院大學の小林達雄名誉教授は、「縄文人は、左右対称の美しい円錐型を呈する、いわゆる神奈備型、三輪山型の姿であったり、逆に険しく尖ったり、周囲の山並みの中で抜きん出て目立つ山に関心を寄せていた。ムラを営むには、必ず際だった山が見えるところを選定した」と言っている（『縄文人山を仰ぎ山に登る』国學院大学考古学資料館紀要)。

高山盆地の縄文人たちも、各集落からよく見える船山や位山、そして飛騨山脈の乗鞍岳などをあがめていたのであろう。

そのうち、上野平の集落(現在の高山市上野町垣内遺跡)からは、環状列石の向こうにそびえる笠ケ岳山頂からの夏至の日の出を拝んでいたはずだという(飛騨考古学会吉朝則富氏談)。

それでは縄文人はその目立つ山に登ったのだろうか。

従来「山の幸の植物や獣は山の中腹にいて、得るものがない頂上に登る必要はなかった。山上は神の在す神聖な場所であり、山そのものを神と信じて畏敬(あるいは畏怖)し、遙拝するだけで登頂しなかった」とされていた。

ところが近年、各地の山頂から縄文遺物が出土しているため、前出の小林氏は同書の中で「縄文後期には山を仰ぎ見るだけでは手ごたえに不安が残る思いを解消するため、頂上を目指し登った。頂上で山の霊気と接触することで自らの意志を伝え、交感することができたのでは」と言っている。

この時期、飛騨の船山や位山などの低山、そして乗鞍岳などの高山も一部の人に登られたかもしれない。この縄文人の山への崇拝が日本人の心の原型になっているという。

弥生時代に入って稲作が行われるようになると、田に水を授けてくれる水分神《みくまりのかみ》への信仰が始まる。山の神を田の神として迎えるようになり、その守護を祈る巫女《みこ》など自然との交信者もあらわれる。山は神霊、祖霊の住処《すみか》となってゆき、これが日本人の美意識の原型になっているという。飛騨では乗鞍岳が水分神としてあがめられてゆく。

山岳信仰の始まり

7世紀のは初めごろから私度《しど》の僧が山林修行を始め、今までとは違って積極的に山に入るようになる。

日本古来の山岳信仰が外来の道教(神仙思想)な

ど、密教、儒教などの影響を受け、平安末期に至って修験道という一つの宗教体系ができあがった。山に入って艱難辛苦し、呪力、霊験を身に付けて現在から未来（死後）永劫の幸福を願うため修行を行った。修験の修行の場は、山に籠り山に登って山に伏すところから修験者を山伏といった。

この修験道の開祖は役《えん》の行者《ぎょうじゃ》と呼ばれる役《えん》ノ《の》小《おず》角《ぬ》で、葛城山で厳しい修行の後、大峰山を開山したといわれる（『日本霊異記』）。

その後、修験道の山は吉野山、大峰山にとどまらず、富士山、立山、石鎚山、大山、羽黒山、飛騨では白山、御嶽山、乗鞍岳が修行の場となっていった。

この後、男体山は勝道上人、白山は泰澄和尚のように仏教系の僧侶によって各地の高山が次々と開かれる。

宗教民俗学者の堀一郎氏は、山岳信仰対象になっている山を次のように分類しており、各地の著名な山岳信仰はこのいずれかにあてはまるという。

・火山系　火山の噴火を見て、超自然的な力の存在に畏怖の念をもった。
・水分系　水源の山に対する信仰で、農耕の水をもたらしてくれる山に感謝。
・葬所系　祖霊の居場所。

このように、縄文時代に芽生えた山岳（自然）崇拝は、弥生時代、古墳時代を経て山岳宗教へとつながってゆき、1万年以上にわたって日本人の心のひだに刷り込まれてきている。

近　世

戦略上の登山が行われ、大門峠、ザラ峠、飛騨では安房峠、白山の峰越峠などがその対象になっている。

飛騨山脈を越す安房峠は、永禄年間武田信玄の軍が飛騨へ攻め入る際に往復し、白山の峰越峠は、天正13（1585）年8月、金森長近が越前大野から飛騨へ攻め入るとき、石徹白からこの峠を経て尾上郷川へ下っている。

また山は森林、鉱物資源をもたらすところとして諸藩に厳重に管理され、絶えず巡視が行われていた。有名なのは加賀藩の黒部奥山廻《まわ》り、松本藩の山方奉行などである。

天領飛騨でも山林経営が重要であったため、高山陣屋の地役人が山廻役として村人から選出された山見役を使い、山林管理に当たっていた。山林関係では他に白木改役、御榑木材木改役がその任に当たっていた。

本草学者貝原益軒、植村政勝、野呂元丈などによる採薬のための登山も行われ、尾張の水谷豊文は白山、御嶽へ採集に入っている。これらは科学的なものを探究する登山であり、新しい局面を見せ始めた。

江戸後期になると、松浦武四郎や大淀三千風、橘南谿、池大雅などの文人・墨客が旅の延長で山登りそのものを楽しむようになり、これは近代登山の萌《ほう》芽《が》といわれる。

一方では、従来厳しい精進潔斎をした修行者のみに入山が許されていた富士山、御嶽山、出羽三山などが大衆に開かれ、講中登山が盛んになってゆく。これはお伊勢参り同様、一種の民衆のレクリエーションでもあった。飛騨では乗鞍と御嶽がその対象になっている。

3．飛騨人と岳との関わり

白山、御嶽、乗鞍のような山容がたおやかな岳は、古くから神仏のおられるところとして崇拝の対象になり、そのうち登拝されるようになった。

一方槍ケ岳、穂高岳など岩ばかりの急峻な山は、地元の猟師がクマやカモシカを狩りに入るくらいで、近代になるまではほとんどの飛騨人はその名前にすら関心がなかったようだ。

穂高岳ほど険しくない笠ケ岳も、江戸後期に僧播隆が登拝路を開いたが、険路のため間もなく廃れてしまった。

これは、越中で立山は信仰の山としてあがめられ登られていたが、岩が屹立する剣岳は、地獄の針の山として敬遠されていたことと同じだ。

信州でも同様だった。松本に生まれ、早稲田大学で教鞭《きょうべん》をとったフランス文学者の吉江喬松（孤雁）は著書『アルプスの麓』（朋文堂・1959）に、子供のころ塩尻からよく見える変わった形の山の名＝実際は穂高連峰を先生に聞いても、「名なんて無えずら」と言っていたと書いている。

その山が明治になって西洋から近代登山、自然観が移入されると、突如として美の対象になり、アルプスに似た山として登られるようになるのである。

また喬松は同書に、「明治30年代までの信州の家屋を見ると、日本アルプスに面した側は、尽《ことごと》く壁にして大山嶺に背を向けていた。今では美しい日本アルプスも、当時は冬季に嵐と雪を吹き送る厄介なものに過ぎなかった」とも書いて、人々の山に対する接し方が近代になってから大きく変わってきたことを論じている。

そして、明治32（1899）年に作られた長野県歌『信濃の歌』に出てくる山は、御嶽、乗鞍、駒ケ岳など信仰登山の山ばかりであるとも言っている。

また甲府盆地では、近代になってからもしばらくの間、南アルプスを「西山」の一言で片付け、個々の名前は知られていなかった。そのわけを地元の人に聞くと、「自分たちの生活に関係がないから」という説明だったという。

これは飛騨でも同様だったと思われるが、岳の名前だけは一部の知識人に知られていたようだ。江戸期の文献に現れる飛騨の岳について見てみたい。

『飛州志』を著した飛騨代官長谷川庄五郎忠崇はその巻首で飛騨を取り巻く山の名をあげ、山が多くて平地が少ない辺鄙《へんぴ》な土地柄を述べているが、山の特性を説明しているのは、信仰の対象になっていた乗鞍岳だけである。

（略）国中総テ平陸少ク山連リ峯聳エテ雲霧常に覆ヒ朝日遅ク出デ夕陽早ク没セリ（略）

南東ニ御嶽騎鞍嶽小鷹嶽錫杖嶽笠嶽アリ北ノ俣トイフ大山東ヨリ北ニ覆ヒ白木峰金剛嶽三方崩ナンド稱スル嶽々越ノ白山マデ續キテ北西ニ遶レリ西南ノ間ハ河上嶽ノミニテ土地碎ルガ如ク濃州武儀郡ニ接シテ高嶽ナシトイエドモ道路狭窄ニシテ騎ヲ並ブベキ所稀ナリ

また、大原騒動の指導者大沼村名主久衛門の幕府勘定奉行宛ての訴状には、四方が岳に囲まれているため雪が早く降って遅くまで消えず、作物の生育が悪くて百姓が難儀している旨が切々と書かれている。

恐れ乍ら、御嘆き申し上げ候は、当国の儀、およそ近国ニこれ無き難儀の国ニて雪・霜遅く消え、秋は雪・霜早く下り、至って百姓難儀の国ニ御座候、子細ハ、南は御嶽・東は乗倉ケ嶽・北東ハ笠ケ岳・鑓ヶ嶽・立山へ継、西南は白山・越え峯その外四方高山立ち切り、惣て土地悪しく、殊ニ山々谷々ニて一向平地これ無く、作り方の義も都て一作ニて、百姓渡世不自由（略）

『斐太後風土記』巻頭「形勢」の項には、

飛騨國は四方諸嶽聳立、東に騎鞍嶽・槍ケ嶽・笠ケ岳、其他諸嶽、巽に御嶽、坤に川上嶽、西に白山、乾に諸嶽、北に金剛嶽、上・下白木峯、艮に北保・中保其外諸嶽、圍繞して地理至高。越中立山の半腹にも當るべき歟。國中平土甚少也。（後略）

と、『飛州志』同様に岳に囲まれて平地が少ないことを述べ、「名山」の項で当時信仰登拝の対象になっていた御嶽、乗鞍、白山を三嶽と称し、ある程度山の説明、登山方法などが書かれている。しかし、槍ケ岳、穂高岳、笠ケ岳については所在地が記してあるだけであり、人々になじみがなかったことが分かる。

近代になって『飛騨百姓騒動記』を書いた江馬修は、その巻首に岳からの風が農民を苦しめていることを、江戸期の農民の立場を推し量り、次のように書いている。

この年も国境の鑓ケ岳や穂高岳や、乗鞍岳から吹きおろしてくる、いわゆる岳おろしのために白い花ざかりのソバをすっかりふきちらされて、結実は皆無とみなされた、ヒエ、アワもかなりの被害を（後略）

このように江戸期には信仰の対象になっていた三嶽は知られ、登られていたが、槍・穂高岳などは一部の知識人にその名が知られているだけで一般の人はその名すら関心がなく、ただ寒風を吹き送るだけの厄介なものとしての認識しかなかったようだ。

近代になって飛騨の民俗を研究していた代情通蔵は、人々は常に飛騨山脈を見ながら季節の移り変わりを感じ取って生活していたとして、岳との関わりをこのように記述している。

（前略）11月には岳と呼ばれた北アルプスの連峰には初雪が来て、秋晴れにみごとな雪冠をつけた頂が輝くようにそそりたつのが目につきますが、これを土地の人は「キワユキ」ととなえます。この岳への初雪で、昔は田の神が農作に見切りをつけた境とされたというのです。この降雪があってから4、5日目ごとに五重、十重と囲まれた山波の嶺へ降り積り、そしてだんだん里近くの山へ雪が降り、遂に麓の里にも雪が降って根雪になるまでの降る様子を「岳の七めぐり」と呼んでいます。この「岳の七めぐり」の雪が里近くの山に積もって寒さが増すと、これを「テヅチオドシ」と呼びますが、家の屋外における田や畑や山仕事の総仕舞いをテヅチオサメといって、この仕事がまだ終わらないうちに残された仕事を雪の下にすることを、非常に恥としたものでした。それですから春まで消えない雪の「根雪」が降る予告のように襲来する寒さですから「テヅチオドシ」といったのです。（後略）（『代情山彦著作集』民俗＝飛騨の四季・昭和二十七年）

また代情は、雪の飛騨山脈が夕焼けに赤く映える美しさをあげ、これを飛騨人は「岳のお渡り＝神様が山々を歩かれる」と言って拝んだと書いている。

歌人の福田夕咲は、飛騨人の生活と山岳とは到底引き離すことのできぬ密接な関係を持っているとして、農民が雪の消え具合を見て農作業を始め、また岳を見て天気予報をしていることを例に挙げている。そして人々は、岳に初雪が来ると農作業や山仕事の仕舞いを急ぎ、冬支度に入るとも書いている（『福田夕咲全集』随筆から）。

この代情や福田の記述は、農作業の目安になっていた乗鞍岳や笠ケ岳を指すものと思われる。

このように中近世から近代初めにかけての飛騨人にとっての岳は、冬期間は寒風を吹き送る厄介な存在であった反面、その他の季節には乗鞍岳などが崇拝の対象になったり、雪の付き具合を生活の暦にしたりしていた。

結論的には、「飛騨人は畏敬と畏怖が入り交じった感情で岳に接していた」といえるのではなかろうか。

それを美の対象として見るようになったのは、後述するように西洋から移入された近代登山や自然観が一般に普及し出した大正期以降であった。

郷土の碩学《せきがく》牧野良三は、昭和4年発刊の『飛騨風物記』（上島善一・飛騨毎日新聞）に次のような序文を寄せている。

東の方、アルプス連峰が、濃いコバルト色の空に、くっきりと浮かび出る、かえり見すると、加賀の白山が、聳然として山なみの上に立つ。高山の寺々から、暮六つの鐘がなり出すのを静かに聴きながら眺めているといつの間にか目頭があつくなってくる。

そして福田夕咲が飛騨山脈を詠んだ詩を引用し、これを朗々と読んでいると血が湧いてくるとまで書いていている。

このころから飛騨人は飛騨山脈全体の景色になじんできて、詩や短歌にもその美をたたえたものが現れる。

その後、乗鞍岳などは多くの学校の校歌に歌い込まれ、さらに山に親しむ人が増えてくる。

4．西洋から近代登山が移入される

18世紀の終わりころからヨーロッパ・アルプスで始まった近代登山（アルピニズム）についてはいろいろな定義があるが、簡単にいえば「ピッケルやアイゼン、ザイルなどの道具を使ってアルプスの雪と岩の山を登る方法、考え方」ということである。いわば「趣味での山登り」である。

「未知」を「既知」に変える探検に由来するもので、「初登頂」がアルピニズムの根幹であるという見方もあれば、「スポーツ的、科学的、芸術的関心によって生まれたアルプスとその他の高山における行為」と述べる人もいる。

ルネッサンスが近代登山の起源といわれ、それまでヨーロッパの山は「悪魔の棲家」であるといわれていたが、16世紀から18世紀にかけて、自然科学的な観察と研究で迷信を払拭《ふっしょく》し、アルプスの自然美に気づいた。

そして産業革命で富と時間を有し、未知の世界を求める一部の人が、アルプスの岩と雪の高峰に挑戦する楽しみを見つけたのである。

未知と困難を求めるロマンティシズムから出発したもので、単に山に登るだけでなく、方法としての美学を追求する、上品で高貴な文化として作り上げられ、余裕と教養が必要とされた。そして安政4（1857）年には英国に世界初の山岳会＝アルパイン・クラブが設立されている。

日本では明治維新後来日したイギリス人がその方法を持ち込んだ。早くも万延元（1860）年の夏には、初代の駐日イギリス公使サー・ラザフォード・オールコックが富士山に登っている。この登山は欧米人による最初の富士登山とされている。

明治政府は早期に西洋文明を取り入れるべく、開成学校などにイギリス人を主体としたいわゆる「お雇い外国人」を教授として多く迎えたが、その中に山好きな人が多くいて、余暇に日本の山に登った。文明開化とともにアルプス風の登山＝近代登山も日本にもたらされたのである。

クラーク、アトキンソン、チェンバレン、ドイツ人地質学者のエドモンド・ナウマンなどが日本の山に登り、手記を書いている。

そしてそのうち特に山の経験が深く、早い時期に日本の山に多く登ったのは、明治3（1870）年にアーネスト・サトウの推挙で大阪の造幣所に化学兼治金《やきん》技師として招聘《しょうへい》されたウィリアム・ガウランドであった。

ガウランドは治金学者、考古学者（特にドルメンや古墳の研究）として名が通っているが、近代登山の黎明《れいめい》期に外国人として槍ケ岳をはじめいくつもの山に初登頂しており、「日本アルプス」の命名者でもあるので、「日本近代登山の父」はウェストンでなくガウランドである、という人もいるくらいである。

彼は平金鉱山に関わったともいわれており、飛騨高山に泊まって乗鞍に登るなど飛騨に縁がある人物で、明治10年外務省発行の「外国人旅行免状」写しが残っている。

日本における近代登山の黎明は、明治21年に来日したイギリスの宣教師ウォルター・ウェストン、そして明治27年に刊行された志賀重昂の『日本風景論』によってもたらされたといわれる。

『日本風景論』は、アルプスのすばらしい景色を紹介したイギリスの文芸家ラスキンの『近代画家論』の影響を受けて、日本人として初めて日本の景色の美を論じ、その美しさを愛でるために旅や登山を奨励する書であった。

文中の「登山の気風興作すべし」は、小島烏水をはじめ明治の青年に大きい影響を与えた。そして小島もラスキンに傾倒してゆく。

明治38年小島烏水や岡野金次郎などがウェストンの勧めで日本山岳会を創立。したがってこの設立前後が日本の近代登山の出発点となり、ウェストンが「日本近代登山の父」と呼ばれるゆえんである。

日本の山と人をこよなく愛した英国人宣教師ウォルター・ウェストン。明治21年の来日以来、通算3回の16年間にわたる日本滞在中、布教活動をせずに登山ばかりしていたのではないかと思うくらい日本中の山に登っている。

彼は飛騨へ何度か訪れており、日本でのあまたの登山活動のうち、一番困難で印象に残っているのは3度目の挑戦で成功した笠ケ岳だとも書いている。

そのウェストンが、英国山岳会の機関誌『アルパイン・ジャーナル　第16巻・第１２０号（１８９３年）』で、飛騨側から見たわが飛騨山脈を絶賛しているので紹介したい。載っているのは、『ウォルター・ウェストン未刊行著作集上巻』（１９９９年・三井嘉雄訳　郷土出版社）である。

日本で最も崇高な山岳風景が望めるのは、人里離れた飛騨【ヒダ】の国の三方を閉ざす巨大な山塊の真ん中であると、ディクソン（ウィリアム・G・ディクソン）が、『日出ずる国』に書いているが、日本の代表的な風景の中を旅した経験を持つものならだれもがこの表現にうなずくことであろう。

筆者（ウェストン）も二年前、チェンバレン教授の熱心な勧めを受けて、その名も相応《ふさわ》しい日本アルプスに心を向けたのが最初だったが、そこにあったのは、思いもよらない最高の黙示であった。

飛騨の国は日本で最も辺鄙な地方であり、

ほとんど知られていない。北から東へかけての大山脈が、外界との音信をほぼ完全に断ち切る広漠とした辺地に、日本人であれ外国人であれ、足を踏み入れた旅人はほとんどいない。それでいて、すばらしい自然美のすべてを含むこのように見事な山脈は、日出ずる国の領内ではここしかない。（後略）

このように明治になって近代登山が移入されると、飛騨山脈の美しさは一躍脚光を浴びるようになる。

日本山岳会の創設会員で初代会長の小島烏水は、著書『日本北アルプス風景論』の中で飛騨山脈について次のように述べている。

飛騨山脈なる語は、明治21年に世に公にせられた。理学博士故原田豊吉氏の有名なる『日本群島地質構造論』で、はじめて新称として命ぜられたのである。

本邦には四国山系、関東山脈、蝦夷山系等、汎称的山脈の名はあるが、一国の名を冠せられたのは、唯一飛騨山脈があるのみである。今日では飛騨国は、その春慶塗と一位細工を有するが故に、伝わっているのでなく、日本最大最高の飛騨山脈を有するに依って、われわれの耳に痛切に響くのである。

私は飛騨の新聞に寄書して、飛騨の国都なる高山町、古川町、船津町が仮に亡失したとても、日本国全体には格別の影響も及ぼすまいが、もし飛騨山脈が消滅したとしたら、日本国土の上には測るべからざるほど重大な結果を来すであろうと言ったが、日本北アルプスの全部に、その国名を冠せられたのは、飛騨の名誉と言わねばならぬ。（後略）

その後、日本に真にアルプス的な登山が導入されたのは、大正10（１９２１）年にヨーロッパ・アルプスのアイガー東山稜初登攀を成し遂げた慶応義塾の槇有恒の帰国後で、彼がその技術と思想を伝えた。

このアルピニズム、西欧では一神教の自然観に基づく山の征服という面が濃厚であったが、日本では自然観や山容の違いから西欧とは少々違った発達を遂げた。そして、田部重治などが実践した「静観的登山」と呼ばれる、日本の古くからの伝統を踏まえた、精神性を重んじる登山も並行して行われてゆく。

日本における近代登山の初期の変遷は次のようになる。

・外国人の登山　万延元年初代英国公使の富士登山お雇い外国人の登山＝アトキンソン　ナウマンガウランドなど
・日本人の学術研究登山　地質学者＝原田豊吉、山崎直方など　植物学者＝白井光太郎など
・測量登山　参謀本部陸地測量部、全国の主要な山を初登　山林局の森林三角測量
・日本山岳会設立　志賀重昂「日本風景論」の影響ウェストンの来日　小島烏水
・日本アルプスの探検登山　明治41年〜大正3年黄金時代　地図発売と登山の普及　スキー術の渡来
・アルピニズムの勃興　槇有恒のアイガー東山稜登攀
・岩登りと積雪期登山　厳冬期とバリエーション

近代登山については、他に次の時代区分もある。

・第1期　探検時代　明治11年〜38年　お雇い外国人や陸地測量部
・第2期　夏山開拓時代（日本アルプス黄金時代）明治39年〜大正6年　縦走
・第3期　渓谷開拓時代　大正7年〜10年　冠松次郎
・第4期　近代アルピニズム台頭時代　大正11年〜昭和5年　学生の岩登りと積雪期登山

・第5期　登山の普及と分化の時代　昭和6年～12年　ヒマラヤ　ナンダ・コット
・第6期　戦時暗黒時代　昭和13年～19年
・第7期　大衆化時代　昭和21年～63年　マナスル
・第8期　登山の多様化時代　平成元年～

5. 飛騨における近代登山

飛騨の山を舞台に実践された近代登山の明治から昭和までの流れをまとめると次のようになる。

①黎明期

明治初期の登山は、ほとんどが来日中のいわゆるお雇い外国人によるもので、ガウランドやアトキンソン、ウェストンなどが御嶽山、乗鞍岳、白山、笠ケ岳などへ登っている。

日本人としては、地質学者や陸地測量部員が飛騨山脈へ入っているのみである。

明治27（1894）年に発刊された志賀重昂の『日本風景論』によって、日本人でも趣味で山に登る人が増えてくる。この本は日本最初の山の案内書であり、技術書であった。特に「登山の気風を興作すべし」という章は人々に影響を与え、飛騨の山へも次第に日本人が入るようになる。

明治22年、地質学者原田豊吉が『日本地質構造論』を著し、飛騨山脈、木曽山脈などを命名した。

②探検登山の黄金時代

明治38（1905）年、ウェストンの勧めで日本山岳会が設立された。日本人の登山者によって著名な山の初登頂が次々と行われ、乗鞍岳、笠ケ岳に日本人が登るようになった。

明治41年には日本山岳会に次いで飛騨山岳会が飛騨一円の学校の教員を中心としたメンバーによって設立された（飛騨山岳会設立については後述）。

③アルピニズムの勃興期＝銀の時代

近代登山が導入されたとはいえ、これまでの登山は皆無雪期の、しかも夏季の7、8月に限られていた。

積雪期の登山が発展するきっかけとなったのは、明治44（1911）年1月、オーストリアのフォン・レルヒ陸軍少佐が高田師団に紹介したスキー術である。

アルピニズムを実践するための補助技術といえる山岳スキー術は、レルヒによって北海道にも伝えられ、この時期北大に在学していた高山の二木長右衛門（のちに飛騨山岳会長）がスキー術を学んで道具を持ち帰り、大正2（1913）年に飛騨にスキーを伝えた。これは全国的に見てかなり早い時期だ。

大正8年には斐太中学にスキー部が設立され、裏山で一本杖のスキー練習が行われた。

大正12年8月飛騨山岳会は、アルプスのアイガー東山稜初登攀を成し遂げて帰国した慶応義塾の槇有恒を高山に招き、講演会を開催。この時飛騨人は初めてアルプス的な登山の技術と装備を知った。

この後、穂高岳での積雪期初登頂争いが展開され、5、6年の間に、積雪期の日本の主要な高峰は学生を中心とした登山者によってほとんど登られてしまった。これには飛騨の案内人が一役買った。（飛騨の山案内人については後述）。

④大衆登山の始まり

大正末期から昭和初期にかけて一般の人も山に登るようになってきた。飛騨でも飛騨山岳会主催の公募登山が行われ、乗鞍岳、焼岳、笠ケ岳、穂高岳などへ入っている。

このころから剣岳、谷川岳などの岩場ルート登攀が始まり、飛騨では北穂高滝谷・錫杖岳などの岩場が登られ始めた。

⑤第1次登山ブーム

昭和31（1956）年の日本隊のマナスル（81

56メートル）登頂によって、登山ブームとなった。

飛騨の山では滝谷、笠ケ岳、錫杖岳の岩場にルートが開かれる一方、槍・穂高岳の冬山に多くの登山者が入った。これは昭和45年ごろまで続く。

⑥第2次登山ブーム

バブルがはじけた平成2（1990）年ごろから始まり現在に続く中高年主体の登山が盛んになった。ただこの第2次のブームは、アルピニズムとは無縁のようだ。

6．日本で2番目に飛騨山岳会が設立される

明治38（1905）年に日本で初めて設立された日本山岳会に刺激を受けてか、明治41年、飛騨一円の学校の教員を中心とした16人の発起人の呼びかけによって、飛騨山岳会が設立された。

「登山は文化的行為」といわれるが、日本山岳会に次いでの早い時期の設立は、当時の飛騨の文化水準が高かったことを物語っている。

その時の設立趣意書は、近代登山というものをよく理解した、格調の高いものであった。この趣意書は日本山岳会の会報『山岳』第5年第2号（明治43年7月15日発行）に掲載された。

《飛騨山岳會設立趣意書》

予輩飛騨高山の里に生れ、幼より東に乗鞍の大嶽を望み、西に白山の秀峰を眺め、小さき脳中にも、若し彼の絶嶺に登らば、山後の国土は如何ならん、天外の景状は今一層明かならんと思はざるはなく、我が身長じて、強壮の者とならば、いつか登山の目的を果さんと志せり。

この志、独り予輩のみならず、苟も少しく

書を読み、地理を学び、博物の一端を知り、詩歌文章の趣味を覚ゆるもの、不知不識、山霊水精に吸引せられ、先づ付近の丘陵山谷に遊び、漸次高嶺峻岳、深渓大沢を探検せんとするは、免る可からざる順序とす、而して一たび登岳の實境に入らんか、遂に忘るべからざる妙趣を感得し、溢れて世の未だ経験せざる者をして、此の興味を嘗めしめんと欲する念や、切なりとす。

抑我が飛州の地たる、四周邦内至処、峻峰嵩嶺天を摩し、其の平坦部と唱ふる高山市街すら、既に海抜二千尺に近からんとす。之れ山岳国の稱を恣にする所以なり、故に山容水態の奇景なる、動植物の珍異なる、岩石鉱物の豊富なる、火山温泉の饒多なる、風俗人情の古朴なる、一として学術の好資料たらざるはなく、之を探れば益々自然の妙を悟り、之を究むれば愈々天工の偉大荘厳を感ず。

然るに我が飛州、現時の潮流たる徒に都市の浮華を学ばんとし、足許の研究を忘れて、妄りに他の風習に倣ねんとするの傾あるものの如し、学藝然り、教育然り、實業然り、宗教然り、去って都市に出づるを知って、留って利用厚生の道を求むるを知らず、精神の修養身体の鍛錬を忘れて、口の先、手の先、唯小智軽捷の人物たらんと欲するものに似たり、苟も人心の教養に注目し、飛州将来の運命を慮る者、大に之が救済の道を講じ、以て気風涵養の方策を運らさざるべけんや。

予輩微力と雖も、先づ自ら飛州の山岳を踏破し、遍く天工の妙を探りて、之を自家修養の資に供すると同時に、進んで之を世に紹介し、大に登山の気風を養成し、以て文藝、学術、教育、宗教に貢献する所あらんとす、冀くは同感の諸士、予輩の挙を助け、本会をして永遠に発育せしめよ。

飛騨山岳会設立発起者（明治41年8月）

岐阜県大野郡大名田村助役　飯山　義
同　清見村巣ノ俣小学校長　小島弥三郎
同　白川村小学校長　高垣松之助
同　大名田村農業家　中村　一二
同　上枝村農業家　大川　甚作
同　大名田村農業家　山田助太郎
同　大名田村小学校職員　山本　節
同　益田郡小坂町小坂小学校長　古瀬鶴之助
同　大名田村小学校職員　古瀬直次郎
同　大名田村小学校職員　藤瀬末太郎
同　大名田村小学校職員　後藤竹次郎
同　大名田村小学校職員　浅野朝之助
同　白川村鳩ケ谷郵便局長勲七等陸軍少尉
　　白木　忠孝
同　高山町銀行員　森下常之助
同　大名田村農業家　杉島平太郎
同　大名田村小学校職員　杉島宗太郎

その時創立に尽力した住廣造会員は翌年日本山岳会にも入会、会員番号は193番であった。

8月の設立直後には御嶽と乗鞍岳の集団登山を実施している。翌明治42年には古瀬鶴之助はじめ12人が白山に登頂。続いて古瀬は8人で笠ケ岳と焼岳（当時の呼称は硫黄岳）へ登頂するなど、精力的な活動を行っている。

この時の貴重な記録は、日本山岳会の会報『山岳』第5年3号に収録され、今でも見ることができる。

同じ年の8月には信州の鵜殿正雄が、ガイド上條嘉門次と前穂高岳から槍ケ岳までの日本初縦走を行った。これは同年河合良成などが行った剣岳登頂と双璧の大記録であった。

明治43年には、御嶽山飛騨側の実測図や白山登山道の調査図などが山岳会の手で作られ、御嶽山や乗鞍岳、焼岳などへの募集登山も行っている。

明治44年には、飛騨山岳会員住廣造が『飛騨山川』（編集岡村利平）を発刊。この中に乗鞍岳、白山、御嶽山の登山コースが紹介されている。

住廣造は、明治42年、『飛州志』をはじめとする飛騨叢書《そうしょ》を発刊し、飛騨史談会の機関紙『飛騨史壇』の月刊出版も行っていた。

飛騨山岳会では大正３（１９１４）年小島烏水を高山へ招いて講演会を開いた後、彼の双六谷探検（日本登山史黄金時代の最後を飾ったといわれる）に会員中野善太郎などが同行している。

飛騨ではこの時小島のピッケルやリュックサックなどの登山装備を見たり、話を聞いたりして初めて実践的な近代登山というものを知ったといってよい。

なお、その後、活動が低調になっていたことから、飛騨山岳会の別働部隊ともいえる「山刀倶楽部」が、大正８年７月17日、福田夕咲はじめ高山の山百合誌社の同人６人の発起人によって結成された。この時作られた規約のうち巻頭の宣言は、福田夕咲の手によった文学性の高いものであった。

雲霧を劈いて、山精を尋ね、蒜棘を掃ひて水霊を訪ひ、飛騨山郷の美を廣く天下に紹介する事を期す。

山に寂静の玄を探り、水に流轉の妙を究め、人格を清浄に、人世を荘厳ならしむる事を期す。

結成後活発な登山活動を実践。翌年笠ケ岳から槍ケ岳、穂高岳へ縦走し、大正10年７月には双六谷探検を実施しているが、この後、解散して新飛騨山岳会へ合流した。

大正12年６月、飛騨山岳会が福田夕咲らの尽力で旧会員および飛騨一円の町村も加えて再設立された。

これは大正初めごろから全国的に山岳観光が盛んになり、飛騨山脈への登山者増に伴って、登山道や宿泊施設の整備、情報提供、宣伝などが急務になっていたからだ。

従来の山岳会をこの時代に対応できる「山岳観光

協会」的な組織に改編し、山岳会長は高山町長直井佐兵衛、支部長には飛騨地域の町村長が就いた。

同年8月、飛騨山岳会は再設立の記念事業としてアイガー東山稜初登攀を成し遂げた槇有恒を高山に

大正10年　双六谷探検の山刀倶楽部員
(飛騨山岳会所蔵資料より)

招き、講演会を行っている。入場者300人。欧州での登山、秩父宮との登山のことなどが語られ、飛騨人は日本でもかなり早い時期に本場のアルピニズムというものを知ることになる。

飛騨ではこの時期を境として、それまでのわらじ履きと着ゴザのいでたちから、登山靴とリュックサックという西洋風の登山姿に変わっていった。飛騨山岳会員の中には、外国製のピッケルやザイルなどを買い求める人もいた。

半官半民の組織になった飛騨山岳会は、飛騨山脈飛騨側登山口の整備、宣伝に貢献し、特に信仰登山から近代登山の山に変わりつつあった乗鞍岳の開発に大きく関わっていく。

それは乗鞍岳室堂平の山小屋と頂上の避難小屋の建設、さらに南西面の山岳スキー場の開発であった。

昭和9（1934）年1月に開場された「飛騨乗鞍スキー場」は、麓の生井集落から大尾根、日影平、千町ケ原、千町尾根を経て剣ケ峰に至る広大な

飛驒山岳会創立１００周年記念
笠ヶ岳集中登山
（２００８年９月15日）

飛驒山岳会創立 100 周年記念出版
『ふるさとの山ー飛驒百山』の表紙

飛驒山岳会創立 100 周年
記念海外未踏峰登山
チベット
モンタ・カンリ峰（6425m）

ものでコース上には山小屋が４軒、避難小屋が１軒建てられ、飛騨山岳会が管理。全国からのスキーヤーでにぎわっていたが、戦後鉄道沿線のスキー場にリフトが出現すると、この山岳スキー場は急速に廃っていった。

戦後の飛騨山岳会は、再び明治の創立当時のような純然たる民間の山岳団体に戻った。

乗鞍に登山バスが通うようになり、観光の山になると山岳会は活動の場を笠ケ岳や穂高岳に移した。特に笠ケ岳は、昭和30年代から東面穴毛谷の各岩場ルートを開発して発表し、全国的に有名になった。その後、錫杖岳の岩場ルート冬季初登攀も行い、それらの活動が認められ、昭和50年6月、山と渓谷社から「山渓登攀賞」を受賞した。

昭和55年　会創立70周年を記念してインドヒマラヤメルー峰へ遠征隊（島田靖隊長はじめ7人）を送り、北峰（６４００メートル）の初登頂に成功した。

平成20（２００８）年には会創立百周年を迎え、『ふるさとの山—飛騨百山』の出版などいくつかの記念事業を実施した。その前年には、記念登山としてチベットにあるヒマヤラ山脈の未踏峰＝モンタ・カンリ峰（６４２５メートル）に遠征隊（木下喜代男隊長はじめ９人）を送り、２人が初登頂に成功した。

この登頂をたたえ、岐阜県知事から「岐阜県民栄誉賞」、中日新聞社から「中日ぎふ体育賞」、岐阜新聞社から「岐阜新聞スポーツ賞」などが授与された。

平成28年1月には笠ケ岳、錫杖岳での登攀や、地域での長年の活動が認められ、日本山岳協会「第五回日本山岳グランプリ」を受賞した。

7. 白山　２７０２・２メートル

乗鞍岳や笠ケ岳へ登って西方を望むと、南北に裾を引いた秀麗な白山の姿があり、特に雲海に浮かぶ純白の頂が朝日に輝くときなどは、あまりの気高さに思わず手を合わせずにはいられない。飛騨の集落からは全容を望むことができないが、それでも思わぬ場所から、御前峰や剣ケ峰のたおやかな姿を目にすることがある。

　この山は『日本百名山』の著者深田久弥のふるさとの山であり、深田は「白山ほど威あってしかも優しい姿の山は稀だ」「多くのものを自分に与えてくれた山」と言っている。

　白山とは、主峰の御前峰（２７０２㍍）と剣ケ峰、大汝峰を中心に、越前、加賀、越中と、飛騨、美濃の国境を南北１００キロに連なる山脈の総称である。

遅くまで多量の雪を残していて、『万葉集』には「志良夜麻」と書かれ、古くから「越のしらやま」「しらね」と、すがすがしい名で呼ばれていたことがうなずける。

　白山は手取川、九頭竜川、長良川、荘川の水源であり、太古から水をもたらしてくれる神＝水分神が住む霊地として、山そのものを神体山としてあがめていた。

　周知の通り、富士山、立山とともに日本三霊山に数えられている。


自然も豊かで、「ハクサン」の名を冠した高山植物は約30種もあり、山麓にはブナ林が広がる。

白山信仰の広がり

　白山は養老元（７１７）年、「越の大徳」と称された泰澄《たいちょう》により開かれたと伝えられているが、それ以前にはこの地方の豪族道君の後継者上道氏が白山神社の神主であり、白山信仰の起源は古い。

　泰澄は越前国麻生津の人で、14歳で出家し、越《お》知山《ちさん》で修行したあと白山に登って、御前峰《ごぜんぼう》、大汝《おおなんじ》峰《ほう》、別山《べっさん》に神（仏）を祭ったという（『泰澄和尚伝記』９５９年）。

　泰澄の両親は帰化人系といわれるが、実像ははっきりしない。

神亀２（７２５）年、僧行基が登拝。

天平宝字３（７５９）年、万葉集に白山が詠まれる。

天長９（８３２）年、加賀＝白山本宮、越前＝白山中宮平泉寺、美濃＝白山中宮長滝寺の三方の馬場

位山からの白山

が開かれた。

「登拝者の数の多いことはたとえるものがない。登り千人、下り千人」と、長寛元（1163）年に書かれた『白山《しらやま》之《の》記《き》』（白山比咩神社所蔵）にある。

なお、馬場というのは一般的に山中の広い地形を指すが、白山信仰の場合以下の諸説がある。一．登山口で馬をつないだり馬の用意があったりする場所で、ここから歩いて登る場所。二．白山登拝口で人々が集まった特定の場所。三．修行道場。寿永2（1183）年には木曽義仲が北陸路を都へ攻め上る際、白山の三馬場に戦勝祈願したことが『源平盛衰記』に記されている。

また日本海を航行する船からは目立つ白い山が標《しるべ》としても頼りにされ、信仰の対象になった。どの船も松任市の沖合を通るとき帆を下ろして遥拝したという。

三馬場のうち、江戸中期には越前禅定道が一番にぎわった。これは登山口の市（一）ノ瀬に平泉寺直営の温泉付き宿坊があったからだ。

このころ御前峰には、白山妙理《みょうり》大権現（＝本地は十一面観世音菩薩）、大汝峰には大己貴神《おおなむちのかみ》（＝本地は阿弥陀如来）、別山には別山大行事（＝本地は聖観音）が安置してあったが、庶民に人気があったのは大汝峰（奥の院）の阿弥陀如来であった。

延宝７（１６７９）年、円空が郡上八幡の法伝の滝で修行中「白山神託」を得、白山に登拝した。

天和３（１６８３）年、大淀三千風が登山。

寛延２（１７４９）年、池大雅が白山に登る。池はその翌年と宝暦10（１７６０）年にも登っている。

文政５（１８２２）年、本草学者黒田伴存が『白山草木志』を著す。

明治元（１８６８）年の神仏分離令により、石仏は破壊され、各峰の仏像は白峰村へ下ろされた（現在は旧白峰村の林西寺境内にある白山本地堂に安置）。

明治以降信仰での登山者は減ってゆく一方、西洋から移入された近代登山の対象になり、一般の登山、学校の集団登山が行われるようになった。外国人を含めた学術調査登山なども行われ、他の信仰登山の山同様、登山目的は多様化してゆく。

明治30年ごろから本格的なスポーツ登山が盛んになるが、白山は探検的登山を志す者にとっては岩場がなく、困難度が低いため、槍・穂高岳のようなにぎわいは見られなかった。

大正10（１９２１）年5月、金沢医専生稲坂謙三が白山山系を初縦走した。

昭和28（１９５３）年、日本山岳会石川支部が、年末年始にかけ厳冬期極地法登山を行った。

昭和32年3月、小松山岳会が白山全山系縦走を行った。

昭和37年11月、国立公園に指定される。

全国の白山神社

その後、白山神の分霊社が各地に創建されていったが、東海地方への普及は、石徹白の御師や長滝諸坊の活躍が大きい。また遠く東北や九州などは前述のように海上航海者の信仰によるものである。

現在全国の白山神社は2716社で、東日本に多い(北海道、宮崎、沖縄はゼロ)。未登録のものを含めると、3千社とも5千社ともいわれる。

県別の内訳は、岐阜県525、石川県156、福井県421、愛知県230、秋田県86、山形県76、岩手県27、富山県106　東京都40、埼玉102である。(『飛騨白山』白川郷文化フォーラム)

飛騨には神社が451社あるが、このうち白山神社が132社もあるのは、長滝寺が飛騨に寺領を持っていたことと、白山を越えて飛騨へ入った金森長近が、白山をあがめていたからだとされる。しかし、近世において白山ないし天台修験が活動した証拠はない。そして13府県から白山が望めるという。

総本社は、石川県鶴来町にある加賀一の宮＝白山《しらやま》比咩《ひめ》神社。白山《しらやま》比咩《ひめ》大神《おおかみ》を祭ってある白山頂上の白山神社の里宮でもある。

美濃禅定道(石徹白道)の隆盛

養老年間に泰澄が建立したといわれ、古い歴史を有する白山中宮長滝寺は、平安時代のはじめ天長5(828)年、それまでの法相宗から天台宗に改宗した。天長9年には美濃禅定道の馬場となり、治安元(1021)年、延暦寺の天台別院として大きく勢力を広げた。

鎌倉時代には歴代朝廷や武士、豪族の信仰が厚く、寺領は白川郷の他河上庄(旧清見村、旧益田郡、大野郡、旧高山市の一部)を含む広大なものであった。隆盛時は「六谷六院、神社仏閣三十余宇、衆徒三百六十坊」といわれた。

中世から近世には庶民の信仰登山や社寺参詣が盛んになったため、白山信仰も「白山講」をつくるべく、長滝寺の坊中、白山中居神社の社家が東海地方などへ登拝の勧誘に歩いた。

最盛期登り千人、下り千人といわれた美濃禅定道(石徹白道)の経路は、次のようなものであった。

「里の宮」「白山前宮」「一の門」「前宮」(洲原神社)

―「馬場」（白山中宮長滝寺）―桧峠―石徹白白山中居神社―美女下―神鳩ノ祠―母御石―銚子ケ峰―三ノ峰―追分―別山―南竜ケ馬場―室堂―白山
長滝寺から神鳩までは、毘沙門岳、大日ケ岳、芦倉岳の山稜を通る修験者専用の行者道もあった。

戦国時代に入ると、武将による荘園の蚕食や押領、浄土真宗勢力の拡大による末寺の転宗などで衰退の一途をたどる。

明治元（１８６８）年の神仏分離令で白山長滝寺と長滝白山神社に分けられた。

明治32年の大火で堂社を焼失した。この時幸いにも4千点余の仏像、仏画、経典など多くの宝物は持ち出され、白山瀧宝殿で保管。現在白山文化博物館で順次公開展示されている。

なお、毎年1月6日に長滝白山神社で国指定重要無形文化財の「六日」祭が行われるが、これは修験者の行事の名残といわれる。

奥州藤原秀衡寄進といわれる虚空蔵菩薩像
（石徹白大師堂所蔵）

飛騨の白山

『飛州志』の「嶽」の項には、三方崩岳、笈摺岳、大日ケ岳など周辺の山の記載はあるが、白山そのものは載っていない。

『斐太後風土記』には「名山」の項に、「國の西に在。國界第一の最高山なり。飛騨國白川郷と、越前加賀三國に跨。大野郡白川郷平瀬村より、絶頂まで九里八丁。古来諸人、大白川にそひて、険岸の峻嶺をさかのぼり、六七里も奥山なる、温泉小屋と云う所にやどりて、翌日白山絶頂に登れり」と、平瀬からの道を紹介してある。

白山は「加賀の白山」と呼ばれるが、残念ながら「飛騨の白山」とはあまりいわれない。石川県の平野や海上からはその全容がよく望め、多くの人の信仰の対象になったが、飛騨からはその一部しか望めないことと、美濃禅定道からの登拝者は多かったが、飛騨からは少なかったことが理由であろう。

しかし、白山山麓の白川郷などはもともと白山信仰の美濃馬場であった天台宗長滝寺のテリトリーであり、修験者が往来していたという。

諸国を巡っている修験者は、土木・農業・鉱業・医薬などの進んだ知識を持っており、白川村に近年まで架かっていた「藤蔓《つる》の橋」などは、彼らの指導によるものという（『白川村史』）。

その後、白川郷には、親鸞の弟子といわれる嘉念坊善俊の布教によって次第に浄土真宗が浸透していった。

嘉念坊は、初め美濃国郡上郡白鳥にとどまっていた後白川郷に入ったといわれ、文永６（１２６９）年、鳩谷に一宇を建てた。これが白川郷における真宗道場の始まりである。

真宗の他力易行の教えに帰依した人々は、現世利益を求めて白山へ登拝する必要が少なくなったが、それでも少数ながら平瀬や尾上郷道から登拝を行っていたようだ。

平瀬道（飛騨道）

白山への登拝路は前述のように美濃禅定道がメインルートであったが、飛騨の人々は主峰に近い平瀬、あるいは尾上郷から直接登っていた。

平瀬からの道は、昔は「飛騨道」と呼ばれていたが、その始まりははっきりしない。

16世紀初めにこの辺りを支配していた内ケ嶋氏の文書には、永正11（１５１４）年には既に大白川温泉（湯ノ俣温泉）が開湯していることが書いてあるので、中世には平瀬からの道があったことが分かる。なお、内ケ嶋氏は美濃馬場の長滝寺と姻戚関係を結んでいた。

白山は今でも飛騨側の地獄谷などから噴気が出ているが、過去何回もの異変が記録されている。

天文16（１５４７）年3月から5月に三つ峰（主峰）が噴火し、白川郷内の作物に影響を与えた。

天文23年3月、別山が噴火し、この年も白川郷内の五穀が実らなかった。

天保12（１８４１）年飛騨高山郡代小野朝右衛門の命で、役人山崎弘泰、土屋秀世がライチョウを捕まえに登った記録が残っている。

> 平瀬村より絶頂まで九里八丁。古来諸人大白川に沿いて険岸の峻嶺をさかのぼり、六、七里も奥山なる温泉《ゆの》小屋というところに宿りて、翌日白山絶頂に登れり（山崎弘泰著白山紀行『山分衣』）

このころの道は、谷を左右に何回も渡渉し、岩場を桟道で通過したり、はしごがあったり大変険しかった。難所には「キンチヂミ」「惣右衛門保木」などの名が付けられていた。「保木」とは「歩危=難所」のこと。

なお、この道は、昭和30年代に大白川ダム工事で左岸に自動車道が付けられるまで利用された。

明治12（１８７９）年7月にはイギリスのロバート・ウイリアム・アトキンソンとジェームス・メイン・ディクスン、学生の中沢岩太が白山に登っている。

平瀬で人夫6人を雇い、大白川の腐りかけた丸太小屋で1泊し、翌日地獄谷を経て白山から石川県側に下山している。アトキンソンは日本の地理学に貢献したいと、気圧計で各地の山での標高を計測し、高山植物を１００種あまり採集している。彼は東京開成学校の化学教授で、日本酒の醸造法を研究したことで有名である。

明治23年富山の漢学者小杉復堂が友人２人と白山

に登頂し、加賀禅定道を下って白山本宮に参拝し富山に帰った。

明治40年から平瀬の人が登山道を整備。

明治42年8月、古田鶴之助はじめ飛騨山岳会員12人が地獄谷から集団登山をした。一行のうちの大野郡上枝村（現高山市下林町）農業家大川甚作が、当時珍しかった乾板カメラで、大白川温泉の入浴や地獄谷の雪渓を登っている様子、御前峰登頂の場面などを撮っていて、この貴重な写真が近年、大川家から見つかった。

当時大白川温泉（湯俣温泉）からは白山へは地獄谷を登っていたが、雪渓の崩壊などで危険なため、

明治 42 年 8 月 10 日
白山頂上での飛騨山岳会員（大川家所蔵）

明治 42 年 8 月 10 日
地獄谷を登る飛騨山岳会員（大川家所蔵）

明治末期に現在の大倉尾根に道が付けられた。

明治43年5月、日本山岳会の石崎光瑤が平瀬から白山に登った。この時は城端から白川へ入り、平瀬で坂本善兵衛方に宿泊するが、この辺りはクマ猟師が多く、この冬だけで20頭獲ったと聞いている。案内に猟師を雇い、大白川の鉱山事務所跡に宿泊して頂上を往復した。

アルピニズムに傾倒していた彼の白山評は、「山其物もすこぶる女性的、白雪を被っていても見惚れなかった」「人をして毛髪慄然たらしむほどの趣がない」というものであった。

大白川で出土した和鏡(白川村教育委員会所蔵)

昭和35（1960）年8月、電源開発㈱の大白川ダム工事中に左岸の岩場から銅製の和鏡3枚が出てきた。

年代を鑑定した結果、草花飛雀鏡は14世紀、州浜文鏡は15世紀、藤花流水鏡は15～16世紀に作られたものと推定された。

このことから、平瀬からも修験者が入っていたことが分かり、大白川から白山までの禅定道があった可能性があるとされた。バスが通うようになって平瀬が登山基地になると、「平瀬道」「大白川温泉道」と呼ばれるようになった。

尾上郷道

尾上郷川沿いの道は、平安初期修験者によって開設されたという。

別山肩の峯越峠から白山へ登拝路として、あるいは越前大野経由で都への道として利用された。「白山道」「峯越し道」とも呼ばれ、北陸道の裏街道でもあった。

文明（1469～86）のころ、北陸の一向宗門徒が大名によって京都本願寺への道を断たれたときここを通った。

旧荘川村では、男子が15歳になるとこの尾上郷道から白山に登り、大人としての自覚を神に誓う成人儀礼があったという。白山はもともと女人禁制であったが、飛騨真宗中興の祖といわれる明心が、その禁を無視して女性も登れるようにしたといわれている（『荘川村史』）。

天正13（1585）年8月には、金森長近が飛騨進攻のため石徹白から尾根伝いに軍を進め、尾上郷へ下って向牧戸城を攻めている。

この道は同年12月の大地震で崩壊した。

昭和4（1929）年8月、桑原武夫（後の京大チョゴリザ遠征隊長）ら5人が、越中大山村の名ガイド宇治長次郎らを伴って尾上郷川を遡行。谷の途中で信州島々のイワナ釣り師に会う。一行は別山を経て白山に登り、中ノ川に下っている。

昭和36年電源開発の御母衣ダム完成で、尾上郷川は湛水池となった。

白山北縦走路（念仏尾根・越中禅定道）

白山から北へ延びる長大な尾根からは、奉納されたと思われる仏具などが近代になってからいくつか発見され、修験者が修行で歩いた道であろうといわれている。

明治27（1894）年7月25日付の岐阜日日新聞で「白川村加須良集落奥12キロの山中に、高さ21メートルの石塔があるのを猟師が発見した」「五層の塔にはそれぞれ窓があり、彫刻が施されていた」との報道がされていた。平成になってこの記事を見つけた人が探索に入り、その後、元飛騨山岳会員の田口勝氏などいくつもの調査隊が入ったが、いまだ確認されていない。「幻の石塔」といわれている。

明治38年8月26日、陸軍参謀本部陸地測量部の一行が、笈《おいずる》ケ《が》岳《だけ》（１８４１メートル）の頂上で経筒二、和鏡、小さな仏像、短刀などを発見した。銅製経筒の一つには、永正15（１５１８）年武州太田庄光福寺・大聖寺住僧善養坊同行12人の銘があった。これらは東京国立博物館に収蔵されている。

同年、小松市立博物館の学芸員が、三方《さんぽう》岩《いわ》岳《だけ》（１７３６メートル）加賀岩の岩窟で中国製の水注を発見した。これは鎌倉時代に作られたものであることから、その少し後の時期に、修験者がこの辺りを修行の場としていたと推定されている。

妙法山（１７７６メートル）山頂には、江戸期から銅製の櫃《ひつぎ》があると伝わっていたが、昭和7（１９３２）年8月28日、大聖寺営林署員が頂上の石室内部に銅製と木製の経を発見した。

昭和8年4月18日、金沢商業学校山岳部の辰巳直二氏がこの銅箱を持ち帰り、現在金沢市立玉川図書館に収蔵されている。

昭和10年には山頂から蛇谷側へ１００メートルほど下ったところで錫杖、小刀、経典が見つかったという話が伝わっているが、その後、その遺物は行方不明になっている。

白川村大窪集落で民宿を営んでいた大杉鶴平氏が大窪から野谷荘司山（１７９７メートル）へ至る新道を付け、三方岩岳への道と北尾根の道も整備した。昭和48年9月、中日新聞社がこの努力をたたえて功労賞を贈り、その新道が「鶴平新道」と名付けられた。

昭和52年北尾根を縦断する白山スーパー林道が開通した。

〈余話〉白山ではライチョウの羽で稼いでいた

文政5（１８２２）年紀伊の本草学者畔田伴存が書いた紀行『白山草木志』に、白山頂上本社の室《むろ》で、ライチョウの羽が売られていた話が載っている。

ライチョウの羽は、「蚕の掃きたて」といって、卵をふ化させ、微細な幼虫を種箱から蚕座へ移すときに使うという。ニワトリ、カラス、タカが多く使われたが、霊山の鳥＝ライチョウのほうが多収につながるといって重宝された。また、茶室の炉や炉縁を掃き清める羽箒として、茶人羨望《せんぼう》の的であった。その他お守り、雷よけの護符としても珍重された。

ライチョウ1羽で72枚から74枚とれ、今の金で3万円から5万円の収入になったという。白山からライチョウがいなくなったはずだ。

筆者の白山との関わり

筆者は、平成14（2002）年白山国立公園岐阜県協会発行の『飛騨・美濃　白山』に、「神のおわす山」と題して次の駄文を寄せている。

（前略）私は、若い時期には穂高岳や剣岳、錫杖岳などで岩登りが中心の、いわば山と闘うような激しい登山を行っていたが、その間遠くに霞む飛騨の山であるはずのこのたおやかな白い山のことがずっと気になっていた。

30歳代に入り、この登山方法になかば興味を失いかけたころ、私の白山通いが始まった。はじめは若さの傲りから入山時期は技術と体力が必要な4月末の残雪期が主であったが、その後、年と共に無雪期のブナの原生林やお花畑のすばらしさに魅せられてゆき、今では雪の時期花の時期とも登らせてもらっている。

4月末、一人で山スキーを持って大白川（時期によっては平瀬から歩いた）大倉尾根をたどり、御前峰へ登り、大白川までの大滑降を楽しんだ。ある時はテントを持って三方岩岳へ登り、野谷荘司岳、妙法山を経て北縦走路を歩き、また「上り千人、下り千人」といわれた南縦走路も石徹白から銚子ケ峰、三ノ峰、別山へとスキーで歩いた。

特に印象に残っているのは、三方岩岳からさらに北へ、仙人窟岳から笈ケ岳、大笠山、奈良岳、赤摩木古山を経てブナオ峠へと下った山行である。この間は部分的に急峻でスキーが使えないため、全部徒歩であった。深田久弥氏が『日本百名山』に加えたかったという優美な笈ケ岳の頂上でテント泊をしたが、全く静かな、心が満たされた山行であつた。（略）

　こうして今まで数多く白山に登ったが、他の霊山同様この山にも不思議なエネルギーが充満しており、自分もそのエネルギーを貰って癒されることを実感した。（略）

　大白川の登山口から続くブナの原生林の木漏れ日大倉尾根を吹き渡る風、夏の日に光るカンクラの大雪渓、室堂平に咲き乱れ風にそよぐ色とりどりの高山植物、これらはすべて宇宙のリズムと連動しており、神の語りかけである。皆さんも白山の神に会いに行かれたらいかがであろうか。

8．御嶽山　３０６７メートル

木曽の御嶽

この山も白山と同じで、飛騨側からはその姿が十分望めないが、濃尾平野からは優美な裾を引いた山容を遠望することができる。特に冬の晴れた日など、雪を抱いて平野にそびえる姿は本当に崇高であり、古くから信仰の対象になってきたことがうなずける。

　美濃の人は子供のころ、「御嶽へ登ってこんでは一人前でない」といわれたというし、東海地方の小中学校の校歌には御嶽が歌い込まれていると聞く。

　多くの関東や中京の信者が、中山道を通って木曽側から登拝していたので、残念ながら「飛騨の御嶽」でなく「木曽の御嶽」と呼ばれていても致し方ないだろう。

　他の霊山と同様、山に神霊が宿るとする神奈備信仰に始まる山岳信仰で、濃尾平野の人々は水源をつ

位山からの御嶽山

かさどる「水分神」のおられる山としてあがめた。
そのうち原始宗教から修験者の支配する山へ変わってゆく。

言い伝えによると、文武天皇（637〜707）の時代に役小角がこの山を開き、後にこの山に神変大菩薩の称号が贈られたという。

大宝2（702）年6月、信濃国司高根道基が御嶽神社奥社を創建し、さらに宝亀5（775）年には、信濃国司石川朝臣望足が郡領などを率いて黒沢口から登拝し、社殿を営み、大己貴命、少彦名命の二柱を祭った。

さらに桓武天皇（781〜806）の時に木曽黒沢の御嶽神社に「御嶽権現」、王滝のそれに「御嶽山蔵王《ざおう》大権現《だいごんげん》」という社号が贈られたという。

初期の山名は「みたけ」であり、蔵王権現を主神としていた。

これは役小角が開いた修験の本山大峯山の金峰山《きんぷせん》が「金《かね》の御嶽《みたけ》」と尊称され、この御嶽山が金峰山の地方修験道場「国峯《くにみたけ》」であったからだという。

寿永年間（１１８１〜１１８４）に木曽義仲が「平家打倒祈願」に登ったともいわれている。

中世のころは修験者が活躍しており、「おのだけ」「おんみたけ」「みたけさん」と呼ばれていた。

天文23（１５５４）年には、木曽義在、義康親子によって本社の再興が行われた。

修験者が去った後、江戸中期までは、黒沢口は神主武居氏、王滝口は神主滝氏が仕切っており、百日精進潔斎した、限られた道者だけしか登拝できなかった。

享保４（１７１９）年６月15日、尾張藩は、御嶽の頂上から浅間山と富士山を見通して絵図面を作成するため代官村山氏に命じて41人を登頂させている。

安永元（１７７２）年、尾張の修験者覚明行者が黒沢口から登ろうとしたが、尾張藩の巡視役人に捕らえられた。覚明はそれでも諦めきれず、天明２（１７８３）年、黒沢村の武居家へ軽精進による大衆化を申請したが却下。

このため天明５年、黒沢口から信者などを引き連れて３回の無許可登拝を強行し、頂上に立った。覚明はその翌年も単独で登ったが、帰らなかったので村人が探したところ二ノ池で病死していた。

寛政３（１７９１）年、ようやく黒沢口からの軽精進登拝の認可が下りた。

一方王滝口からは寛政４年武蔵の本山派修験者普寛行者が登拝。寛政11年には黒沢口同様軽潔斎での登拝が認可された。

こうして一般の登拝が許可され、黒沢口は中京方面、王滝口は江戸を中心とした多くの信者が講を作って登るようになり、庶民だけでなく、江戸の旗本、各地の大名、朝廷までが登拝するようになった。明治に入っても登拝者は年間１万人を下らなかった。

明治２（１８６９）年、政府の神仏分離政策で、黒沢および王滝の両里宮は神仏習合的な権現号を廃し、それぞれ、黒沢口は御嶽《みたけ》神社、王滝口は御嶽岩戸神社になった。

明治5年、新政府から発せられた修験道廃止令で、御嶽教の指導者が還俗させられた。

明治7年、新政府教部省の指導で、教派神道という神道教団がいくつか誕生する。

明治15年、王滝口の御嶽岩戸神社は御嶽神社に改称し、これ以降黒沢と王滝両登山口に御嶽神社が立ち並び、今日に至っている。

明治になっての御嶽信仰は、「国家管理の神社」と「大衆登拝の講中」、さらにそれら講中の結集による「教派神道教団」の形成という、重層的な構造となってゆく。

明治になって西洋からのいわゆる「お雇い外国人」が余暇に山に登りだした。中でも御嶽山は道中に石室や小屋があって登りやすかったので、信者に交じって西洋人がいち早く登っている。

明治6年7月、英人ウィリアム・ガウランドとディロンが黒沢口から御嶽山に登った。

明治7年8月、英国の軍人A・ホーズが、黒沢口から登って王滝に下った。

明治8年7月、ドイツ人地質学者J・ラインが黒沢口から登り王滝口に下った。

明治11年英国公使館書紀のアーネスト・サトウとA・ホーズが、黒沢口から往復。

明治24年と明治27年の2回、英国の宣教師ウェストンが御嶽山へ登頂した。

ウェストンは2回目の登山のことを手記に残しているが、特に巡礼（講）の人々の滝行、そして頂上で見た神霊が憑依《ひょうい》する「御座」のことを詳しく書いている。この時は黒沢口から登り王滝口に下りている。

ウェストンと同じ時期にアメリカ人パーシバル・ローエルが登り、その時の印象を『オカルト・ジャパン』に記している。

明治26年、参謀本部陸地測量部の技師館潔彦が1等三角点選点のため登頂。明治28（1895）年には櫓《やぐら》を組む造標のため古田盛作が登り、翌年には三輪昌輔が観測に登っている。この時落雷で人夫1人が死亡。

明治42年8月、飛騨山岳会の富田令禾ら3人が、実測図作成のため秋神から登り王滝口へ下山した。

明治中ごろから鉄道が順次敷設され、大正8（1919）年、中央線が全線開通すると登拝者は飛躍的に増えた。さらにバスが運行されるようになった昭和14（1939）年には6万3千人を数えている。

戦後自動車道が田の原や中の湯まで開通するとさらに増え、白装束の列が下から頂上まで続いた。

このにぎわいに水を差すように昭和54年噴火が起き、2年間にわたって頂上への登拝は禁止となった。

さらに昭和59年には長野県西部地震が発生し、王滝村は被害を被った。

平成に入ると講中の高齢化で登拝者が減少し始めたが、折しも「日本百名山登頂ブーム」が起こり、一般の特に中高年の登山者が増加していった。

平成26（2014）年9月27日11時52分に突然噴火し、登山者58人が死亡、5人が行方不明になるという、戦後最悪の火山災害が発生した。現在は噴火による規制も解かれ、以前の姿を取り戻しつつある。

筆者は若い時期、夏に白装束の人が列をなすこの山をなにか抹香臭い、俗化した山だと敬遠し、積雪期しか登らなかった。

その後、年とともに自然観が変わり、「六根清浄、御山快晴」「譲らせたまえ、懺悔《ざんげ》、懺悔」を唱えながら登る人々の喜々としたおだやかな表情を見ているうち、これこそ日本人の山への接し方だと気がついた。講の一行には子供や老人も交じっており、互いに助け合って登っている姿がほほえましい。

信者の組織は、明治以降前述のように政府の宗教政策などによって変遷を経、戦後宗教の国家管理体制が解かれると教団組織の再編が行われ、離合集散を繰り返して今日の姿に落ち着いた。

言うまでもなく、現在御嶽登拝の信仰の中心になるのは御嶽講（現在も200から300あるといわれ、神仏混交の両部神道）と教会である。これらの組織の多くは、御嶽教、木曽御嶽本教の他、神道修成派、神習教、神道大教、扶桑教など各教派神道教団や、御嶽教から15近くに分派した御嶽山大教などの神道系の教団に属して活動している。

特定の教団に所属せず、昔ながらの有志の集まりとして講を維持しているところもある。さらには、天台宗寺門宗や金剛山修験本宗など修験系の教団に属し、神仏分離以前の修験的な信仰を守っている組織もある。また近年、新宗教教団や霊性運動の影響を受けた団体の登拝も見られるという。

立ち並ぶ霊人碑

御嶽神社宮司で木曽御嶽本教官長の武居哲也氏は著書の中で「神々の坐す神聖な御山に向かい、岩や木の根を踏みしめながら一歩一歩足を進めることで、いつしか雑念が祓われ大自然と一体になり、ついには頂上を極め大神様に身を委ねるときに得られる、御嶽信仰の境地がそれであります。」と言い、この心情は厳しい修行を積んだ修験者も、近代登山で登る人々も同じであろうと書いておられるが、全く同感である。

筆者はその御嶽山でいつも思うことがある。昔は8合目以上を絶対神聖視し、排便などは紙の上で行ったといわれるが、現在は8合目以上にも小屋があって、不浄とされるトイレもある。さらに頂上には石の人像など人工物が数多くあり、聖山とは程遠いのではないかということだ。

山岳信仰は「自然と神と人間」の調和がとれた関

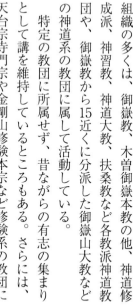

講登山の一行

係が必要であるが、御嶽山はあまりにも自然が損なわれていると思う。聖山の頂というのは何もない方がいいと思う。
　私事になるが、平成16年チベットの未踏峰を登りに行ったとき、途中でその山が地元の人からあがめられていると聞いたため、頂上は踏まず、標識など何も残さなかった。
　御嶽山の登山口や沿道にある多くの石碑＝霊人碑についても触れなければならない。
　これは江戸期の一心行者が「おんたけを信仰するものは、亡くなると、おんたけの童子として、霊魂を山々に引き取ってもらえる」としたため、今も増え続けており、現在黒沢、王滝でおよそ3万基あるといわれる。霊を祭る常磐木《ときわぎ》の役と、神が降りる依《より》代《しろ》の役目を果たすという。

御嶽山飛騨側

　飛騨側は寛政３（１７９１）年、覚明が小坂口を開いたとされているが、この時覚明は既に亡くなっているので（天明６年）、この開山は疑わしいといわれている。

　しかし、覚明はその前に飛騨の小坂村（現下呂市）大字大垣内の今井源右衛門、大字落合の片岡吉蔵宅に泊まって周辺の教化活動にあたっていたともいわれるので、小坂口の開山は覚明と無関係ではない。

覚明の布教の影響であろうか、飛騨では近世末から御嶽信仰が広まり、憑《つ》き物の「ゴンボダネ」を落とす御嶽行者の記録も見られる。

御嶽への登山路が険悪で、信州側とくらべて小坂口からの登山者が極めて少なかったため、明治18（1885）年村内有志が「闡道崇岳社」を設立し、関西方面へ資金寄付を呼びかけ、3千円をもとに登山道を開発した。

明治21年、朝日村の谷口直吉が濁河に「嶽ノ湯」を開業した。

翌年飛騨頂上に神社の必要を感じ、摩利支天岳頂上に建立したが、後に五ノ池に移した。また五ノ池に籠り堂を建設した。

この小屋は、昭和になってから高山の水口善松が平成9（1997）年まで管理をしていたが平成10年からは小坂町が管理し、平成11年には建て替えが行われた。

明治27年、小坂町下島区の一の鳥居そばに里宮の祠が設置された。

飛騨頂上の社と石仏

登山口である濁川温泉へは、昭和30年、秋神温泉から追分への新谷林道が開通し、昭和32年夏に濃飛バスが国鉄久々野駅から秋神温泉経由で1日4往復の定期バスを運行。

小坂からの御嶽開発道路は、昭和28年に起工し、昭和33年に追分まで完工。

翌昭和34年6月、御嶽開発バスが国鉄小坂駅から1日4往復の定期バスを運行したため、信者や一般登山者が一挙に増え、濁河温泉にも旅館、ホテルが次々と建てられた。

御嶽開発㈱は、昭和31年ごろから自動車道路敷設、登山バス運行、温泉ホテル建設、スキー場開発などを行い、御嶽飛騨側の開発に大きく寄与した。

昭和50年、濁河に御嶽山飛騨口里宮（神官河野録助）が建てられ、昭和59年宗教法人になった（現在は後継者がいなく、建物は朽ちている）。

現在飛騨には、御嶽教飛騨教会、御嶽教古川教会（いずれも奈良本庁）、御嶽教弘明教会の3団体があり、活動をしておられる。そして前述の霊神碑は、松倉観音、錦山などにある。松倉観音は御嶽山がよく見える場所だ。

飛騨の御嶽信仰については、令和元年に御嶽教飛騨教会（高山市七日町2丁目）に常駐しておられるTさん（当時68歳・女性）から次のような話をはじめ、いろいろ貴重なお話を聞くことができた。

「われわれにとって御嶽は根本道場であり、神様そのもの。今でも毎年精進潔斎して御嶽へ登拝している。信者の高齢化でだんだん行く人が減って、今では十五、六人」「山中で悪天になることがあるが、これも試練を与えていただいていると思い、感謝して登ってくる」

Tさんは祖父母、母親が信者さんだったため、高校卒業後ためらわず信仰の道へ進まれたそうだ。こうして今でも御嶽山を神とあがめ、山を中心にした生活をしておられる方とお話をすることができ、近代文明、近代登山に染まっている筆者としては、ある種の感慨を覚えずにおられなかった。

9. 笠ケ岳　2898メートル

飛騨人にいちばん人気がある山、そして「おらが国の山」として自慢できるのは笠ケ岳ではなかろうか。

他県と山頂を共有しない独立峰では岐阜県の最高峰であり、その山容の美しさは群を抜いていて、どこへ出しても誇れる山だ。有名な槍ケ岳や穂高岳から少し離れて孤高を保っていることなどから、全国的にもこの山のファンは多い。

『日本百名山』の著者深田久弥は笠ケ岳の項で、「多くの笠の筆頭に挙げられるのは、北アルプスの笠ケ岳である。そしてこの山ほどその名に忠実なものはない。どこから望んでも笠の形を崩さない。遠い立山から見ても、近い穂高から見ても、山麓の平湯から仰いでも、飛騨の高山から眺めても、すぐそれと指摘できる、文字通りの笠ケ岳である」とつづっているが、この山の形に対する賛辞はこれに尽き

笠ケ岳

ている。

　この山の名について「古くは肩ケ岳と呼ばれ、迦多賀嶽とも表記されていたが、それが笠（傘）ケ岳になり、大《おさ》ケ岳とも書かれた」とする説もあるが、上宝本郷本覚寺の住職椿宗が文政8（1825）年に著した『大《かさ》ケ嶽之記』には、「もともと笠（傘）ケ嶽と呼ばれていたが、傘の字は天恵を避ける道具であり縁起がよくないので、迦多賀嶽と改める」とあり、迦の字は釈迦《しゃか》の迦、多賀は近江の多賀大明神を勧請したとある。播隆の著も「迦多賀嶽」を使っている。

　古来山の名というのはその形を素直に表現したものが多いので、筆者は椿宗の説を取りたい。大《かさ》ケ岳も傘の字を嫌ってあてたものであろう。

　次にこの山の出生の秘密に触れてみたい。「新穂高ロープウェイ」から笠ケ岳の東面が一望できるが、この山の上部に水平で明瞭な長いしま模様が走っていることに気が付かれた方も多いのではないかと思う。筆者も長い間不思議に思っていたが、ある時信州大学理学部地質科学科の原山智教授のお話を聞いてその謎が解けた。

　教授が5年がかりで調査をした結果、笠ケ岳の山体を作る地質は白亜期末のカルデラ火山によってできたものであることが分かり、しま模様はかつてのカルデラ火山の1500《メートル》にも及ぶ断面であるということであった。

　笠ケ岳は二重の陥没構造を有する典型的なカルデラ火山で、カルデラ内には厚い火砕流堆積物と溶岩が繰り返し堆積し、堆積した噴出物の層がその後、の飛騨山脈の隆起で激しく浸食され、しま模様になったというものである。かつて火山として激しい青年期を過ごしたこの山も、今では静かな晩年を送っているといえる。

　筆者もこの山が好きで、一般登山道の他、東面穴毛谷の岩場や西面の谷などから四季を通じてかなりの回数登っている。そして山へ行けないときは上野平などへ眺めに行くが、特に雪を冠《かぶ》ったこの山が夕日に赤く染まり、次第に色あせてゆく姿は何度見てもすばらしい。

縄文人は上野平の集落（現在の高山市上野町垣内遺跡）から、環状列石の向こうにそびえる笠ケ岳山頂の夏至の日の出を拝んでいたはずだという（飛騨考古学会吉朝則富氏談）。その秀麗な姿は、はるか昔から人々の関心を引いて当然であった。

本覚寺の住職椿宗は『大ケ嶽之記』のなかで「はっきりはしないが大永年間（1521〜28）本覚寺を中興開山した道泉禅師が登った」としているが、詳細は不明である。

『上宝村誌』には、本覚寺再興は文永年間（1264〜75）とあり、『大ケ嶽之記』に記載の大永年間は文永年間の誤りであろうといわれている。文永年間といえば元軍が博多へ襲来した年で、かなり古い時代である。

円空上人の登山

元禄年間には「円空仏」で有名な修験僧円空が登り、頂上に木彫りの大日如来を安置したと、播隆上人の『迦多賀嶽再興記』、椿宗和尚の『大ケ嶽之記』に記してある。

円空は、自己に「木食戒《もくじきかい》」という厳しいいくつかの律を課し、南は奈良から北は北海道まで全国を行脚した僧で、その請願の中の一つに「作仏」があり、仏を作り続けることが修行であったという。元禄8（1695）年に64歳で没している。

晩年は飛騨の奥地がお気に入りだったようで、旧上宝村だけで150体の円空仏が残されている。金木戸で彫った十一面観音像（現在は長倉の桂峯寺に安置）の背面には、「頂上六仏」という墨書のあとに、乗鞍嶽、保多迦嶽（穂高岳）、伊応嶽（硫黄岳＝現在の焼岳）、錫杖嶽、□五六嶽（双六岳）、□□）と飛騨山脈の五つの山岳名が書かれている。

六つ目の□□について池之端甚衛氏は、著書『飛騨と円空』の中で、「六つ目の山岳名が、墨が消えて読み難いものの飛騨山脈の五山が書かれているところから、六つ目の□□は、「大嶽《かさがたけ》」＝笠ケ岳と推定されます」と書いておられる。円空はこれらの岳にすべて登ったと伝えられ、笠ケ岳に登ったとすれば、双六谷側からであろうともいわれている。登路は笠谷方面からであったという説もある。そして頂上で阿観百日の密業行を行ったといわれる。

粗食で山野を駆け、野宿をものともしない修験僧の円空にとって、笠ケ岳登山はさほど困難ではなかったと思われる。しかし、言い伝えだけであり、自己の日記や頂上の仏像など登頂の証が残されていないのが残念である。

南裔禅師の登山

天明２（１７８２）年６月（一説には天明３年）、地元の今見右衛門の案内で、高山宗猷寺の南《なん》裔《ねい》楚《そ》雄《ゆう》禅師《ぜんじ》、北洲禅師が地役人などを伴い笠ケ岳に登頂。仏像と鉄札を奉納した。

しかし、この事実は、南裔あるいは同行者が記した登山記録がいまだ発見されていないので、その40年後に登った播隆が頂上でその仏像を確認し、持ち帰った鉄札に記された内容を読み、案内した今見右衛門に話を聞いて記した『迦多賀嶽再興記』（文政6年）、『迦多賀嶽再興勧化帳』（文政7年）、そして播隆上人が飛騨を去った後に本覚寺の住職椿宗が書いた『大ケ嶽之記』（文政8年）による他ない。

なお、これらの書は、日本登山史上貴重な登山記録とされている。

南裔禅師が奉納した鉄札
（上宝ふるさと歴史館所蔵）

天明年間は全国的に天災地変の多い年で、天明2年には長雨などの影響で全国的な飢饉《ききん》が発生し、天明7年まで続く。天明3年には浅間山が大噴火して死者が2万人出たといわれ、全国的にさらに大飢饉となった。飛騨も凶作となり、酒の醸造も禁止になるなど厳しい年になり、翌天明4年の4月ごろには多くの餓死者が出た。

またこの年の正月から飛騨一円にチフスが大流行し、多数の死者が出たし、3月には高山に大火があり、2340軒11カ寺が焼けている。

南裔禅師の登山は、これらの災いの鎮護を祈願するためであったのか、今となっては知る由もないが、登頂年について浅間山が噴火した年の天明3年説もあるので、そうだとすればこの祈願目的はさらに現実味を帯びてくる。

南裔禅師のこの登山の話はその後も地元に伝わり、40年後に播隆が本郷の本覚寺椿宗和尚からこのことを聞いて再興を志すのである。

播隆上人が著した『迦多賀嶽再興記』には、「天明年中　前宗猷南裔禅師・北州（＊洲）禅師登山之時　弥陀薬師不動之三尊ヲ勧請シ玉フ　其節隋伴施主之名簿　金札之銘ニ顕然タリ」と南裔の足跡が記してある。そして南裔が登拝路を開設しなかったのでその後、参詣の人がなかったことを嘆いている。この時見つけた鉄札2枚を持ち帰っていることも記録されおり、現在そのうちの1枚が本覚寺に残っている。

続いて『迦多賀嶽再興勧化帳』には、南裔禅師一行の以下のような勧請名簿がある。

阿弥陀仏　木仏故ニ今ハナシ　高山地役人
橋爪源八行当　薬師如来　銅仏故ニ今ニアリ
山内与五郎勝正　大日如来　木仏故ニ今ハナ
シ　同町方　野川庄八長資　不動明王　泥仏
故ニ今ハナシ　永井宗元　十一面大士銅仏故
ニ今ニアリ　都築久四郎、都築忠久郎　勧請
導師宗猷南裔北州謹拝誌　同小三郎　川合半
重郎

天明二壬寅治天六月吉祥日　本願主　高原今見右衛門公明

奉納仏が列記してあり、本願主は今見右衛門になっている。

この文から分かるように、当時金属製の仏像は残っていた。この後、播隆が再興のため勧請した施主の名前が時の芝郡代から始まり、延々と列記してある。

播隆が持ち帰った鉄札には「天明二壬寅年　本願主　現住宗猷北州（洲）誌　奉納立傘嶽大権現本地薬師如来　六月如月殊日　今見右衛門公明」と記してある。

『迦多賀嶽再興勧化帳』の名簿のうち、山内姓の地役人は、他の資料により山林担当の役人であったことが分かったが、同行の他の地役人も同様の役で、山廻りの仕事も兼ねての登山であったかもしれない。

椿宗和尚の『大ケ嶽之記』には「天明年中に至りて　前住宗猷南裔北州（洲）の両師　及び当嶠先師登山　先案者は今見右衛門公明なり　同伴橋爪源八山の内与五郎　野川庄八　都竹久四郎　都竹忠久郎永井宗元　其の余六七輩也　銅札の銘　今尚を顕然たり　此辰阿弥陀仏・薬師・不動・大日尊を勧請せり　次いで十一面大士之像者　古川林昌寺古林禅師船津の駅牛丸宗享居士に伝与して奉納す　故に以上五尊なり　惜哉　其の後絶えて参詣の輩なし」として、十一面大士之像は播隆と違い、船津牛丸氏が古川林昌寺の古林禅師にもらったものを奉納したとしている。そしてこの後、播隆の業績が記してある。

大正3（1914）年、双六谷を初遡行した帰路に笠ケ岳に登った日本山岳会の小島烏水も地元の人南裔の登山に関心を示し、「飛騨笠ケ岳の早期登山者円空・南裔・播隆」という文の中で詳しく書いている。

きっかけは当時小島と交友があった飛騨山岳会員の住廣造が出版した『飛騨遺乗合符』である。

小島によると、当時住廣造がこれを日本山岳会員に無料で配布したという。

周知のように『飛騨遺乗合符』は、安政5（1858）年に高山の桐山力所が野史、私乗の世に残ったものを書き記したもので、大正期に編集が行われ発行された。

第二類地誌の「高原舊事」の下佐谷村の項に「此の村に笠ケ岳あり　絶頂に傘嶽大権現あり　此本地佛薬師如来御丈一尺三寸　銅佛不動明王御丈一寸八部　金佛林昌寺古林和尚持佛　大日如来御丈五寸銅佛此四尊は天明三年卯月六月十八日宗猷南裔和尚高山野川氏船津牛丸氏今見村今見氏三人と登山して勧請す」とある。なお、桐山が拾った「高原舊事」は、享和年間（1801～1804）に船津の医師稲田元浩が書いたとされるもので、播隆が飛騨へ入る前のことである。

小島は南裔のことを書くに当たり、この『飛騨遺乗合符』の他、当時斐太中学の山岳部長を務めていた笠原烏丸が昭和5（1930）年に『飛騨毎日新聞』に連載していた「笠ケ岳とその開祖について」を参考にしている。

南裔は岩井戸の大岩（通称字書岩）に「万古不易」という文字を篆《てん》書で揮毫している（現在は乃木大将の揮毫に変わっている）。南裔が揮毫した時期について小島烏水は、地役人山崎弘泰の日記には寛政年間になっているが、川上淇堂の『飛騨二十四奇岩帖』には天明3年癸卯夏になっているので、笠ケ岳登山の帰路であろうと書いている。

『飛騨山川』の笠ケ岳の項にも天明3年の南裔禅師一行の登山のことがあり、登路は、笠島から笠谷に沿ってであろうと書いてある。『飛騨編年史要』も天明3年になっているので両方とも『飛騨遺乗合符』によるものかもしれない。

登山年について、今まで南裔が残した鉄札の「天明二壬寅年」によって天明2年とされてきたが、前述のように「高原舊事」には天明3年と記されているので今後さらに調べたい。

播隆上人の登山

この後文政年間に播隆が、笠ケ岳と槍ケ岳に関わってゆく。

播隆は天明６（１７８６）年、越中の神通川支流の熊野川をさかのぼった谷間にある河内村（富山市大山町河内）という寒村の中村家に生まれた。戸数９戸の小さな村なので寺を置くこともできず、播隆の家が浄土真宗の道場となっていて、村人が信仰のよりどころとしていた。幼少から念仏を聞きながら育った環境もあり、19歳で尾張の寺へ入り、29歳で江戸の霊山寺へ。そこで正式に浄土宗の僧になった。

その後、山城国（京都市）伏見町の一念寺で修行の後、思うところがあって鉄鉢《てっぱつ》を友とする雲水となり諸国を遍歴した。

その間伊吹山を中心に美濃、尾張、近江の山中で修行をした。

文政４（１８２１）年、36歳の年、さらに厳しい修行の場を求めて山国飛騨へ入った。本郷本覚寺の椿宗和尚を訪ね、修行の場所を相談した結果、高原郷岩井戸村の杓子《しゃくし》岩屋を紹介され、ここで修行を開始した。修行は念仏三昧で五穀や塩分を断つという過酷なものであった。

文政５年の６月ごろ、単独で笠ケ岳に登頂し、祠にあった天明２年に高山の宗猷寺南裔和尚が安置した鉄札を持ち帰った。この時の南裔和尚の登山ルートはその後の播隆の登拝路と共にいまだに分かっていない。

この時笠ケ岳の歴史を知り、登拝道の再興を思い立つ。本覚寺の椿宗和尚に相談したところ賛同を得、南裔和尚を案内した今見右衛門の紹介を受けた。

今見右衛門に会ってこの登拝道建設の計画を語り、協力を依頼すると、快く了承を得ることができた。そして人足の手配をしてくれた。

この登拝道は、文政６年６月上旬に着工し、50日後の７月29日に完成を見る。山麓から山頂まで九里八町といわれ、約40キロの長さである。

その年の8月5日に、お礼のため村人18人を伴って再度登頂する。頂上で来迎（ブロッケン現象）に遭い、全員感涙にむせんで平伏した。下山後、日本最古の登山記録といわれる「迦多賀嶽再興記」を著したが、この時の様子が詳しく記されている。

笠ケ岳への仏像寄進勧請のため「迦多賀嶽再興勧化帳」を携え、大阪、京都、近江、尾張、美濃などを回った結果、百十数人の寄進を得た。

播隆上人奉納の阿弥陀如来像
（高山市奥飛騨温泉郷村上神社所蔵）

文政7年、山頂に安置する厨子《ずし》入り阿弥陀如来像と8体の石仏を携え飛騨へ戻る。そして参詣登山希望の人が大阪、京都などから播隆に同行してきた。8月5日、66人を伴って登頂し、頂上に銅の阿弥陀如来を安置した。この時もご来迎が出て、人々は感涙にむせんだ。

起点の笹嶋集落から8体の石仏を安置したが、そのうち3体がいまだに未発見で、この間の登山ルートも謎に包まれたままである。

笠ケ岳頂上から槍ケ岳を遠望してその勇姿に引きつけられて今度は槍ケ岳の登拝を決意し、文政九年の偵察の後、文政11年登頂した。

天保5（1834）年、播隆上人が槍ケ岳から笠ケ岳へ縦走。

播隆研究の第一人者槍ケ岳山荘の穂刈貞雄氏は、播隆上人の心情は信仰心というより、未知の頂やルートを登攀することに魅力を感じる現代のアルピニストと同じ精神ではなかろうか、と言っておられる。

天保11年、美濃国中山道太田宿の脇本陣林市左衛門方で亡くなる。行年55歳。

播隆上人の足跡については、上宝郷土史研究会の播隆研究家川上岩男氏執筆の資料に負うところが大きかった。あらためてお礼を申し上げたい。

このように明治になって西洋から近代登山が移入される前に、宗教的な目的で登られた笠ケ岳であるが、穂刈貞雄氏が言われる通りその動機は宗教とはいえ、困難を克服しての未知なるものの探求という点では近代登山と共通点は多い。修験道を日本版アルピニズムと言う人もいるくらいである。

なお、近代以前の笠ケ岳への登山者ということになれば、記録が残っている宗教家の他は、この山を昔から縦横に駆けまわっていた地元の猟師であることは言うまでもない。クマやカモシカを追ってかなり広範囲に行動していたので、近代登山になってからウェストンや小島烏水などの案内は、庭を歩くようなたやすいことであった。

近代登山

明治25（1892）年、山好きな英国の宣教師ウォルター・ウェストンは、乗鞍岳登頂の帰路、笠ケ岳に登るべく蒲田へ行って案内人を求めたが、案内人不在の理由で断られ、再び平湯へ引き返して安房峠から松本へ下っている。

2度目は明治26年である。この夏は大町から針ノ木峠を越え、富山経由で再び蒲田へ来て案内人の依頼をしたが、「農閑期だが日照りで猟師たちは皆雨乞いの旅に出て不在」との理由でまた断られ、平湯経由で松本へ帰っている。

3回目の挑戦は翌明治27年であった。同行者は名古屋に住む聖公会派の宣教師ハミルトン（カナダ人）と、英語の堪能な同志社の学生浦口文治。

信州の白馬岳へ登頂した後、安房峠経由で平湯へ下り、蒲田へ入った。村長に交渉すると、またしても「夏祭りできこりや猟師は不在で案内するものはいない」の一点張りでらちが明かなかった。諦めかけていると、通りかかった栃尾の猟師奥村市次郎という若者が案内を引き受けてくれ、中尾の中島市右衛門という猟師頭を紹介してくれた。

2人の話は「蒲田の人々は、笠ケ岳の崖や谷には強大な山の精がさまよっていて、ここへよそ者を連れ込んだら里の作物がめちゃめちゃにされてしまうと信じており、それを行った者は制裁が加えられる」というもので、再三断られた理由がこれで分かったのである。頂上には阿弥陀如来などが祭ってあり、異教徒の入山はもっての他、というわけであったと思われる。

彼らの勧めでその夜遅く宿を中尾の中島宅へ移し、案内は中尾の猟師山本竹次郎と、奥村市次郎がしてくれることに決まった。

翌日は3時に出発して穴毛谷を遡行し、念願の笠ケ岳の頂上（実際は抜戸岳）に立った。往路を下り、中尾に着いたのは夜の10時であった。手記には、その時聞いた猟師たちの猟の服装、装備が克明に記されていて面白い。

明治35年、参謀本部陸地測量部の直井武が2等三角点の選点、造標のため登頂。同年鈴木孫太郎が観測を行った。

明治39年8月には林並木が中尾の猟師松葉七之助の案内で穴毛谷から笠ケ岳へ登っている。

明治41年、石川光春が登頂。

明治42年、飛騨山岳会の古瀬鶴之助が登頂。

大正3（1914）年7月29日には、日本山岳会の小島烏水が、後に日本登山史黄金時代の最後を飾ったといわれる双六谷探検のため岐阜から自動車で高山へ入り、長瀬旅館に投宿。飛騨山岳会員の住廣造、福田夕咲や高山の文人などと交流を行い、8月1日には高山町役場にて講演を行った。演題は「飛騨山脈の自然としての高貴性について」であった。

翌日国府八日町から上宝村本郷へ入り、見座の水琴亭吉本旅館に投宿。翌8月3日、下佐谷の猟師高田勘太郎を先達として入渓。飛騨山岳会員中野善太郎（当寺双六小学校長）も同行している。

この探検は上宝村挙げての協力体制が敷かれ、まことに大がかりなものであった。飛騨ではこの時小島が持参したピッケルやリュックサックなどの登山装備を見たり、話を聞いたりして初めて近代登山というものに具体的に触れた、といってよい。

一行は８月６日双六谷源流部に到達、双六岳に登った後、笠ケ岳への稜線で露営。翌日笠ケ岳へ登った後、穴毛谷を下山し、蒲田温泉に泊まっている。

大正10年７月、飛騨人によって双六谷探検が大々的に行われた。福田夕咲、牛丸抱石、富田令禾ら、「山刀倶楽部」のメンバーと大阪毎日新聞の特派員など総勢17人が７月19日から10日間かけて双六谷を遡行し、帰路は左俣谷を下山している。

大正15年３月29日、成蹊大の成瀬岩雄他１人が中島作之助の案内で左俣谷から抜戸岳そして笠ケ岳に登り、積雪期初登を行った。

昭和２（１９２７）年８月、「山の宮様」秩父宮が、槇有恒の案内で穂高から槍ケ岳、双六岳、笠ケ岳と縦走され、平湯を経て高山へ出られた。この縦走には、蒲田案内人組合の内野常次郎はじめ飛騨の主なガイドたちが案内にあたった。

８月29日、高山では宿舎の高山別院前に飛騨山岳会会員が会旗の下に整列してお迎えし、宮様は山岳会会長からの山刀１振り、ネコダ１個をご嘉納された。そして随伴者の渡辺御用掛、槇有恒氏らにも山刀を差し上げたと、高山町役場の記録にある。

秩父宮が登山に関心を持たれたのは大正10年赤倉の細川邸に泊まられ、妙高山麓で遊ばれて以来といわれる。大正11年には燕岳から槍ケ岳へ縦走。大正15年にはヨーロッパ・アルプスでいくつかの巨峰を登攀し、イギリス山岳会から名誉会員に推挙されている。大正天皇が崩御されたためご帰国。

同年、神戸高商の三好毅一らが錫杖岳の烏帽子岩を登攀。

昭和３年３月27日には法政大が笠ケ岳周辺で意欲的な山行をしている。大倉弁次が同行して小倉谷から笠ケ岳を往復し、翌日穴毛谷を下降、24日には中畠政太郎が穴毛谷から笠ケ岳へ登った。

昭和６年10月９日には、中野善太郎が笠谷から雷鳥尾根を伝って笠ケ岳に登り、頂上の祠に安置されている仏像を確認。この報告は日本山岳会の機関紙「山岳」（第29年第２号）に掲載されている。

昭和10年、一般登山者が多くなってきたため、双六岳に上宝村営の小屋が建てられた。

昭和30年代になると、全国的に先鋭的な登山を競う時代になり、各山岳団体が未踏の岩壁にルートを開いたり、そのルートの冬季初登攀を競ったりした。

飛騨山岳会もこの時流に乗り、笠ケ岳東面穴毛谷四ノ沢や錫杖岳の岩場に登り、いくつかの初登攀の記録を残した。そして西面の笠谷などいくつかの谷の遡行も行った。

笠谷横平で発見された播隆仏
（上宝ふるさと歴史館所蔵）

この時期に播隆仏探索をライフワークにした飛騨山岳会会員元田貞雄のことも書き留めておきたい。

昭和34年の夏に笠ケ岳頂上の祠で仏像に出合い、宗教登山をした先人に関心を持つ。

昭和36年から探索を開始。昭和37年笠新道が開通したとき一番乗りし、頂上から雷鳥尾根を探索したが見つからず。この後毎年通うが発見できず。

昭和51年4月、5月、7月と通い、ついに10月セバタで発見。台座から落ちて落ち葉に半分埋まっていた。この時の写真がピンぼけだったため、11月に再度行き撮影。

昭和52年4月、5月とも時間切れで撤退。7月は増水で渡れず、テント泊の後撤退。9月13日横平でようやく発見できた。

こうして石仏2体が発見され、その後、南西尾根で営林署員の清水清嗣氏が1体を発見。その後、多くの団体、個人が探索を行っているが、残りの3体はいまだ発見されていない。

10．槍ケ岳３１８０メートル・穂高岳３１９０メートル

筆者にとっての穂高岳は「青春の山」である。その峩々たる山にある北穂高岳滝谷、前穂高岳東面、屏風岩などの岩場の登攀は、未知なるものに憧れ、冒険心が旺盛な若き日の自分を満足させてくれた。今でも夏雲が湧く穂高連峰を仰ぐと、仲間と岩場をよじ登っている往時の姿が彷彿《ほうふつ》として蘇る。

岩が屹立するだけの険しい槍・穂高岳は、たおやかな山容の乗鞍岳などと違って昔から信仰の対象にもならず、明治になって近代登山が移入され、そのアルプス的な山貌が注目されるまでは飛騨人にとって縁遠い存在であったといえる。

江戸期の飛騨の書物には以下のように記されている。

『飛州志』の「嶽」の項には、「鑓岳高山国府ヨリ寅ニ當ル吉城郡高原郷神坂村ニアリ後ハ信州ナリ錫杖ヵ岳小鷹岳白木岳以上槍ヵ岳ニ接ス」とあり、「小鷹嶽」の名称が見られる。

『斐太後風土記』首巻「名山」の項には白山、御嶽、騎鞍嶽、鑓嶽の四嶽が載っている。そのうち鑓嶽は、「三嶽に遥に相對たる尖高峯也。飛騨國と信濃國に跨。吉城郡高原郷神坂村より、登攀六里半」。「穂高」は、諸嶽の項に「穂高嶽が神坂村に在」と載っている。

また「騎鞍嶽山脈連逮乃圖」には乗鞍岳に連なる山として正しい位置に穂高嶽、鑓嶽が描いてある。

『飛騨国中案内』の山岳の項には、鑓ケ岳は出ているが穂高岳はない。飛騨での槍・穂高の認識は以上のようであり、詳しい説明はなく、前述のように身近な山ではなかった。

一方信州では、松本藩が伐採のため山麓の上高地へは入っていたため、飛騨より身近な山になっている。江戸末期上高地へは２００人を超える杣が入っていたという。

穂高岳の説明が文書に出ているのは、享保年間松本藩によって編まれた『信府統記』だといわれる。

「この幣帛のような形の大山は穂高大明神の山と云言い伝えられており、険しくて登ることはできない。山麓に大明神の御手洗池（明神池のこと）がある。梓川の奥に山嶽が多いが山名は分からない。」

そして穂高大明神は白雉４（６５３）年に伊勢から勧請し、鎮座されたと記されている。

文政元（１８１８）年には、穂高村の医師高島卓貞が上高地に遊んで紀行文『穂高記』を残している。

文政11年、播隆上人槍ケ岳を開山

天保４（１８３３）年、名古屋の地理学者津田正生が槍ケ岳に登ったといわれている。この年播隆も登り、坊主岩屋に滞在。

天保５年、播隆槍ケ岳に善の綱をかける。

明治10（１８７７）年7月28日、ガウランドが槍ケ岳に登頂。

明治25年、ウェストン槍ケ岳へ登頂し、日本のマッターホルンと呼んだ。

明治26年ごろから参謀本部陸地測量部による三角測量が飛騨山脈で開始された。この年館潔彦測量掛が嘉門次と選点のため前穂高へ登頂し、その2カ月後ウェストンが登った。

明治28年、造標のため古田盛作が登り、翌年には三輪昌輔が測量のため登っている。

明治35年、直井武が槍ケ岳へ選点、造標のため登り、観測には同年中島摧が測量に登っている。

同年、小島烏水、岡野金次郎槍ケ岳に登頂。

明治36年、米人ガレン・フィッシャー、松本注連太郎他が槍ケ岳に登頂。

明治38年9月、鵜殿正雄が前穂高岳に登頂。

明治39年、阿部郡治が穂高連峰の測量登山のため奥穂高に初めて登り、涸沢岳、南岳、西穂高岳に3等三角点を設置した。

同年林並木が岳川から前穂高に登ったが、ここを奥穂高、明神岳を前穂高と発表している。

明治42年、鵜殿正雄が穂高岳から槍ケ岳へ初縦走を行った。同行者４人、案内は名ガイド嘉門次他1人。８月15日上宮川谷から前穂高岳と明神岳の鞍部に出て、16日槍ケ岳に登り、これまで知られていなかった穂高山域の全容を明らかにした。前穂高岳から北穂高までは案内人嘉与吉とガレン・フィッシャーが同行した。

それまで奥岳とも呼ばれていた穂高岳の名称は山塊全体を指していたが、この時鵜殿は峰ごとに名を付けた。

その後、名称の変遷があったが、現在のような呼称にしたのは慶応大の斎藤、大島であり、それが陸地測量部の地図に明記されたのは昭和５（１９３０）年であった。

大正元（１９１２）年、ウェストン夫妻が嘉門次と岳沢より奥穂高南壁から奥穂高岳登頂。

同年、鵜殿正雄が奥穂高岳から西穂高へ縦走。

大正４年６月、焼岳が大噴火し、大正池ができた。

同年８月、飛騨山岳会の中野善太郎はガイド今田金次郎と白出沢を遡行し、奥穂高岳から西穂高岳へ日本で初めての縦走を行って、日本登山史にその名をとどめている。

このころから日本在来の輪カンジキを使用して登山者が雪山に入りだしている。

大正３年、名古屋の八木道三が徳本峠から上高地へ入り、帰路中尾峠から蒲田温泉へ抜けている。

大正７年３月には、田中喜左衛門らがスキーで上高地から中尾へ来ている。

大正12年４月、慶応大の大島亮吉らが飛騨のガイドの案内によってスキーで槍平から槍ケ岳へ登ったのを皮切りに、早稲田大、学習院大などの山岳部が穂高岳などへ残雪期、厳冬期の初登頂を行った。これには飛騨のガイドたちの果たした役割が大きい（学生による穂高岳などでの残雪期、厳冬期の活動については、次項「奥飛騨の山案内人たち」を参照）。

大正14年７月、今田重太郎が白出沢のコルに小屋を作った。

昭和２（１９２７）年、現在の槍ケ岳山荘開業。

昭和５年には甲南高校の伊藤愿・田口一郎がジャンダルム飛騨尾根を登攀。

昭和６年には甲南高校の田口二郎らが滝谷の第２、第３尾根を登攀している。この後戦後まで、滝

厳冬の穂高岳(国見山山頂から)

谷を中心とした岩場の初登攀争い（無雪期、積雪期）が続いてゆく。

昭和7年2月、有名な単独行者加藤文太郎が槍ケ岳から笠ケ岳を往復している。そして彼は翌年の3月には上高地から槍ケ岳、奥穂高岳、前穂高岳、上高地、乗鞍岳へと10日間の縦走をしているが、昭和11年1月に槍ケ岳北鎌尾根で消息を断った。

歴史を見てきたように、この岩が屹立する山は、山容が日本で一番本場のアルプスに似ているため、ザイルやピッケルなどを使っての岩登りや冬山登山など、先鋭的なアルピニズム実践の格好な舞台になった。

戦後日本隊がヒマラヤのマナスルに初登頂して登山ブームが起き、さらに穂高岳を舞台にした井上靖の小説『氷壁』が拍車をかけて、この山に登る人が激増した。冒険的な登山ができるこの山は多くの若者の心をとらえたが、残念ながら今までに多くの命もこの山に散ってしまった。飛騨山岳会だけでも、今年（２０１９）の3月に涸沢岳西尾根で滑落死したＭさんはじめ、３人が穂高岳で眠っている。
しかし、この厳しくて美しい岩の殿堂は、今後も登山者を虜《とりこ》にするのであろう。

11. 近代登山史に名を残した奥飛騨の猟師

大正から昭和初期に槍・穂高岳で活躍した山案内人たち

はじめに

明治になって西洋から移入された近代登山。初めは各地の主な山の登頂が目的になっていたが、大正後期から登り方が大きく変わり、岩登りや積雪期登山など、よりスポーツ性が強くなる。

これは大正10（１９２１）年９月にヨーロッパ・アルプスでアイガー東山稜初登攀を果たした槇有恒が帰国し、「岩と雪」の山を登攀する技術と思想を伝えたからだ。

このころから早大、慶大、学習院などの山岳部の学生が中心になって、剣岳や槍・穂高岳でより困難な登高が行われてゆく。この時期の登山記録は、日本近代登山史に今も金字塔としてそびえているが、これを裏で支えたのが、飛騨の中尾、蒲田などの山に精通していた猟師たちであった。

彼らは顧客を導いて現在でも難しい厳冬期の槍・穂高岳を歩いたり、ザイルを結んで滝谷を攀じたりする高度な登山技術を習得しており、ヒマラヤ登山のシェルパと同じであった。

しかし、これらの案内人たちの名はほとんど登山史に残っていない。これは明治生まれの飛騨人というより、このころの山人特有の過剰ともいえる謙虚さから、彼らは皆自分の山歴をなんら語ることなく鬼籍に入ってしまったからだ。

登山史の陰に隠れていた飛騨人の輝かしい功績をあらためて記して世に紹介し、たたえるのが小稿の目的である。

近代登山の黎明期を支えた山人

近代になってからの中部山岳地帯へは、最初は英国人ジョン・ミルン、ロバート・ウイリアム・アトキンソン、ウイリアム・ガウランドなどいわゆる「お雇い外国人」や外交官などが、学術調査や趣味で登っている。その後、ナウマンが関わって設立された農商務省地質調査所の日本人学者などが、地質調査や地形図作成のため歩いた。

同時期に参謀本部陸地測量部員が三角測量のため、飛騨山脈、木曽山脈、赤石山脈のめぼしい山の頂に足跡を記し、農商務省山林局の営林技手も、国有林境界確定のため各地の山へ入っている。

そして明治27（1894）年志賀重昂の『日本風景論』が出版され、明治38年ウォルター・ウェストンの勧めで日本山岳会が創立されたごろから日本人が趣味で登り出し、「探検登山黄金時代」から大正期の「岩と雪の時代」へと続いてゆく。

これらの登山のほとんどを、案内や荷運びなどで支えたのが、飛騨山脈では越中の芦峅寺・大山、信州の中房・大町・島々、そして飛騨の中尾・蒲田などの地元の山に精通していた猟師、釣り師、杣人などの山人であった。

山岳の情報がほとんど得られなかったこの時代、彼らの協力なしでは学術調査や測量の成果は得られず、近代登山史に残る数々の記録樹立などは到底無理であったろう。現在のような登山道も山小屋もなかった時代である。

登山を支えた山人のうち、どの地方でも猟師が多かったのはなぜであろうか。

それは近世から近代の初めまで、日本中の標高が高くて米がとれない山村では、どこでも焼畑農耕の他狩猟や採集によっており、彼らが地元の山に精通していたからである。

この山人たちは、その後、案内などの需要が増えてくると「山案内人」と呼ばれるようになり、この職業を表す名称は大正期に定着した。大正中期からヨーロッパ・アルプスの影響を受け、「ガイド」とも呼ばれるようになった。

それまでは、立山には「中御（語）」、富士山には「強力」といった案内兼荷担ぎがいたし、白山の美濃禅定道には案内役の「御師」がいた。また御嶽山や乗鞍岳への登拝は「先達」がその役目を担っていた。

山は神仏のおられるところとして登拝の対象になっていた他、森林、鉱物資源をもたらすところとして江戸期には諸藩に厳重に管理され、絶えず巡視が行われていた。有名なのは加賀藩の「黒部奥山廻り」、松本藩の「山方奉行」などである。これらの役人の業務を助けていたのは、地元の猟師や杣人など山人たちであった。

ご存じの通り、天領飛騨でも山林経営が重要であったため、高山陣屋の地役人が「山廻役」として山林管理にあたっていた。彼らは、村人から選出された山に詳しい猟師や杣人を「山見役」として雇い、案内などに使っていた。

近代になって槍・穂高岳周辺で最初に山案内人の名が登山史に登場するのは、よく知られている島々の猟師上條嘉門次である。

明治26年８月、参謀本部陸地測量部の館潔彦測量掛が三角測量の選点のため前穂高に登ったとき同行し、この２週間後にはウォルター・ウェストンを明神岳東稜から前穂高岳へ案内している。

嘉門次は14歳で上高地へ入り、杣小屋のカシキ（炊夫）から始めて杣仕事に従事。その後、明神池畔に小屋を作ってイワナ漁や狩猟をするようになった。カモシカやクマを追って穂高周辺を広く歩き回るうち、登山者を安全に導くことができる卓越した知識、技術を身に付けていった。

この嘉門次へ弟子入りしたのが飛騨の内野常次郎と大井庄吉であった。

奥飛騨の猟師たち

前述のように米ができない飛騨高地の山村にも猟師が多く、近代になって山案内人を一番多く輩出している焼岳山麓の中尾集落もそうであった。

明治41（１９０８）年８月に、飛騨山岳会員で日本山岳会員でもあった古瀬鶴之助が、笠ケ岳と硫黄岳（現在は焼岳）に登り、その時通過した中尾集落の様子を日本山岳会会報『山岳』第5年第3号に「中尾は硫黄岳の一面なる、山麓に位し、一溪出づ、戸数十四五、畑地能く肥え、桑麻菜豆粟稗等に適す」と書いている。

その中尾集落だけでなく、蒲田川（高原川）沿いの集落にも猟師が多く、クマやカモシカを追っての行動範囲は驚くほど広かった。

蒲田川右俣谷・左俣谷、笠谷、下佐谷、双六谷とその支谷を中心に、笠ケ岳から双六岳、西鎌尾根、三俣蓮華岳、黒部五郎岳、北ノ俣岳の稜線にまで及んだ。

奥飛騨の猟師については、旧上宝村の教員で飛騨山岳会員だった中野善太郎が、昭和11年発刊の『ひだびと』に詳しく書いている。最近では、中尾集落の内野政光氏（元北飛山岳救助隊長）から、戦後しばらくまで活動していた中尾の猟師の話を聞くことができた。以下それらを総合して述べてみたい。

猟師には小鳥や小獣を捕る者が多く、深山へ入ってクマやカモシカの大物をねらう者は少なかったが、それは中尾、平湯、下佐谷、金木戸など最奥集落の人だった。

昭和11（1936）年に80歳になっていた岩井戸集落の小野孝三郎翁から中野が聴き取りしたのが以下の話だ。

「猟は17歳から始めて76歳まで60年間毎年やった。当初の鑑札税は50銭。その間の猟生活で捕ったクマが70頭、カモシカが273頭、あとの小動物は覚えていない。奥飛騨の他、北は立山から黒部、南は御嶽から西白山まで歩いた」

「最も楽しかったことは、同僚の大倉植松と白川村へ往復9日でクマ5頭、カモシカ9頭を捕り、その足で越中の立山へ行き、5日間でクマ2頭、カモシカ7頭を捕ったとき」

「最も苦しかったことは、厳冬期信州の人と霞沢岳の麓に8日間いたが獲物はなかった。その足で乗鞍の麓を9日間回ったがここでも獲物はなく、通算

17日間で何も捕れなかったこと」

小野翁は他の地域へ遠征しているが、縄張りはどうなっていたのだろうか。

中尾の内野氏は、父親が猟師だったとのことで以下の話をしてくれた。

「猟は数人で組んで、米とみそを持っていって雪の中で何日も泊まりながら行う」「集落ごとに縄張りが決められていて、中尾からは錫杖岳を越えて笠谷へ入って行った。右俣、左俣谷も縄張りが決められていた」

山の中には集落ごとに猟のための簡易な小屋があり、雪の中で寝ることはほとんどない。荒天の場合などには岩屋に泊まることがある。この時前回宿泊した者が置いておいた米などを食べることがあるが、後日必ずその分を補充する掟《おきて》になっていた。補充のため往復2日かかることもあったという。

随所にある岩屋では、笠谷の上流にあるものが一番立派で、数百人収容できると中野が書いている。筆者は笠谷へ何回か入っているが、まだ見たことはない。

クマは4月中旬になるといったん起きかけるが、早すぎたと思うとまた寝床を探して眠って歩く。しかし、いったん糞をしたらもう眠らないので、猟は冬眠中と再び寝床を探すとき、寝床を離れて5日から10日の、糞をする前に限られる。夏山は例外だという。

明治期の猟師の服装装備については、明治27年ウェストンが中尾集落で取材して、著書『日本アルプス登山と探検』に詳しく書いている。

「着物は手織で厚手の麻の青い羽織とニッカー・ボッカ。足には脛を守るための生麻を細かく編んだ脚絆（ハバキ）。夏は普通のわら製の草履。冬は毛を中にしたクマかカモシカ皮の靴。雪の状態によってはその上につる草で作った小さな丸い雪靴（輪カンジキのこと）を履き、雪が堅い時はカナカンジキと呼ばれる日本特有の登山用の金具（アイゼン）をつける。冬はカモシカの毛皮を羽織る。旧式のライフル銃とイノシシ狩り用の槍。手頃な小刀ばかりでなく、短いが重くカミソリのように鋭い両刃の剣も持つ。この剣ならクマの頭など一刀両断であろう」

これは昭和11年に中野が書いているものとほぼ同じである。中野は、銃は28番か30番でこれを獣皮で包むことがあるとも書いている。

猟師は雨や風の中で、しかも森林限界上のハイマツでたき火をし、飯が炊けなければ一人前でないとされていた。

猟で培われた生活技術や土地勘などは代々受け継がれ、後に登山者を案内するときに大いに役立つことになる。

飛騨における初期の山案内人

飛騨で登山史に最初に名前が出てくる案内人はやはり猟師で、明治27（1984）年8月、ウェストン一行3人が、3度目の挑戦で笠ケ岳に登りに来たときであった。

またも蒲田集落の区長に案内人不在を告げられて途方に暮れていたとき、案内を買って出てくれたのが栃尾集落の猟師奥村市次郎であった。ウェストンはこの奥村市次郎のことを、この階級では珍しく眉目秀麗で、レバント海岸（東部地中海）にいる人のようだと書いている。

奥村は中尾集落の猟師頭中島市右衛門宅にウェストンを泊め、翌日同じく中尾集落の猟師山本竹次郎と笠ケ岳へ案内をしてくれたのである。

ルートは猟師たちがいつも通っている穴毛谷（この時期クリヤ道はまだない）を往復したが、ウェストンは著書『日本アルプス　登山と探検』でこの時の奥村市次郎の的確な案内ぶりをいたくほめ、中尾の猟師頭中島の猟の服装装備を詳しく書いている（前述）。そして同行のハミルトン（当時名古屋在住の宣教師・カナダ人）はそのいでたちを写真に撮った。

以前にも書いたが、筆者が数年前に検証した結果、猟師たちはウェストン一行を笠ケ岳でなく抜戸岳へ案内していたことが判明した。

奥村は信心深い蒲田集落の人々の気持ちを忖度《そんたく》

し、播隆などの仏像が安置されている本峰を避けて抜戸岳へ案内したのである。

　当時は穂高同様この山塊一帯を笠ケ岳と呼び、抜戸岳は小笠とも呼ばれていたので、３度も登りに来た外国人を気の毒に思っての、やさしさ、義侠心《ぎきょうしん》から案内を買って出たと思われる。

　報酬が主目的でないかとする向きもあるが、明治初期に東北から北海道を旅した英国人女性イザベラ・バードの著書『日本奥地紀行』にもあるように、この当時旅行者に擦れていない農山村の人々はまだ報酬というものに淡白であり、特に外国人からお金を受け取って自分たちを卑しめるわけにはゆかないという気分を持った人が多かったようだ。

　翌日、奥村と山本は、ウェストン一行を送って中尾峠を越えて上高地へ下り、徳本峠から島々へ出て橋場あたりで別れるが、その時ハミルトンは２人の写真を撮った。

奥村市次郎
（奥村家所蔵）

中尾の猟師のいでたち　明治 27 年
（『日本アルプス登山と探検』より）

ハミルトンは、律儀にもその写真を後日岐阜の瀬古写真館から高山の瀬古写真館経由で中尾集落へ送っている。

　なお、筆者は先年、ウェストンの登山を助けた3人の猟師のご子孫を訪ねてみたが、今もその場所に住んでおられ、先祖が明治期に有名な外国人を笠ケ岳へ案内したことを知っておられた。

山本竹次郎と奥村市次郎　明治27年（『日本アルプス登山と探検』より）

　栃尾の奥村家では市次郎の写真をお借りすることができた。お仏壇にあった市次郎の写真をよく見ると、ハミルトンが橋場で撮ったものをトリミングし修正してあることが分かった。

　明治39年8月には、中尾集落の猟師松葉七之助が、四高教授の林並木を案内して穴毛谷から笠ケ岳へ登っている。

　次に名が出てくるのは、大正3（1914）年8月、日本アルプスにおける探検黄金登山の棹尾《とうび》を飾ったといわれている小島烏水の双六谷遡行である。小島は8月1日に高山町役場で講演を行った後上宝へ入るが、この探検は村挙げての協力体制が敷かれた大がかりなものであった。

　同行者は、飛騨山岳会員でもあった双六小学校長の中野善太郎はじめ地元の教員6人と、案内は下佐谷集落の猟師高田勘太郎、大倉弁次。あと4人の人夫は、上宝村宮原、高山八日町などの杣人であった。

　一行は8月6日に源流の双六池に達し、双六岳、笠ケ岳に登って穴毛谷を下るが、この探検の成功はこの山域に精通している猟師の力に負うところが大きかった。

小島は後に書いた『飛騨雙六谷日記』に「高田と大倉の2人は路案内に精《くは》し、大倉は少年にして精悍なり、高田は一徹なれどさすがに落ち着きありて、人夫中の頭領なる貫目あり、豪膽にして恐れず」と褒めている。

案内人組合の設立

大正期に入ると日本の登山界は新しい時代に入る。大学山岳部とそのOBが主体となって「岩と雪」に挑戦するスポーツ的登山が行われる一方、陸地測量部から5万分の1の地図が発行されたこともあり「登山の大衆化」が進んで急激に一般の登山者も増えてきた。

このため各地で案内や荷運搬の需要が急増。これに伴って不良案内人が増え、賃金のトラブルなどが頻発《ひんぱつ》するようになってきた。

小島烏水は、日本山岳会設立当初からヨーロッパのガイドの例を引いて、日本でのすぐれた山案内人養成の必要性を訴えている。そして大正4（1915）年、山岳会が創立10周年を迎えたときには「良質なガイドには登山案内者手帳を交付すべき」などと具体的な提言を行ったが、地元の事情もあって実現には至らなかった。

大正6年、信州大町の旅館対山館の百瀬慎太郎が「大町登山案内者組合」を設立した。これは案内人の賃金を明示し、質の向上を目的とするもので、その後、各地の登山口に案内者組合が作られてゆく。

大正11年、上高地を拠点とする「島々口登山案内組合」ができ、組合長は西糸屋の奥原英男、案内人は大井庄吉、内野常次郎他であった。

飛騨では大正10年、「上宝村登山案内組合」が設立され、蒲田口支部は今田金次郎、平湯口支部は中澤直一が代表を務めていた。

昭和3（1928）年7月、飛騨山岳会が『北アルプスは飛騨口から』という宣伝リーフレットを発刊して全国に配布したが、それには登山コースの紹介の他、三つの案内組合が記載してある。

前述の上宝村案内組合と、御嶽秋神口案内組合、白山飛騨口平瀬案内組合である。このうち上宝村案内組合の案内賃金は「普通日額＝金二圓・自炊及危険場所＝金二圓五十銭・冬期案内日額＝金三圓・日帰ノ場合外ニ食費代トシテ金八十銭を申シ受クルコト・案内強力者ノ食費雑費ハ登山者ノ負担トス・出発地点迄ノ帰リ日當及宿料、馬車賃ハ申シ受クルコト・案内強力者ノ一人負荷ハ凡ソ五貫以内トス」というものであった。

賃金は、同じ飛騨の中でも御嶽や白山とで若干の違いが見られる。また強力の負荷が飛騨では5貫目以内になっているが、信州大町では8貫目になっている。

その後、飛騨の案内組合は、乗鞍口に2カ所、御嶽でさらに1カ所があらたに設置されている。

当時上宝村登山案内組合の蒲田口支部に所属している案内人は30人くらいいたが、ほとんどが猟師であった。今田重太郎は著書『穂高に生きる』の中に当時の様子を「案内技術と地勢について先輩猟師を講師として学び、登山道の新設や改修、道標の建立などを組合の事業として行った」とか、「当時各大学に山岳部が創設され、慶応の槇、早川、大島さん、学習院の松方、岡部さん、早稲田の船田、小島、四谷さんなどに親しくしていただき、彼らからザイルの結び方、ピッケルの使い方、スキー術など学んだ」と書いている。

登山史に残る案内人たちの活躍

大正10（1921）年9月にアルプスでアイガー東山稜初登攀を果たした槇有恒が帰国し、「岩と雪」の山を登攀する技術と思想を伝えてから日本の山の登り方は大きく変わり、より困難な登高を目指す時代になってゆく。

この時代は「学生山岳部時代」ともいわれ、学生とOBが槍・穂高岳で積雪期登山と岩登りの先陣争いを実践してゆく。この時期につくられた一連の輝かしい記録は、わが国の近代登山史に金字塔としてそびえている。

これを支えたのは、この山域に精通していた奥飛騨の案内人たちであった。

〈中尾集落〉中島作之助・杉本為四郎・滝沢喜一郎
中畠政太郎・内野政之助・（内野常次郎）
〈蒲田集落〉今田金次郎・今田由勝・今田重太郎
今田友茂・下毛熊次郎
〈下佐谷集落〉大倉弁次・高田勘太郎
〈栃尾集落〉松井憲三・松葉菊造
〈柏当集落〉向丸清丸
〈上地ケ根集落〉小瀬紋次郎

明治末期から大正初期にかけて参謀本部陸地測量部の三角測量が飛騨山脈で行われ、中尾集落の中島作之助が人夫に雇われて槍・穂高岳の稜線をさらに詳しく知ることになった。この中島が、中尾などの後輩猟師たちを案内人に育成していった。

奥飛騨の山案内人たち（昭和初期11月・穂高小屋前にて）
（飛騨山岳会所蔵資料より）

大正元年8月13日、中島作之助は、槍ケ岳～穂高岳の初縦走者鵜殿正雄と上高地から天狗のコル経由で奥穂高岳に登頂して上高地へ戻り、翌14日上高地から再び天狗のコルを経て西穂高岳に登頂。あと西穂高沢から下降した。

大正2年7月、中島作之助が一高の山岳会員を案内して前穂高岳に登頂。

大正4年8月には、今田金次郎が飛騨山岳会員の中野善太郎と白出沢を登って奥穂高岳から西穂高岳へ初縦走し、小鍋谷を下っている（大正5年5月号日本山岳会『山岳』に記録が掲載）。

大正7年8月には内野常次郎がW・H・エルウィンと槍ケ岳の北鎌尾根を登攀。

大正11年3月30日、槍ケ岳が槇有恒をリーダーとする慶大隊によって積雪初登頂される。

大正12年1月、槇有恒、三田幸夫、板倉勝宣が立山松尾峠で暴風雪に遭い遭難。板倉が帰らぬ人になった。

同年4月には中島作之助他3人が慶大の大島亮吉他2人を槍平から槍ケ岳へ案内し、飛騨側からの槍ケ岳スキー初登頂となった。

同年8月、飛騨山岳会が槇有恒を招き、高山で講演会を開催。講演内容はアイガー東山稜の登攀と、この年の1月に起きた松尾峠の遭難についてであった。飛騨ではこの時初めて新しいアルプス的登山というものを知った。

大正13年という年は、後にスポーツ的登山の第2の黄金時代、または銀の時代といわれ、積雪期の中部山岳の主な山が次々と登頂された年であった。

同年1月、早大隊の船田三郎他2人が厳冬期の槍ケ岳に初登頂。案内人なしの壮挙であった。早大はこの先もサン・ギイド（ガイドレス登山）を実践してゆく。

同年3月には、松井憲三、杉本為四郎、下毛熊次郎が慶大の大島亮吉ら8人を案内して涸沢に入り、3月31日に奥穂高岳の積雪期初登頂に成功した。

そして4月6日には、大島亮吉と松井憲三が悪天の中、北穂高岳に積雪期初登頂をした。この時松井は頂上直下の氷の急斜面に鉈でステップを刻んで大島を導いた。その後、一行はベースキャンプを岳沢に移し、4月11日には前穂高岳の登頂に成功している。

同年4月1日、今田由勝は学習院の岡部長量他2人を案内して、慶大隊より1日遅れで天狗のコルから奥穂高岳に登っている。

同年3月29日には、早大隊が中尾峠から焼岳に登頂し、4月5日には善六沢から稜線伝いに西穂高岳へ積雪期初登頂を行った。

同年8月、大倉弁次、中島忠太郎の案内で、冠松次郎が双六谷を遡行し、その足で黒部上ノ廊下を下降している。

この年の春で、積雪期の穂高岳の主な頂はすべて登られたのである。

大正14年4月1日には松井憲三、杉本為四郎が慶大隊を案内して涸沢岳から北穂高岳に登頂。

4月11日には槍沢から槍ケ岳に登り、飛騨沢から槍平へ下り、12日蒲田へ。

中島作之助は同じ日に慶大のもう1隊と南岳から槍ケ岳へ積雪期初縦走している。4月7日にはこの隊と玄文沢から西穂高岳へ積雪期初登頂。

同年、今田重太郎が前年に石室を造った白出のコルに穂高小屋を新設した。

同じく同年8月13日には、日本の登山史上今でも語り継がれている偶然にも同じ日に二つの隊による初登攀が北穂高滝谷で行われた。

松井憲三は関西ＲＣＣの藤木九三と組み（下毛熊次郎と富田砕花はテントキーパーで残る）、今田由勝と向本清丸は早大の四谷竜胤と小島六郎を案内してそれぞれ滝谷を初登攀したのである。時間的には藤木隊がＡ沢を詰めて先に登っているが、核心部を通過したのはＤ沢を登った早大隊といわれている。

8月15日には第3登をねらい、関西ＲＣＣの西岡一雄と辻谷幾蔵が中島作之助を伴って挑戦したが、雨で増水した雌滝が登れず敗退。落石でけがを負った西岡は、中島の助けによって下山でき、後日「中島のおかげで九死に一生を得た」と語っている。

この滝谷の登攀でも分かるように、このころ飛騨の案内人の一部は、厳冬期の稜線歩きだけでなく、ロッククライミングもこなせる優秀なクライマーに成長していた。

大正15年4月の初め、松井憲三ら4人は慶大隊と奥穂高岳、涸沢岳へ登った。

同じころ、今田由勝など今田3兄弟が北大の伊藤秀五郎など7人を案内して、槍ケ岳、北穂高岳、前穂高岳などに登っている。

同年3月29日、中島作之助ら3人が、成蹊大の成瀬岩雄他1人を案内して蒲田川左俣谷から抜戸岳を経由し、笠ケ岳に積雪期初登頂を行った。そして4月1日には槍平から南岳へも登頂している。

この年の7月には穂高岳における最初のアクシデントが発生した。

7月31日、今西錦司ら三高のメンバー5人が奥又白から前穂北尾根4、5峰のコルへ達し、コルから涸沢への雪渓を下降中、今西など3人がクレバスに転落し重傷を負った。近くにいた慶大、明大のメンバーの他飛騨のガイド中畠政太郎、内野常次郎らが救出に当たったが、翌日1人が死亡した。

昭和2(1927)年4月11日、中畠政太郎が農大石塚照雄らと中明神沢から明神岳へ積雪期初登頂をしている。

このころから、厳冬期の穂高岳登攀がテーマとなってきた。

同年8月、秩父宮が槙有恒のリーダーで奥穂高岳から槍ケ岳、双六岳から笠ケ岳まで縦走され、内野常次郎、中畠政太郎、今田重太郎、大井庄吉(上高地)が案内についた。中畠政太郎は宮様の小槍登攀を先導。

昭和3年1月、中島作之助が慶大の6人と横尾の岩小屋に入った。1月8日には慶大の4人が前穂北尾根から前穂高岳へ厳冬期の初登頂に成功した。この記録は前穂北尾根からということで注目に値する。

1月9日には中畠政太郎が農大の石塚照雄、林三郎と西穂高沢から西穂高岳の厳冬期初登頂を行っている。

この年の3月には日本の山岳界で将来を嘱望されていた慶大の大島亮吉が前穂高北尾根で墜落死するというアクシデントが起きた。

隊は大島はじめ6人で、同行していたのは杉本為四郎。

3月19日横尾の岩小屋に入り、ここをベースにパーティーを分け、奥又白や南岳、蝶ケ岳から前穂高東面の偵察などを行った。

3月25日、6人で北尾根から前穂高岳を目指す。うち新人の2人はスキーを運ぶため途中から下山。天候がよくないため3・4のコルからの下山を決め、4峰頂上から涸沢を巻いて下りかけたとき、2番目を歩いていた大島が転落して行方不明になった。

遭難当日は暖かい日で雪崩の危険があり、後に杉本は「自分にもう少し経験があれば止めていた」といっていた。この日杉本は、東京への通報のため徳本峠を越えて島々へ向かっている。

直後と5月の捜索で発見できなかったが、6月1日に内野常次郎、中畠政太郎、今田重太郎によって4・5コルのルンゼで発見され、収容された。内野が連れていた愛犬が見つけたといわれている。

3月27日には法政大が笠ケ岳周辺で意欲的な山行をしている。大倉弁次が2人に同行して小倉谷から笠ケ岳を往復し、翌日笠ケ岳を越え穴毛谷に下降。24日には別の隊と中畠政太郎が穴毛谷から笠ケ岳。29日には滝沢喜一郎が小鍋谷から西穂高岳へ登った。

穂高岳で残った最後の課題は奥穂高岳厳冬期初登頂となり、早慶両隊が競うことになった。

昭和4年4月3日、中畠政太郎は慶大の2人と槍ケ岳から北鎌尾根第1峰を往復。5日には肩の小屋から南岳を経て大キレットを往復している。

同年12月31日に慶大隊5人が中島作之助と内野政之助を伴って横尾岩小屋に入り、部員3人が穂高小屋から翌年1月3日奥穂高岳に厳冬期初登頂をし、吊尾根から前穂高岳を往復した。

昭和5年2月23日、神戸の加藤文太郎が単独で厳冬期の北穂高岳に初登頂した。

昭和6年3月には中島作之助と松葉菊造が慶大の3人と槍ケ岳から奥穂高岳へ積雪期初縦走をした。

後列左から　今田金次郎　中畠政太郎　今田由勝
杉本為四郎　小瀬紋次郎
前列犬といる人　内野常次郎
（昭和初期・穂高小屋前）（『奥飛騨山と人』より）

同年12月20日から翌年の1月1日には今田由勝が立教大の2人に同行して槍ケ岳から奥穂高岳への厳冬期初縦走を行っている。

同年12月26日から翌年1月6日にかけて、中畠政太郎は学習院の加藤泰安と、槍ケ岳から西穂高岳という長躯の初縦走を行った。

昭和9年12月、今田兄弟の六男今田友茂は、京大の朝鮮白頭山遠征に参加した。この時信州のガイド大和由松、越中のガイド佐伯宗作も参加している。

このころで飛騨山脈北部の積雪期初登頂時代は幕を下ろし、前穂高東壁や滝谷、屏風岩などを登るバリエーションルートの開拓時代へと入ってゆく。

そして今まで早大が行っていたサン・ギド（ガイドレス登山）が各大学に広まったこともあって、顧客は一般登山者が主体となっていった。

従って飛騨の案内人が登山史に残る活躍をしたのは、大正から昭和の初めにかけての10年間ほどといえようか。

特筆しておかなければならないことは、学生たちとの関係は単なる報酬による雇用関係だけではなかったことである。自身も山に情熱を燃やして登山技術を習得し、命懸けで厳しい登山を支えた彼らは、もう学生たちの山仲間、同志であった。

素朴で誠実な人柄は学生たちに愛され、後々まで交流があった。そして学生の人生観にも大きい影響を与えたようである。

主な山案内人の素顔

中島作之助（１８８５～１９３６）中尾集落

蒲田川筋一番の山の精通者。

明治末期から大正初期にかけて飛騨山脈で行われた参謀本部陸地測量部の三角測量に雇われて高山を歩き、槍・穂高岳の頂をいくつか踏んで、地理に詳しくなった。松井憲三、杉本為次郎もこの中島から山を学んだ。

朴訥《ぼくとつ》で真面目な性格は皆から信頼され、慶大山岳部創立20周年には内野常次郎とともに東京へ招待されて20日間も滞在。その時デパートなど飛騨にはない施設に驚いたことなどほほえましいエピソードが残されている。

〈主な記録再掲〉

・大正15（１９２６）年３月29日、左俣谷から抜戸岳を経て笠ケ岳、積雪期初登頂。同年４月１日、槍平から南岳を初登頂（成蹊大）。

・昭和３（１９２８）年1月8日、前穂北尾根から前穂高岳へ厳冬期初登頂（慶大）。

中島作之助
（『奥飛騨山と人』より）

杉本為四郎（１８９５〜１９７１）　中尾集落
おとなしい控えめな性格で、話に加わらずいつもたき火のそばにいたという。無類の酒好きで、島々まで飲みに下った。70歳になっても客を案内していたという。
〈主な記録再掲〉
・大正13年３月31日、涸沢から奥穂高岳（慶大）。
・大正14年４月１日、南岳から槍ケ岳へ積雪期初縦走（慶大）。
・昭和３年３月、慶大の大島亮吉隊に同行していたが、大島が前穂北尾根で墜落死した。

内野常次郎（１８８４〜１９４９）　中尾集落
上高地の「常さん」については、牛丸工の『内野常次郎小伝』はじめいろいろな書籍、新聞などに書かれ、知る人は多い。
明治34（１９０１）年、17歳の時に上高地の猟師上條嘉門次に弟子入りする。同時期に、岐阜県細江村数河出身の大井庄吉も弟子入りし、２人とも嘉門次の助手になって猟を学び、嘉門次亡き後もイワナ漁などをしてそれぞれ上高地に住んでいた。

内野常次郎
（飛騨山岳会所蔵資料より）

酒好きで「天衣無縫」「無欲恬淡《てんたん》」の常次郎は、慶応や学習院などの学生に「常さん」といって慕われた。学生時代に常さんの小屋に入り浸りだった学習院の加藤泰安は、「常さんは小屋代やイワナ代を一切受け取らなかった」「途方もない超好人物」、松方三郎は「いつも変わらぬ温かい心の持ち主」と書いている。

昭和9年、秩父宮ご夫妻が常さんを伴って明神池でイワナ釣りをしたとき、妃殿下を「おかみさん」と呼んだエピソードが残っている。

昭和24年9月に倒れ、中尾へ運ばれて20日後に息を引き取った。享年66歳。

上高地をこよなく愛した常次郎は、亡くなる前に「上高地の土になりたい」と言っていたという。昭和42年秋、上高地の彼の小屋跡（現中日新聞上高地支局内）に石碑が建立された。その下には遺髪が埋めてある。

〈主な記録再掲〉
・大正7年8月、槍ケ岳北鎌尾根（英国人W・H・エルウィン）。

中畠政太郎（1891〜1960）　中尾集落
主に慶大や学習院の学生と行動を共にしたが、特に学習院の加藤泰安との厳冬期槍ケ岳から西穂高岳への縦走記録は光る。彼は「あわての政」といわれるほどの慌て者だったという。
徳沢園から前穂高東面登攀のベースキャンプ地奥又白池へ至る道を開き、中畠新道と呼ばれている。
〈主な記録再掲〉
・昭和2年4月、明神岳の積雪期初登頂（東京農大・石塚）
・昭和7年1月、槍ケ岳から西穂高岳へ厳冬期初縦走（学習院の加藤泰安）。

中畠政太郎
（飛騨山岳会所蔵資料より）

松井憲三（1895〜1971）　栃尾集落
最初は中島作之助から山を教わり、その後、営林署の高山植物保護監視人としてよく山を歩き、詳しくなった。
数ある記録の中でも、藤木九三と組んでの早稲田パーティーとの滝谷初登攀争いは有名である。また大島亮吉との北穂高岳積雪期初登攀では、鉈でステップを刻んで大島を導いた。この時松井29歳。

松井憲三
（飛騨山岳会所蔵資料より）

記録に残していないが、単独でセマ谷から奥穂高岳へ登り西穂高岳まで初めて縦走したという。短躯ながら人以上に重荷を担いだ。

昭和34年7月、北飛山岳救助隊発足により、初代隊長を務めた。

〈主な記録再掲〉
・大正13年3月31日に奥穂高岳、4月6日北穂高岳積雪期初登頂（慶大）。
・大正14年8月13日、北穂高滝谷初登攀（関西ＲＣＣの藤木九三）。

今田由勝（1896〜1952）　蒲田集落
今田11人兄弟の二男。営林署の委託で、右俣の登山道を今のように改修した。
〈主な記録再掲〉
・大正14年、滝谷の初登攀争いに早大の四谷竜胤他2人を案内。
・昭和6年12月20日から翌年の1月1日、槍ケ岳から奥穂高岳への厳冬期初縦走（立教大）。

今田重太郎（1898～1993）　蒲田集落今田11人の兄弟の三男。長兄の金次郎以下皆山に関係しているが、山案内を本業としたのは、二男の由勝と重太郎、そして戦死した六男友茂だけだった。17歳の時内野常次郎の仕事を手伝ったことをきっかけに山案内人になった。

今田重太郎
（飛騨山岳会所蔵資料より）

客を連れて穂高の稜線を歩いていたとき暴風雨に遭遇し、涸沢岩小屋に逃げ込んだ経験から稜線に避難小屋の必要性を痛感し、実現に動き出す。

大正12年に営林署へ借地願いを出し、翌13年には兄の今田由勝と白出のコルに岩室を造った。

そして14年には白出沢から材を担ぎ上げ、大工によって穂高小屋を完成させた（昭和33年穂高山荘に改称）。

妻まきと岳沢からの新道（重太郎新道）を10年かけて造り、昭和26年に完成させた。

大倉弁次（1895～1950）　下佐谷集落猟のテリトリーであった双六谷と黒部谷に詳しく、小島烏水、冠松次郎などを双六谷へ案内した。その後、笠ケ岳や槍・穂高岳へも顧客を案内した。大きい体ながら小心でおとなしい性格だったという。猟に使う「カンジキ」作りの名人で、その頑丈さは定評があった。

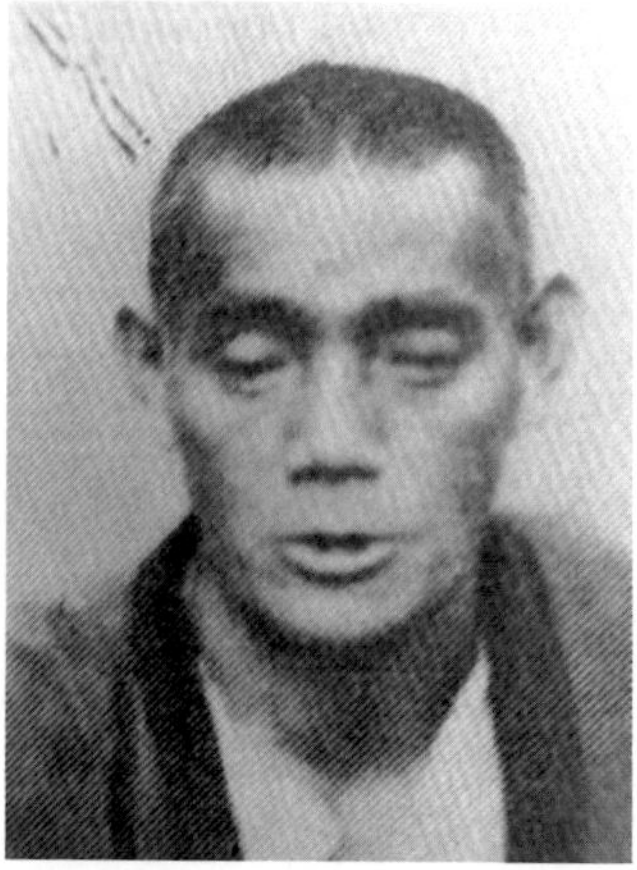
大倉弁次
（飛騨山岳会所蔵資料より）

小瀬紋次郎（1899〜1983）　上地ケ根集落
槍ケ岳肩の小屋を根拠地として小槍への案内を得意としていた。元北飛山岳救助隊長小瀬光久はおいになる。

この項は主に『奥飛騨の山と人』によったが、あと中尾集落在住の内野政光氏（元北飛山岳救助隊長）に補足いただいた。内野氏にとって内野常次郎は「ひい叔父さん」にあたる。

12．飛騨の登山史むすび

今まで見てきたように、縄文時代に芽生えた、アニミズム的信仰から発展した山岳（自然）崇拝は、弥生時代、古墳時代を経て山岳宗教へとつながってゆき、1万年以上にわたって日本人の心のひだに刷り込まれており、それゆえに日本人には山好きな人が多いといわれる。

このため明治になって西洋から移入され、まだ100年少々の歴史しか持たない近代登山は、日本古来の信仰登山という伝統があったからこそ順調に発展したのである。

前述したように、西洋の近代登山そのものは、自然科学、地理的征服欲という自我の外側へ向かうものであったが、日本では山容や自然観の違いから独自の発展を遂げ、パイオニアワークを至上とする先鋭派の他に、自我の内側、すなわち自己へと向かう傾向の静観派なるものも生まれた。

日本ではこうして二つの登山観による山行方式が混在してゆくことになる。

現在では世界的に大きな未踏の山、地域がほとんどなくなって旧来のアルピニズムは終焉《しゅうえん》したといわれ、スポーツ的な要素が濃厚になってきて、当初とはかなり形を変えてのアルピニズムが実践されている。

若い時期に先鋭的なアルピニズムにかぶれ、今もその思想の残滓《ざんし》を引きずりながらまだチベットに残った未踏峰などに関心を示し、かつ静観派をも自認している老登山家として、自分を育んでくれたふるさと飛騨の山の歴史、登山文化のことを書き留めておきたかった。

ところが平成30（2018）年、『歴史は現代文学である』（イヴァン・ジャブロンカ著・真野倫平訳）という本が出て、社会科学は書法を刷新すべきだなどといわれ始めたが、もとより浅学非才の筆者はこのようなものしか書けず、忸怩《じくじ》たる思いをしている。

前穂高北尾根

第2次世界大戦後わが国の登山人口は急激に増加し、世界一の登山大国であるといわれている。現在は中高年が主体となっているが、これはスポーツ的、闘争的なアルピニズムとは別の日本古来の宗教登山の流れをくむ、巡礼的伝統登山に分類される。この伝統的な、花を愛で自然とふれあうおだやかな登り方も、それなりに価値のある登山方法であり、アルピニズムと比べてどちらが優れているとは言えない。

ただ最近の山は、山小屋でテレビを見てごちそうを食べることができるなどあまりにも便利になりすぎ、そのぶん山を畏敬するという精神的な面が忘れられてしまった気がする。

昔から山と人間との間には、山からさまざまな恵みを受け、それに対して謙虚に感謝するといった関係があったのだが、近代になってこの暗黙の契約が崩れてきているようだ。

日本人は太古の時代から山をあがめ、敬ってきた民族であることを忘れてはならないだろう。

明神岳主稜

〈主な参考文献〉

【飛騨の中・近世、近代登山史】
『日本アルプス』小島烏水　岩波文庫
『日本登山史』山崎安治　白水社
『日本登山史年表』山と渓谷社
『目で見る日本登山史』山と渓谷社
『日本山岳会百年史』日本山岳会
『奥飛騨の山と人』岐阜県山岳連盟
『われわれはなぜ山が好きか』安川茂雄　小学館文庫
『登山の誕生』小泉武栄　中公新書
『アルプスの麓』吉江喬松　朋文堂
『マナスル登頂記』槇有恒編　毎日新聞社
『写真で見る日本山岳会の一〇〇年』日本山岳会
『日本アルプス登山と探検』ウォルター・ウェストン
『ウォルター・ウェストン未刊行著作集』三井嘉雄訳　郷土出版社
『小島烏水全集』小島烏水　大修館書店
『現代アルピニズム講座』第二次RCC編　あかね書房
『山の思想史』三田博雄　岩波新書
『山刀・創立百周年記念特別号』飛騨山岳会
『桑原武夫全集』桑原武夫　朝日新聞社
『ひだびと』第六年第八号（第五〇号記念）
『日本山岳文化学会論集』日本山岳文化学会
『日本アルプス登山と探検』ウォルター・ウェストン
『神の山へ』久保田展弘　山と渓谷社
『霊山と日本人』宮家準　NHKブックス
『小島烏水全集』第二次RCC編　あかね書房
『単独行』加藤文太郎　朋文堂
『山の序曲』山崎安治　朋文堂新社
『ある山男の自画像』藤木九三　二見書房
『中近世山村の生業と社会』白水智　吉川弘文館
『代情山彦著作集』代情通蔵
『縄文人山を仰ぎ山に登る』國學院大學考古学資料館紀要

【白山】
『白山奥山人の民俗誌』橘礼吉　白水社
『白山』北国新聞社
『白山』上杉喜寿　岐阜県教販㈱
『飛騨白山』白川郷文化フォーラム
『飛騨・美濃　白山』白山国立公園岐阜県協会
『白山信仰の遺宝』白山文化博物館
『白川村史』
『荘川村史』
『斐太後風土記』富田礼彦
『吉野村史』
『神の山へ』久保田展弘　山と渓谷社
『霊山と日本人』宮家　準　NHKブックス
『岷江記（飛騨真宗史）』正覚寺浄明
『山の民の民俗と文化』雄山閣出版　芳賀登編

【御嶽山】
『木曽のおんたけさん』菅原壽清他編　岩田書院

『山岳修験への招待』宮家準　新人物ブックス
『霊山と日本人』宮家準　ＮＨＫブックス
『神の山へ』久保田展弘　山と渓谷社
『ぎふ百山』岐阜県山岳連盟
『日本アルプス－登山と探検』ウォルター・ウェストン
『山刀』創立百周年記念誌　飛騨山岳会
『小坂町誌』
『飛騨史学』多賀秋五郎編

【乗鞍岳】
『日本登山史』山崎安治　白水社
『登山者の周辺』山崎安治
『日本近代登山史』安川茂雄　あかね書房
『死者と先祖の話』山折哲雄　角川選書
『くらがね（旗鉾校下の民話）』丹生川村立旗鉾小学校
『郷土丹生川』丹生川村
『飛騨の神社』土田吉右衛門
『飛騨山川』岡村利平
『日本アルプス－登山と探検』ウォルター・ウェストン
『代情山彦著作集』代情通蔵
『飛州志』長谷川忠崇
『乗鞍嶽の栞』乗鞍嶽興風會
『雲上銀座への道』瀬口貞夫　岐阜新聞社
『飛騨編年史要』岡村利平
『山』梓書房
『丹生川村史』（全・通史編・民俗編）
『高山市史』
『飛騨風物記』上島善一
『斐太後風土記』富田礼彦
『飛騨國中案内』上村木曽右衛門
『小島烏水全集』小島烏水　大修館書店
『水無神社の歴史』奥田眞啓
『田中大秀』中田武司編
『田中大秀翁伝記』高山市　高山市教育委員会
『山刀・創立百周年記念特別号』飛騨山岳会
『安曇村誌』
『山岳』日本山岳会
『雪の碑』江夏美好　河出書房新社
『華麗なる孤独』松之木栄一
『奥飛騨の山と人』岐阜県山岳連盟

【笠ヶ岳】
『日本登山史』山崎安治　白水社
『日本アルプス－登山と探検』ウォルター・ウェストン
『ウォルター・ウェストン未刊行著作集』三井嘉雄訳　郷土出版社
『マナスル登頂記』槇有恒編　毎日新聞社
『小島烏水全集』第八巻　小島烏水　大修館書店
『日本山岳会百年史』日本山岳会
『日本山岳名著全集』第一巻　あかね書房
『日本登山記録大成十四　笠ヶ岳・錫杖岳』同朋社出版
『日本アルプス再訪』ウォルター・ウェストン　平凡社
『異人たちの日本アルプス』庄田元男　日本山書の会

『山刀・創立百周年記念特別号』飛騨山岳会
『日本山岳文化学会論集　第五号』日本山岳文化学会
『丹生川村史』
『山と渓谷』昭和五十八年七月号
『飛騨遺乗合符』桐山力所編纂　住伊書店
『迦多賀嶽再興記』播隆上人
『迦多賀嶽再興勧化帳』播隆上人
『大ヶ嶽之記』椿宗和尚
『飛騨山川』岡村利平
『飛騨の円空』池之端甚衛
『槍ヶ岳開祖播隆』穂刈三寿雄
『播隆研究』ネットワーク播隆
『飛騨一日一史』平田英之助編
『ふるさとのあしあと』上宝郷土研究会
『かみたからの播隆上人とその足跡調査』川上岩男
『日本百名山』深田久弥
『霊山と日本人』宮家準　ＮＨＫブックス
『山刀・創立百周年記念特別号』飛騨山岳会
『飛騨人物事典』高山市民時報社
『われわれはなぜ山が好きか』安川茂雄　小学館文庫

【槍・穂高岳】

『日本アルプス』宮下啓三　みすず書房
『山の思想史』三田博雄　岩波新書
『登山の誕生』小泉武栄　中公新書
『穂高星夜』山崎安治　朋文堂新社
『山の序曲』山崎安治　朋文堂新社
『日本近代登山史』安川茂雄　あかね書房
『日本登山史』山崎安治　白水社
『日本アルプス─登山と探検』ウォルター・ウェストン

【近代登山史に名を残した奥飛騨の猟師】

『奥飛騨の山と人』岐阜県山岳連盟
『この岳に生きる』岐阜県北ア山岳遭難対策協議会
『上宝村史』
『斐太後風土記』富田礼彦
『山の民の民俗と文化』芳賀登編　雄山閣
『山と日本人』宮本常一　八坂書房
『内野常次郎小伝』牛丸工　日本山書の会
『日本登山史』山崎安治　白水社
『近代日本登山史』安川茂雄　白水社
『日本山岳会百年史』（続編・資料編）日本山岳会
『山の序曲』山崎安治　朋文堂新社
『北アルプスこの百年』菊池俊朗　文藝春秋
『われわれはなぜ山が好きか』安川茂雄　小学館文庫
『穂高小屋物語』今田重太郎　読売新聞社
『喜作新道』山本茂美　朝日新聞社
『日本アルプス登山と探検』ウォルター・ウェストン
『小島烏水全集』小島烏水　大修館書店

〈附2〉

吉野〜熊野「大峯奥駆道」紀行

1. はじめに

平成30（2018）年9月23日から10月2日まで、老体を励まし、だましながら、吉野から熊野までの大峰山脈の古道約90キロを独りで歩いてきた。途中台風24号に遭い山中で停滞を余儀なくされたため、近鉄吉野六田駅から熊野本宮大社まで10日間という長旅になってしまった（吉野民宿1泊、山中8泊）。

「修験道は日本版アルピニズムだ」と言ったのは、若くして前穂高岳の北尾根に逝った大正期の不世出の登山家大島亮吉であった。剣岳で奈良時代後期の錫杖が発見されるなど、修験者は古い時代から粗食で野宿をしながら険しい未踏の山野、急峻な岩場を跋渉しており、大島が言ったようにその行為は近代登山の先鋭的なクライマーとよく似ている。

ご存じのように、修験道の開祖は役行者。大峰山は役行者が開山といわれ、峻険な山域全体を行場とし、今でも修験の根本道場になっている。

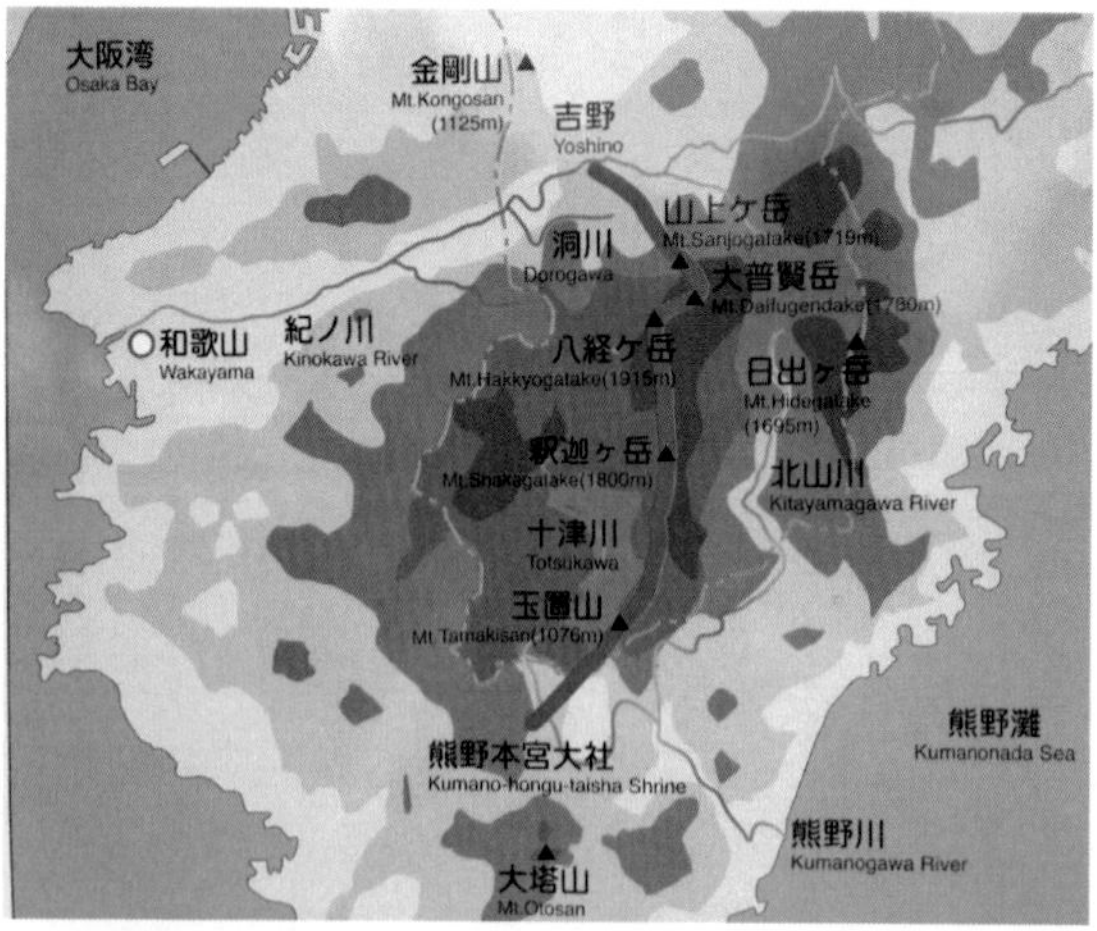

大峯奥駈ルート図
（洞辻茶屋・環境省案内板より）

平安中期に大峰山（山上ケ岳）への入峰が盛んになり、平安末期から鎌倉にかけ、修行のため熊野から吉野へ至る「大峯奥駈」が確立したというから、この道の歴史は古い。

私は昔から修験道に興味を持っており、今回念願であった彼らの修行の場を「にわか修験者」として歩かせてもらったが、20キロ近い荷を背負い、岩場が多い難路を毎日長時間歩くという、予想通りの難行苦行であった。山岳信仰の神髄は「自然への回帰と魂の再生」といわれるが、飛騨山脈とは一味違う深い自然の中を何日も独りで歩いていると、下界でのいろいろなとらわれから自由になり、空っぽになり、それは歩く瞑想でもあった。

登山人生終盤（73歳）のこの充実した山行は、冥土へのいい土産になった。

2．北奥駈

北奥駈道＝吉野六田駅～大天井ケ岳～山上ケ岳～八経ケ岳～釈迦ケ岳～太古の辻

1日目：9月23日（日）高山＝京都＝近鉄吉野六田駅～蔵王堂～上千本（民宿泊）

正式な奥駈道は、美吉野橋を渡ったところにある「柳の宿」という75番靡《なびき》から始まるので、近鉄吉野線六田駅から歩き始めなければならない。なお、靡とは行場や礼拝ポイント。橋のないころは、吉野川に柳の渡しがあった。

75番靡に参拝した後は車道を歩き、吉野神宮を経て、修験道のご本尊蔵王権現がおられる金峰山寺（蔵王堂）に参拝し、道中の無事を祈願。

この日は駅から宿泊地の上千本口の民宿まで約2時間半歩いただけだったが、テントと1週間分の食料を詰め込んだザックが老骨の肩に食い込み、先が思いやられた。

2日目：9月24日（月）吉野～大天井ケ岳～山上ケ岳～子笹ノ宿（テント泊）

この日は吉野から山上ケ岳までの標高差1200メートルを登る長丁場だ。初め民家などが点在する車道をどんどん登るが、途中で単独の若い男性が追い抜いていった。若い人のスピードは老人とは違うので、あせらずに進む。

　吉野分水神社を過ぎ、奥千本の「修行門」と書いた大きい鳥居をくぐって急な坂を上ると、金峯神社。横の休憩所に登山届受付の箱があるので提出。ここから登山道になり、少し歩くと西行庵との分岐に出る。

幽玄な奥駆道（2日目）

クサリ場（2日目）

山上ケ岳（1719メートル）へと続く尾根を、アップダウンを繰り返しながら標高を稼いでゆく。二蔵小屋からは大天井ケ岳の巻き道をとる。水がない山だがこのコースには水場があり、のどを潤す。

　やがて女人結界の門がある5番関へ。ここからブナ林の中の道をたどると、見覚えがある洞辻茶屋へ。この茶屋へは以前洞川から登ってきているので初めてではない。その時は山上の宿坊に泊まって山上ケ岳から別ルートで洞川へ戻っている。

　山上ケ岳手前で日が暮れてしまい、ヘッドランプを点灯しての歩行となる。山上の宿坊群は昨日で山を閉じたので真っ暗。暗闇の国宝大峰山《おおみねさん》寺《じ》の前で般若心経を唱える。

　ここの平地から小笹ノ宿へ下ったが、到着時間は20時に近かった。

　修行場の宿には3人泊まれるという小さな小屋があったが、今朝追い抜いていった若い人が泊まっていたので、迷惑をかけないよう小屋の前でテントを張る。構内には離れたところにもう1張テントがあった。歩行14時間。

3日目：9月25日（火）小笹ノ宿～大普賢岳～行者還岳～行者還避難小屋

そのテントの主は若い男性で、順峰《じゅんぷ》（熊野から）でここまで来たとのこと。途中倒木で大変だったとも。

小屋の若い男性は、私と同じ逆峰で熊野までと言って、早々と出発していった。近年、修験者でも逆峰コースを歩く人が多いという。今回全行程10日間で出会った奥駈者は、この若い人2人の登山者と、6日目の山伏2人だけだった。

南側の女人結界になっている阿弥陀森分岐辺りから雨になり、雨具をつける。

小大普賢岳を過ぎ大普賢岳の手前で、標識を見誤るという大失態をおかした。和佐又という集落へ下る道を大普賢岳の巻き道と勘違いし、絶壁のハシゴ、クサリ場をどんどん下ってしまったのだ。途中で気がつき戻ったが、ここで3時間のロスとなり、登り返しでかなり体力の消耗をした。

このためこの日は時間的に弥山へ届かないので、やむなく行者還避難小屋泊とした。歩行11時間。

4日目：9月26日（水）行者還避難小屋～弥山小屋

朝から雨が降っており、この日は弥山小屋までとした。雨が激しくなり、テントは無理なので営業小屋に泊めてもらう。宿泊者は筆者一人。雨は午後からさらに激しくなり、夜中も降っていた。

5日目：9月27日（木）弥山小屋～八経ケ岳～釈迦ケ岳～深仙ノ宿（テント泊）

午後はやむとの予報で雨の中を出発。

大峯山脈の最高峰八経ケ岳へ。ここは以前行者還トンネル西口から日帰りしたことがある。

仏性ケ岳を過ぎたところの断崖が、金剛界と胎蔵界の分かれ目といわれる。釈迦ケ岳までは痩せた岩尾根など、悪場が続く。

岩場の登下降は、昔クライマーだったこともある私には技術的に何ともなかったが、荷が重いので体力的にかなりこたえた。

途中迂回《うかい》して水をくみ、到着した深仙ノ宿には小さい小屋と灌頂堂というお堂があり、1人の僧がお堂の片付けをしておられた。奈良の寺のご住職で、時々十津川村から登ってきてボランティアでお堂の守りをしているとのこと。ここ深仙は、先の小笹と同様に修験者にとって重要な修行の場所らしい。

僧は小屋でたき火をされたが煙がひどいので、テント泊とする。この夜は月がきれいだった。今日で歩きだしてから5日経ったが、まだ全行程の半分だ。歩行11時間。

八経ケ岳（5日目）

幽林の中の道（5日目）

五鈷峰（5日目）

崩落地点（5日目）

3. 南奥駈

南奥駈＝太古の辻〜大日岳〜涅槃岳〜笠捨山〜玉置山〜熊野本宮大社

日本古来の山岳信仰は、外来の道教、仏教（特に密教）、儒教などの影響を受け、平安末期に至って修験道という一つの宗教体系になる。

修験者は山に入って艱難辛苦し、呪力、霊験を身に付て、現在から未来永劫の幸福を願うため修行を行った。彼らにとって山は母胎であり同時に宇宙。再び生まれるため、山（母胎）を巡り、修行に励んだ。

このため奥駈は吉野や熊野へ行くことが目的でなく、山川草木をことごとく神と見て修行する修験者にとって険しい奥駈道自体が道場であり、霊場であった。

なお、熊野三山への一般の参詣者は、山岳を避けての中辺路、小辺路など参詣道を通った。

6日目：9月28日（金）深仙ノ宿〜太古の辻〜地蔵岳〜涅槃岳〜証誠無漏岳《しょうせいむろうだけ》〜平治ノ宿

ここ深仙ノ宿は、神仙ともいわれ、昔仙人の集まる場所であったという。

聖地・深山の宿（５泊目）

『諸山縁起』には、ここをはじめとして大峰山中には多くの仙人が住んでおり、山伏を指導していたと書いてあるそうだ。その後、ここのお堂では、奥駈修行中最大の秘儀とされる灌頂が修法されたという。

僧は朝4時からお堂で座禅などの修行をされるとのことなので、昨晩お別れのあいさつをしておいた。僧は長年高野山大学におられた方で独身。お年は筆者の一つ下であるが、こうしてまだ修行を続けておられる。

こういう神聖な場所で、こういう生き方をされている方にお会いできたことも今回の収穫の一つだ。ひょっとしたら、この僧は仙人だったかもしれない。

5時半ころ出発し、途中で朝日を拝む。大日岳という岩場の行場を過ぎると太古の辻に出る。

ここからが「南奥駈道」で、この先自信のない者は前鬼という集落へ下るよう書いてある。

最近の修験者団体の奥駆は、ここから前鬼へ下って、バスで熊野三山へ行くことが多いそうだ。

なお、前鬼というのは、役行者につかえた鬼（前鬼、後鬼）の子孫が今でも住んでおられるところ。

この年寄りがここから先を歩き通せるだろうかという不安を抱きつつ、南へ踏み込む。4時間ほど歩いたころ、突然森の中から山伏姿の2人の男性が現れた。

初めて出会った山伏（6日目）

大日岳（6日目）

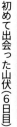

お年を聞くと69歳と63歳の方で、熊野からの順峰でここまで来たとのこと。彼らから、今までラジオがうまく入らず入手できなかった台風情報を聞くことができた。

台風24号はまともに本州を縦断し、30日には紀伊半島に接近、明日（29日）から雨になるということであった。

このため彼らは釈迦岳に登り、戻って前鬼へ下るかもしれないと言っていた。礼を言って別れる。これ以降熊野大社まで人に会うことはなかった。

自分の今の行程では、ちょうど小屋がないテント泊の場所でまともに遭遇することになるので、行仙ノ宿で停滞3泊やむなしという結論になった。

今日は無理をして行仙ノ宿へ入る必要がなくなったので、平治ノ宿泊りとする。平治ノ宿はこぢんまりしたいい小屋だった。歩行12時間。

7日目：９月29日（土）平治ノ宿～転法輪岳～行仙岳～行仙ノ宿停滞

この平治ノ宿玄関横には西行の歌碑がある。隠居が好きな漂泊の旅人西行は2度の奥駆をしているそうで、この宿に泊まって月の歌を詠んでいる。

西行の花狂いは有名で、生涯詠んだ約２千首のうち１割強が花をうたったものだが、月の輝きにも心を奪われ、いくつもの歌を残している。

西行ファンとして、はるか昔に彼が泊まったといわれる場所に建つ宿に泊まることができた幸せを感じながら、この一時的漂泊老人は、台風前兆の激しい雨の中を出発した。今日は行仙ノ宿までなので、半日かければ着くコースだ。

転法輪岳、行仙岳を越えると立派な小屋が現れた。本棟の他に、礼拝堂、管理棟まである。

昭和59（１９８４）年から、明治以降廃れていたこの南奥駈道を復旧し、途中の宿を新、改築しておられる地元山岳会「新宮山彦ぐるーぷ」さんが建てた小屋だ。すべてボランティアだというから頭が下がる。

広い部屋を独り占めにし、まきストーブに火を入れてぬれたものを乾かす。外は雨ますます激しくなり、木々が揺れだしたが、こういうときの小屋は本当にありがたい。

午後座禅をして過ごす。

8日目：9月30日（日）行仙ノ宿停滞

台風通過で外は大荒れとなり、小屋周辺の木々の揺れはひどく、倒れる木も出てきた。室内のムロの板が風で飛び、水が入ったポリタンクで押さえる。軒からは雨が入ってきた。建物自体は頑丈でなんともないが、倒木で小屋の窓が破れたときのことを考え、雨具を着け、ザックをまとめて外でのビバークも考えて通過を待つ。

9日目：10月1日（月）行仙ノ宿～笠捨山～玉置山～玉置辻（テント泊）

夜半まで雨がひどかったので、翌日も雨が残るのではと心配したが、朝になってみると台風一過の晴天。小屋の周辺を片付け、宿泊させてもらった志納金を置き、お堂で般若心経を唱えてから出発。

笠捨山への長い登りの後は、槍ケ岳、地蔵岳などクサリ場がある小さいピークをいくつか越えながらどんどん高度を下げてゆく。

途中送電鉄塔が現れ、里山に近づいていることが分かる。

地蔵岳下り(9日目)

ブナ林の道(9日目)

玉置山まで再び緩い登りになるが、自動車道が並走していて、途中に展望台まで現れた。玉置山を下ると広い境内の玉置神社。ここで水をくみ、さらに玉置辻まで下る。

十津川村にある玉置神社は昔玉置権現といわれ、中世以前から存在した山岳信仰の霊地。

境内で道を間違えて日が暮れてしまい、ヘッドランプをつけ、ＧＰＳで奥駈道に戻る。境内から30分ほど下り、満天の星空の下でテントを張る。歩行12時間。

10日目：10月2日（火）玉置辻～大森山～五大尊岳～七越峰～熊野本宮大社

今日も晴天。いよいよ最終日だ。標高差２００メートルの大森山への登りの後は、急な下りを経て五大尊岳へ。ここからはまた小さい峰をいくつも越えながら高度を下げてゆく。

途中から熊野川が見えだしたが、道は忠実に山脈の稜線をたどるため、まだアップダウンが続き、うんざりしたころ熊野川へ降りた。

水が少なければ、ここで禊をしてから川を渡って熊野本宮大社（昔は対岸の中州にあったが、明治22年水害に遭い現場所に移された。今は本宮旧社地＝大斎原として保存）へ行くのだが、台風の後のダム放流をやっていて、濁流で水量が多く諦める。昔行ったガンジス川のベナレスのように濁った水辺で上半身裸になり、斎戒沐浴体の代わりに体を拭く。

橋を渡ってまず旧社地へ寄ってから本宮大社へ。最後の長い石段登りはこたえた。老骨が無事完歩できたことのお礼を言い、10日間の長旅を終えた。歩行11時間。

長旅を終えて

大島亮吉が言った通り、修験道はまさに日本版アルピニズムであった。

今のようにクサリやハシゴが取り付けられていてないころの岩場は、綱を使っての難しいロッククライミングが必要であり、転落して命を失った者もい

熊野本宮大社に参拝して終了（10日目）

たはずで、修行は命懸けだったと思われる。現在でも岩場に慣れていない者にとっては大変であろう。この老人、「にわか修験者」としての10日ばかりの修行では生まれ変わることもできず、煩悩などそのままでなにも変わっていない。

ただ、すべてのものに対する感謝の念だけは増した気がする。歩いている途中の草木、岩、道、そして山旅を支えてくれている山道具にまで感謝している自分がいた。

生まれ変わりはできなかったが、毎日霧に包まれた幽玄な古樹の森や巨岩の中を歩き、深い自然に身を委ねることによってこの老体が少しは純化され、今までの罪障が少しは消えたのでは、などと都合のいいことを考えている。

ただ、10日間バテることなく順調に歩けたのは、霊山からもらったエネルギーのおかげであることだけは確かだ。

あとがき

今日も新雪をまとった乗鞍が鎮座されている。この気高く美しい姿は太古から変わっていないが、これを眺め、登る人は「歳歳年々人同じからず」だ。

近代になってからも飛騨人は、冬の晴れた夕方に山全体が真っ赤に染まる荘厳な夕映えを「岳の御神渡り＝神様が山々を歩かれる」と言って拝んだというが、どれだけ多くの飛騨人がこの偉観に手を合わせ、慰められ、力づけられてきたことであろうか。

明治になって西洋からもたらされた近代文明と近代登山。この歴史はたかだか150年であるが、自然に対してあまりやさしくないこの文明は、乗鞍岳にも自動車道を敷設し、この山の自然を損ねてしまった。今後自然保護か開発かなどの課題の解決にあたっては、この山が太古の時代からあがめられ、大切にされてきた悠久の歴史を持っていることをいま一度思い出し、昔のように畏敬の念を持って虚心に山の声を聞けば、おのずから道が開けるのではなかろうか。

この偉大な山のことを知ったつもりで書いてみたが、所詮お釈迦様の手の平の孫悟空だったかもしれない。

最後になったが、写真家故細江光洋氏のご遺族をはじめ、火山についてご教示いただいた岩田修氏、高山植物について監修をお願いした瀬戸祐香氏、動物に関する資料を提供いただいた伊藤茂氏、「ライチョウとチョウ」を寄稿していただいた植松晃岳氏、乗鞍岳の信仰についてご教示してくださった今寺隆之氏、『丹生川村史』を編纂された故西村宏一氏、乗鞍岳に関する校歌の資料を提供いただいた宝田延彦氏の各氏にはあらためてお礼を申し上げたい。

また、本書の上梓《じょうし》にあたり数々の貴重なご助言をいただいた岐阜新聞出版室の皆さんと、乗鞍へのスキーや沢登りに同行してくれた古守博明氏はじめ岳友諸兄に衷心から感謝を申し上げたい。そして荊妻《けいさい》の支えにも。

令和二年の秋が深まった日に

木下喜代男

撮影　木下喜代男

初出
第２章１～４「乗鞍岳と飛騨の自然を考える会」会報『くらがね通信』・飛騨学の会紀要『斐太紀』16号
第３章『斐太紀』20号、22号
第４章『斐太紀』18号
第５章１～２　日本山岳会アルペンスキークラブ会報『雪上散歩』
第７章『斐太紀』14号　　３　第44回飛騨文芸祭作品集『飛騨文藝』
附１　『斐太紀』22号

※刊行にあたって適宜、改稿、加除した。
※上記以外は、書き下ろし。
※第１章には、あえて遡行図を掲載しなかった。

写真提供（敬称略）
細江光洋、岐阜新聞社、今寺隆之、飛驒山岳会、朝戸家、牧野家、大川家

谷、登山道、スキールートの概念図
国土地理院５分の１地形図　船津・上高地・高山・乗鞍岳を使用した

木下喜代男（きのした・きよお）

1944年12月　飛騨市（旧古川町）に生まれる
1965年　飛騨山岳会に入会
　　　　飛騨山脈を主体に四季を通じて登る

＜主な登山歴＞
・1969年1月　錫杖岳前衛フェース1ルンゼ冬季初登攀など
　錫杖岳、笠ヶ岳の岩場で初登攀の記録を残す
・2007年9月　チベット　モンタ・カンリ峰（6,425 m）初登頂
・2010年9月　　〃　　　ダ・カンリ峰（6,247 m）初登頂など

＜著書＞
『飛騨の山とある日』『飛騨の山スキールート』
『ぎふ百山』『続ぎふ百山』（岐阜新聞社・共著）
『飛騨の山－研究と案内』（ナカニシヤ出版・共著）など

＜勤務＞　中部電力株式会社を定年退職

飛騨の乗鞍岳

発行日	2021年3月16日
著者	木下　喜代男
発行	岐阜新聞社
編集	岐阜新聞情報センター出版室 岐阜市今沢町12 岐阜新聞社別館4階 058 － 264 － 1620（出版室直通）
印刷	岐阜新聞高速印刷株式会社

ISBN978-4-87797-298-1